Drei Blinde beschreiben den Elefanten

D1706009

Drei Blinde beschreiben den Elefanten

Herausgegeben von
Christina Kamp und
Jose Punnamparambil

Aus dem Malayalam von
Annakutta V. K. Findeis
Thomas Chakkiath
Jose Punnamparambil

Aus dem Englischen von
Christina Kamp
Asok Punnamparambil
Bernd Kolossa

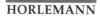

HORLEMANN

Herausgegeben in Zusammenarbeit mit

National Book Trust, India

sowie mit Unterstützung der Hermann Gundert Gesellschaft, von Herrn D. K. Machingal und Herrn Jolly Thadathil.

Bitte fordern Sie unser
aktuelles Gesamtverzeichnis an:

Horlemann Verlag
Postfach 1307
53583 Bad Honnef
Telefax 0 22 24 / 54 29
E-Mail: info@horlemann-verlag.de
www.horlemann-verlag.de

Inhaltsverzeichnis

Vorwort der Herausgeber

Wenn eine erkennbare Teilwahrheit oder selektive Wahrnehmung im Spiel ist, spricht man in Kerala fast sprichwörtlich vom Blinden, der einen Elefanten beschreibt. Nach einer alten, in ganz Indien bekannten Geschichte versuchte einst eine Gruppe Blinder, sich durch Betasten einzelner Körperteile des Elefanten ein „Bild" von ihm zu machen. „Ein Elefant ist wie ein großer Stein", sagte der, der den Bauch berührte. „Wie ein Besen", sagte der, der den Schwanz zu fassen bekam. „Wie eine Schlange", „wie ein Speer", „wie ein Bananenstamm", „wie ein Muram*, mit dem man Reis verliest", so ging es weiter. Einigen konnten sich die Blinden nicht. Aber sie erkannten, dass jeder von ihnen mit seiner eigenen Wahrnehmung durchaus Recht haben könnte, ihnen allen jedoch die „Sicht" auf das Ganze fehlte. Zudem waren die Vergleichsmöglichkeiten und der bildhafte Ausdruck dessen, was die Blinden ertasteten, geprägt von ihrem persönlichen Erfahrungshorizont und kulturellen Hintergrund.
„Was ist eigentlich Sicht?", fragt der blinde Raghuraman in E. Santhoshkumars Kurzgeschichte, die für den Titel dieser Anthologie Pate stand. In diesem Sammelband drückt sich Sicht in Form von unterschiedlichen Sichtweisen zunächst in der Vielzahl an Themen, Stilrichtungen und Experimenten aus, die die Autorinnen und Autoren in ihren Werken umgesetzt haben. Die Original-Werke sind in Malayalam geschrieben, der Sprache des südindischen Bundesstaates Kerala. Es ist eine Sprache, die vor ca. 800 Jahren aus dem südindischen Tamil entstand und im Laufe ihrer jahrhundertelangen Entwicklung den Einflüssen anderer Sprachen und Kommunikationsweisen ausgesetzt war. Trotz seiner im Sanskrit verankerten Traditionsgebundenheit entwickelte sich Malayalam zu einer weltoffenen und vielschichtigen Sprache. Auch zwei deutsche Missionare trugen dazu

---

* Ein Glossar findet sich am Ende des Buches.

wesentlich bei: im 17. Jahrhundert der Jesuit Ernst Hanxleden, in Kerala Arnos Padri genannt, und später Hermann Gundert, Großvater von Hermann Hesse, der als Baseler Missionar 20 Jahre (1839–1859) in Kerala verbrachte und während dieser Zeit das Malayalam-Alphabet vereinheitlichte sowie ein umfassendes Malayalam-Englisch-Lexikon verfasste und die erste wissenschaftliche Malayalam-Grammatik schrieb. Beide genießen in Kerala auch heute noch großes Ansehen.

Durch vielseitige Kontakte mit dem Westen, aber tief verankert in der eigenen Tradition, entwickelte sich im Malayalam eine Literatur, die mit ihrer Vielfalt, Experimentierfreudigkeit und Kreativität unter den Literaturen aller Regionalsprachen Indiens heute eine führende Stellung einnimmt. Aus dieser Vielfalt der keralesischen Gegenwartsliteratur mussten wir auswählen. Damit kommt eine weitere Sicht ins Spiel – die der Herausgeber. Die Auswahl der Werke für diesen Band war äußerst schwierig, da wir viele andere, ebenso hervorragende Autorinnen und Autoren aus Platz- und Kapazitätsgründen außen vor lassen mussten. Unsere Sicht war vor allem dadurch beeinflusst, dass wir mit den ausgewählten Novellen, Kurzgeschichten und Gedichten in deutscher Übersetzung einen guten Querschnitt der Malayalam-Literatur darstellen wollten.

Vielfalt in Kerala heißt unter anderem Vielfalt der politischen Ausrichtungen, der Religionen, Schichten- und Kastenzugehörigkeiten, Vielfalt der Generationen und Erfahrungshorizonte. Während Ashita ihre Geschichte tief in der hinduistischen Tradition verankert, zeigt Arshath Batheri Konflikte und Babu Bharadwaj Berührungspunkte zwischen Hindus und Muslimen auf. Paul Zacharia nimmt christliche Religiosität aufs Korn, während Abraham Mathew an die Geschichte der nach Deutschland ausgewanderten katholischen Schwestern anknüpft. Auch Edward Nazareth, der selbst in Deutschland lebt, greift Erfahrungen von Malayalis in der Diaspora auf. Viele der Autorinnen und Autoren behandeln Themen, die Konflikte, Identitätsverluste, Vereinsamungen und Verunsicherungen der modernen Zeit widerspiegeln. Bei M. Mukundan und M.T. Vasudevan Nair stehen die Konflikte zwischen Tradition und Moderne im Vordergrund. „M.T." wie auch C.V. Balakrishnan beleuchten zerrüttete Familienverhältnisse, während es bei O.V. Vijayan um die unendliche Liebe des Vaters zu seinem Sohn geht. N.S. Madhavan und Kamala Das greifen soziale Missstände auf. N. Prabhakaran und Paul Zacharia behandeln existentielle Probleme, während Sethu und Ashita die metaphysischen Ebenen der Wahrheit aus indischer Sicht darstellen. In der kleinen Auswahl von Gedichten steht die Romantik-Tradition, vertreten durch O.N.V. Kurup, neben der neuen Moderne, vertreten durch Ayyappa Panickar, K. Satchidanandan und Kadammanitta. Auch die jungen Dichter, die ihren eigenen Weg gehen, wie Anitha Thampi und T.P. Rajeevan, haben ihren Platz in diesem Band.

Die an dieser Anthologie beteiligten Übersetzerinnen und Übersetzer, die naturgemäß ebenfalls ihren eigenen Erfahrungsschatz und ihre eigene Sicht der Dinge einbringen, haben sich bemüht, ihrer schwierigen Vermittlerrolle gerecht zu werden. Denn trotz aller Bezugs- und Anknüpfungspunkte ist jede Übersetzung, die nicht nur zwischen völlig unterschiedlichen Sprachen, sondern auch zwischen den Kulturen Brücken bauen soll, eine große Herausforderung.
Mit dieser Anthologie ermöglichen wir den vertretenen Autorinnen und Autoren, der deutschsprachigen Leserschaft ihre jeweils eigene, keralesische und individuelle Sicht des „Elefanten" zu beschreiben. Wir haben Wert darauf gelegt, auch Ihre Sicht, liebe Leserin, lieber Leser, im Blick zu behalten. Wir hoffen, Ihnen Einsichten in die Lebendigkeit und Vielseitigkeit der Malayalam-Literatur vermitteln zu können und neue Mosaiksteinchen für Ihre Sicht des „Elefanten", der – wie unsere Welt der Vielfalt – mehr ist als die Summe seiner Teile.

Christina Kamp
Jose Punnamparambil

Die Grenzen überschreiten

Eine Einführung in die zeitgenössische Malayalam-Literatur

K. Satchidanandan

Malayalam wird von nur vier Prozent der indischen Bevölkerung gesprochen, und doch weist diese Sprache eine der fortgeschrittensten und lebendigsten Literaturen des Subkontinents auf. Verschiedene Faktoren haben zu dieser literarischen Fortschrittlichkeit beigetragen: der hohe Bildungsstand in Kerala, progressive gesellschaftliche Reformbewegungen, ein politisches Bewusstsein in der Öffentlichkeit, ein aktives Verlagswesen, eine große Anzahl an Zeitschriften, ein aktives Netzwerk von Bibliotheken, eine interessierte und wachsame Leserschaft und die Verbindungen zwischen sozialen Bewegungen und der Literatur in verschiedensten Epochen. Das Malayalam war und ist offen für ausländisches Vokabular und beinhaltet neben Begriffen aus vielen modernen indischen Sprachen Worte und Wendungen aus so verschiedenen Sprachen wie Holländisch, Portugiesisch, Französisch, Englisch, Arabisch, Persisch und Sanskrit. Die Malayalam-Literatur wurde durch verschiedene Bewegungen und Trends der Weltliteratur beeinflusst, insbesondere während der Romantik, des Progressivismus, der Moderne und der Postmoderne. Sie hat sowohl auf die sanskritische als auch auf die tamilische Tradition zurückgegriffen und erhielt gleichzeitig Anregungen von anderen literarischen Traditionen aus verschiedenen Kontinenten. Gleichzeitig bewahrte die Malayalam-Literatur sorgsam ihre Identität, ein Produkt ihrer besonderen sprachlichen Schöpferkraft, das seine Inhalte auch aus dem gesellschaftlichen Leben Keralas bezog. Sie akzeptierte nur die Einflüsse, die mit ihrem regionalsprachlichen Instinkt im Einklang standen und kann diese in Stagnationsphasen neu aufleben lassen. In den sechs Jahrhunderten ihrer aktiven Existenz hat sie auch ihre eigene Metrik geschaffen, ihre besonderen schrift-stellerischen Genres und sogar eine Poetik, die durch sanskritische, dravidische oder westliche Ästhetik-Konzepte nicht vollständig er-klärt werden kann.

Diese Anthologie repräsentiert die zeitgenössische Phase der Malaya-lam-Literatur, insbesondere die in dieser Zeit entstandenen Kurzge-schichten und Gedichte. Kritiker haben die heutige Epoche als mo-dernistisch bzw. post-modernistisch eingestuft, je nachdem, welches Konzept sie dem Modernismus bzw. Post-Modernismus zu Grunde legen. Zwar verallgemeinert man womöglich ein wenig, doch kann man sagen, dass diese Epoche durch einen Verlust des Glaubens an Makro-Ideologien gekennzeichnet ist, durch Zweifel gegenüber dem modernistischen Projekt und seiner linearen Vorstellung von Fort-schritt, durch das Einreißen von Barrieren zwischen dem Populären und dem Avantgardistischen, die von den Modernisten so sorgsam aufrechterhalten wurden, durch eine Ablehnung des Solipsismus der frühen Moderne, durch die Verwendung und oft auch ironische Parodie der Stile und Ausdrucksweisen früherer Epochen, durch eine Hinterfragung des Standard-Malayalam, durch die Verwendung von Sprachmustern der verschiedenen gesellschaftlichen Gruppen und regionalen Dialekte, durch eine Betonung diverser Unterschiede, z.B. zwischen den Geschlechtern, Kasten und sexuellen Orientierungen, eine Selbstreflexivität, die zu einer Metafiktion und Metalyrik führ-te, und durch Experimente mit verschiedenen Darstellungsformen, insbesondere eine Mischung von Formen und Genres, wie z.B. Kurz-geschichten und Essays.

In den 1960er Jahren begann die Hochmoderne der Malayalam-Literatur. Diese Phase wurde zum Teil durch die rasche Urbanisie-rung Keralas und den daraus resultierenden Verlust des ländlichen Lebens eingeleitet, durch das Gefühl der Einsamkeit, Entfremdung und Angst der Schriftsteller, die Kerala verlassen hatten und auf der Suche nach einem Auskommen in den großen Metropolen Indiens und zum Teil auch im Ausland gelandet waren, durch die Politikverdrossenheit an der traditionellen Linken, die Teil des Establishments geworden war, durch den Verlust gandhianischer Werte im politischen Leben, durch die Spaltungen, die das von den Briten eingeführte Bildungssystem verursacht hatte, durch die Verzweiflung auf Grund der Arbeitslosigkeit, mit der die Jugend konfrontiert war, durch ein allgemeines Gefühl des Richtungsverlustes und durch das daraus folgende Gefühl der Absurdität der Existenz als solcher. Zum Teil war sie auch das Produkt der Auswirkungen europäischen Denkens und Schreibens der Nachkriegszeit, insbesondere der existenzialistischen Richtung. Jean Paul Sartre, Albert Camus und Franz Kafka waren die ikonische „Trinität" dieser Zeit. Beckett, Salinger und Borges folgten. Die zornigen jungen Männer, die – provoziert durch eine ohnmächtige Empörung, wie man sie in den Geschichten von M.T. Vasudevan Nair findet – ihre Generation rächen wollten, vermittelten bereits eine Vorahnung von den Anti-Helden aus den frühen Phasen von O.V. Vijayan, M. Mukundan, Sethu, Kakkanadan, Anand, V.K.N., M.P. Narayana Pillai und Paul Zacharia. Ontologische Fragestellungen ersetzten nun die gesellschaftlichen Fragen der früheren progressiven Epoche. Identitätsverlust, Entfremdung, die Angst vor Wahlentscheidungen und der Tod waren die Hauptprobleme. Der Naturalismus wurde diskreditiert, Fantasie, Surrealismus, Ironie und schwarzer Humor waren die wichtigsten Ausdrucksinstrumente. Kurzgeschichten erzählten keine Geschichten mehr, sie waren nunmehr eine Metapher, die das Wesen des gequälten menschlichen Zustands erfasste.

Die Morbidität und der Pessimismus der Modernisten blieben nicht ohne Herausforderungen: Die 1970er Jahre bildeten ihre eigene Variante des politischen Modernismus heraus, inspiriert durch die maoistisch beeinflussten Aufstände der Bauern und Adivasis im Land. M. Sukumaran schrieb Allegorien und Monologe, die indirekt den Status quo wie auch die autoritären Tendenzen der bestehenden Linken kritisierten: Pattathuvila Karunakarans Geschichten waren scharfe politische Satiren über die Herrscher oder intensive politische Debatten, die mit ausgeprägter sprachlicher Sensibilität geführt wurden. U.P. Jayaraj, P.K. Nanu and C.R. Parameswaran schrieben ebenfalls

Geschichten, die von einem egalitären Standpunkt aus das Establishment scharf kritisierten. Auch gab es eine ganze Reihe Schriftsteller, die den neuen Entwicklungen gleichgültig gegenüberstanden und dennoch eindrucksvolle Geschichten geschrieben haben, wie zum Beispiel C.V. Sreeraman, Vaisakhan, Mundur Krishnankutty, S.V. Venugopan Nair, V.P. Sivakumar, E. Harikumar und Satrughnan, die die realistische Tradition weiter bereicherten oder die von den früheren Schriftstellern lernten, wie z.B. von Vaikom Mohammed Basheer mit seinem fundamentalen Glauben an den Menschen und seinem seltsamen Sinn für Humor. Sie beschäftigten sich meistens mit den materiellen und moralischen Nöten der unteren Mittelschicht in Kerala. N.S. Madhavan ist sicher einer der besten zeitgenössischen Prosa-Schriftsteller in Malayalam. Er verbindet die politische Sensibilität der siebziger Jahre mit einem ausgeprägten Feingefühl für Form und Idiomatik. Viele seiner Geschichten drehen sich um reale Ereignisse von grundlegender Bedeutung, wie die Zerstörung der Babri Masjid, das auf die Ermordung Indira Gandhis folgende Massaker an den Sikhs oder die Verhaftung Saddam Husseins und dessen Prozess. Doch er geht über diese thematische Ebene hinaus und setzt diese Ereignisse in äußerst menschliche Geschichten um, die die heutige politische und ethische Realität offenbaren.

Das Auftreten beeindruckender Schriftstellerinnen war eine weitere Entwicklung, die den Modernismus mit seinen offenkundig patriarchalischen Vorurteilen im Umgang mit Frauen herausforderte. Die Tradition früherer Schriftstellerinnen wie K. Saraswati Amma und Lalitambika Antarjanam wurde nun erneuert und gestärkt durch die neuen Schriftstellerinnen wie Kamala Das (Madhavikkutty), Sara Joseph, Manasi, P. Vatsala., K.B. Sreedevi, Gracy, Ashita, A.S. Priya, Sitara, Indu Menon und andere, die zwar nicht alle derselben Generation angehören, aber doch gemeinsame Anliegen vertreten. Die Geschichten von Kamala Das sind ungehemmte Ausflüge in die weibliche Psyche mit ihren unterdrückten Begierden und stillschweigenden Qualen, während Sarah Joseph eine engagierte Feministin ist, die sich allen patriarchalischen Institutionen einschließlich der gegenwärtigen Sprache und Grammatik entgegenstellt. Sie macht den Phallozentrismus der indischen Mythen und Legenden deutlich, zum Beispiel in ihren subversiven Geschichten über die weiblichen Charaktere des Ramayana. Gracy ist eine „Erzählerin der Lust", die die weibliche Sexualität engagiert verteidigt und damit die hegemonialen Werte herausfordert. Sitara und Indu Menon sind zwei der dynamischsten Schriftstellerinnen der jungen Generation, die mit einer ungewöhnlichen künstlerischen Sensibilität mit Beziehungen umgehen.

Die neue Generation männlicher Schriftsteller wie E.Santhoshkumar, N. Prabhakaran, C.V. Balakrishnan, P. Surendran, Babu Bharadwaj, U.K. Kumaran, Shihabuddeen Poythumkadavu, Akbar Kakkattil, Abraham Mathew, Arshath Batheri, M.A. Rahman, Ashokan Cheruvil, Thomas Joseph und K. Santhosh Echikanam stehen dem frühen Modernismus ebenfalls kritisch gegenüber, obgleich sie aus den Form-Experimenten dieser Epoche viel gelernt haben. Die meisten dieser Schriftsteller vertreten nicht irgendeine fixe Ideologie, sei sie politisch oder ästhetisch, sondern greifen, wie es die Situation erfordert, auf verschiedene Traditionen zurück. Sie haben die Dichtung dem täglichen Leben näher gebracht und auch Alltägliches in aufregende Leseerfahrungen verwandelt.

Auch die Malayalam-Lyrik trat in den sechziger Jahren des vergangenen Jahrhunderts in die modernistische Phase ein, als Ayyappa Panickar, N.N. Kakkad. Madhavan Ayyappath, Attoor Ravivarma, Kadammanitta Ramakrishnan, K. Satchidanandan, M.N. Paloor, Cheriyan K. Cheriyan und andere begannen, eine neue Art von Lyrik zu schreiben. Diese war dadurch gekennzeichnet, dass sie sich nicht streng an metrische Muster hielt, dass sie unverbrauchte und sogar Aufsehen erregende Bilder verwendete, sich über die etablierten Anstandsnormen hinwegsetzte, das Einheimische und das Exotische vermischte, das Reale und das Surreale, dass sie die Mythologie neu kartierte, Archetypen verwendete, um die Gegenwart zu kommentieren, Gedankensprünge und Phantasievorstellungen, schwarzen Humor, Muster des Romans und synkopische Rhythmen einsetzte.

Generell war sie gleichgültig gegenüber der romantischen und progressiven Dichtung früherer Epochen, von Vallathol Narayana Menon, Changampuzha Krishna Pillai, Vayalar Ramavarma, O.N.V. Kurup und anderen. Diese Lyriker waren vor allem damit beschäftigt, die Entmenschlichung der sie umgebenden Gesellschaft zu dokumentieren und machten sich ebenso wie die Prosa-Schriftsteller dieser Zeit Sorgen über den Identitätsverlust und die existenzielle und philosophische Hoffnungslosigkeit der modernen Zeit. Ab den 1970-er Jahren begann auch die Lyrik, sich stärker um das kollektive Schicksal zu sorgen. Dies findet sich insbesondere in den Gedichten von K. Satchidanandan, Kadammanitta Ramakrishnan, K.G. Sankara Pillai, Attoor Ravivarma, D. Vinayachandran, Balachandran Chullikad und einer Reihe anderer Schriftsteller dieser Zeit, die noch deutlicher politisch waren. Der Ausnahmezustand, den das Regime von Indira Gandhi verhängt hatte, war wie ein Wendepunkt. Mit einem Mal wurden den sensiblen Schriftstellern die Gefahren der Zensur und des Verlustes demokratischer Freiheiten bewusst. Die 1980-er und 1990-er Jahre waren von einem allgemeinen Nationalbewusstsein geprägt, als sich die Dichter der Aushöhlung regionaler Identitäten in einem kulturellen Herrschaftssystem bewusst wurden, das immer stärker zentralisiert wurde, und das versuchte, eine Art Standardisierung zu fördern, die dem staatlichen Interesse entsprach, dem Interesse der Wirtschaft und auch dem der Verfechter neo-hinduistischer, konservativer Erneuerungsversuche. Eine bewusste Ent-Sanskritisierung der Sprache, die Verwendung lokaler Mythen und Legenden sowie Bezugnahmen auf die ortsspezifische Pflanzen- und Tierwelt, Feste und Rituale sind einige der Merkmale der Dichtung dieser Epoche. Die Malayalam-Lyrik ist vielstimmig und vielseitig geworden und vertritt ebenso viele Anliegen, verbunden mit der neuen Politik, die sich in Kerala herausbildet, einer Politik von „Kleinstkämpfen" an diversen Fronten. Zum Beispiel gibt es die Stimmen der Dalits und Adivasis wie z.B. von Raghavan Atholi, M.B. Manoj, M.R. Renukumar und S. Joseph sowie Stimmen, die sich um die Natur, das ländliche Leben und die Ökologie sorgen, wie P.P. Ramachandran, P.N. Gopikrishnan, Rafeek Ahmed und Veerankutty.

Es gibt Experimentalisten wie P. Raman und T.P. Rajeevan, Dichterinnen, die sensibel gegenüber den Anliegen und Sichtweisen von Frauen sind, wie Savitri Rajeevan, Vijayalakshmi, Geeta Hiranyan, Anitha Thampi, V.M. Girija, Rose Mary und Kanimol, die auf bedeutende Vorgängerinnen wie Balamani Amma and Sugathakumari zurückgreifen, sich aber auch von ihnen weg bewegen, sowie alternative Stimmen wie Anwar Ali and K.R. Tony, um nur einige der Dichter zu nennen, die vor allem seit den neunziger Jahren des vergangenen Jahrhunderts aufgetreten sind.

Diese Anthologie bringt einige dieser Stimmen in der Lyrik und Prosa zusammen und dient als Einführung in die zeitgenössische Malayalam-Literatur. Ich hoffe, dass sie dazu beitragen wird, dass weitere Werke und Sammlungen aus dem Malayalam ins Deutsche übersetzt werden.

(Aus dem Englischen von Christina Kamp)

മൂന്ന് അന്ധന്മാർ
ആനയെ വിവരിക്കുന്നു

ഒരു വിദേശ പത്രത്തിൽ കുറച്ചുകാലം ജോലി ചെയ്തിട്ടുള്ള കുരുവിള എന്നൊരാൾ ഞങ്ങൾക്ക് ഇടയ്ക്കെല്ലാം ജേർണലിസം ക്ലാസെടുക്കാൻ വരും. ഇന്ത്യയോടും, വിശേഷിച്ച് ഇവിടത്തെ മാധ്യമപ്രവർത്തനത്തോടു മെല്ലാം അദ്ദേഹത്തിന് പുച്ഛമായിരുന്നു. ഇടയ്ക്കിടെ, ഞങ്ങളെ പ്രകോപിപ്പിക്കാനെന്നോണം ഓരോ പുതിയ പദ്ധതികൾ അദ്ദേഹം തയ്യാറാക്കും. തികച്ചും പുതുമയുള്ള ഒരു വിഷയത്തെക്കുറിച്ചുള്ള റിപ്പോർട്ട്, അശ്ലീലം കലരാത്ത ഒരു സ്കൂപ്പ്, ഭാവനയിൽ ഒരഭിമുഖം,ഒരേ പ്രശ്നത്തെക്കുറിച്ചു തന്നെ വ്യത്യസ്തമായ രണ്ടു മുഖപ്രസംഗങ്ങൾ- ഇങ്ങനെയെന്തെങ്കിലുമൊക്കെയായിരുന്നു ആ പദ്ധതികൾ. ഉത്തരങ്ങൾ എന്തു തന്നെയാണെങ്കിലും കുരുവിളസ്സാറിനു പരിഹസിക്കാൻ അവയിലെ ന്തെങ്കിലും കാണും. അതുകൊണ്ടുതന്നെ, കുരുവിളയെ നിലം പരി ശാക്കാൻ പോന്ന ഒരു സംഗതിക്കായി ഞങ്ങളിൽ ചിലർ അന്വേഷിച്ചു കൊണ്ടിരുന്നു.

താരതമ്യേന വാടക കുറഞ്ഞ പഴയൊരു ലോഡ്ജിലായിരുന്നു ഞാൻ താമസിച്ചിരുന്നത്. അവിടെ വിദ്യാർത്ഥിയായി ഞാൻ മാത്രമേ ഉണ്ടാ യിരുന്നുള്ളൂ. ബാക്കിയുള്ളവരെല്ലാം ഒന്നുകിൽ അടുത്തുതന്നെ സ്ഥലം മാറ്റം പ്രതീക്ഷിച്ചുകഴിയുന്ന മധ്യവയസ്കരായ സർക്കാർ ജീവനക്കാരോ, അല്ലെങ്കിൽ ചെറിയ കച്ചവടക്കാരോ ആയിരുന്നു. ലോഡ്ജ് എന്നുവച്ചാൽ രണ്ടു നിലയുള്ള പരസ്പരം അഭിമുഖമായി നിൽക്കുന്ന രണ്ടു കെട്ടിട ങ്ങളാണ്. ഈ രണ്ടു കെട്ടിടങ്ങളും തമ്മിൽ ചെറിയൊരു അകലമേയുള്ളൂ. മാത്രമല്ല, മുകളിലെ നിലകൾ തമ്മിൽ വീതികൂടിയ ഒരു സിമന്റുപാലം കൊണ്ട് ബന്ധവുമുണ്ടായിരുന്നു. മുകളിലേക്ക് കയറുന്നത് ഒരു പഴയ മരക്കോണി വഴിയാണ്. വളരെ സൂക്ഷിച്ചുവേണം അതിലൂടെ കയറാനും ഇറങ്ങാനും. കൈവരിയിലെ പലകകൾ അപ്പോഴെല്ലാം ഇളകുന്ന ശബ്ദം കേൾക്കാം.

എന്റെ മുറിയുടെ നേരെ എതിർഭാഗത്ത് മൂന്ന് അന്ധന്മാർ താമസി ക്കുന്ന കാര്യം എനിക്കറിയാമായിരുന്നു. പക്ഷേ അവരെ ശ്രദ്ധിക്കാനോ പരിചയപ്പെടാനോ ഞാൻ ശ്രമിച്ചിരുന്നില്ല. അപൂർവം ചിലപ്പോൾ നഗര ത്തിന്റെ ഏതെങ്കിലും കോണിൽ വച്ച് അവരിലാരെയൊക്കെയോ കാണാ റുണ്ട്- അത്രമാത്രം. അന്ധന്മാർ എന്നതൊഴിച്ചാൽ മറ്റുള്ളവരിൽ നിന്ന് വ്യത്യസ്തമായ ഒന്നും ഞാനവരിൽ കണ്ടിരുന്നില്ല എന്നതാണ് ശരി.

പക്ഷേ, ആ ശനിയാഴ്ച, വെറുതെ മടിപിടിച്ച് റൂമിൽ ചടഞ്ഞുകൂടിയിരി

Erste Seite des Originals „Drei Blinde beschreiben den Elefanten" in Malayalam-Schrift.

Ansichtssache

M.T. Vasudevan Nair

Wenn jemand gedacht hatte, die Nachricht könnte nicht auch bis hierher durchgedrungen sein, so war das ein Irrtum.

Sie pflegte ab und zu allein ins Dorf zu ihrem Elternhaus zu kommen. Deshalb wunderte sich auch diesmal niemand. Als sie sich nach dem Duschen und Kaffeetrinken auf die Veranda setzte, kam ihre Mutter zu ihr und fragte ohne Umschweife: „Stimmt es, was ich gehört habe, Sudhakkutti?"

„Und was hast du gehört?" Sie warf einen strengen Blick auf ihre Mutter und überlegte, wie man aus Worten eine Mauer bauen könnte.

Die Mutter sagte leise und schloss dabei die Augen: „Tja, dass du und Prabhakaran auseinander …"

Sie pflegte immer die Augen zuzumachen, wenn sie irgendetwas Unangenehmes sagte. Das war eine alte Angewohnheit von ihr. Ein Gegenangriff ist besser als eine Antwort auf die Frage, dachte Sudhakkutti. „Wer übermittelt solche Nachrichten – schneller als der Schall?"

Die Mutter setzte sich in einigem Abstand von ihr hin, die Beine auf einen Stein gestreckt. „Die Sreedevi von den Narayanankuttis war vorgestern hier. Auch der Mann von ihrer Devu ist ja in Madras, nicht wahr?"

Die Schwiegermutter der jüngeren Schwester verbreitete Nachrichten Stück für Stück dahin, wo sie gern aufgenommen wurden.

„Im gestrigen Brief von Vishalam stand es."

Auch die jüngere Schwester Chandri, die die Nachricht von der älteren Schwester bekommen hatte, würde nun der Mutter schreiben.

Sie ging in den Hof hinunter. Es war gerade zehn Uhr geworden. Es war jetzt schon sehr heiß. Sie lief den Schatten der Mauer entlang. Als ihre Schritte schneller wurden, begannen ihre Fersen gegen die Gummisandalen zu schlagen und Geräusche zu machen.

Es war die Suche nach Trost und Geborgenheit, die sie in das Haus trieb, in dem ihre Mutter alleine wohnte. Und für solche Besuche hatte sie sich immer irgendeine Ausrede ausgedacht. Hier bei der Mutter läutete kein Telefon. Hier hatte sie sich nicht für Partys schick zu machen. Hier brauchte sie nicht bis Mitternacht, bis Prabhakarans Freunde sich verabschiedeten, mit aufgesetztem Lächeln die langweiligen Witze der Geschäftsführer anzuhören. Aber nur ab und zu mal durfte sie nach Hause fahren. Und das auch nur für drei oder vier Tage.

„Wann musst du zurück?", war normalerweise Mutters erste Frage. Diesmal gab es diese Frage nicht. Als sie zurückkam und sich der Veranda näherte, fragte die Mutter: „Die Leute erzählen dies und jenes. Was ist wirklich passiert?"

Sie antwortete nicht.

„Nach dem, was ich gehört habe …" Sie beendete den Satz nicht.

„Es stimmt alles, Mutter. Es ist besser für uns beide, dass wir uns trennen."

Die Mutter senkte den Kopf und starrte auf den Othukkukallu. Als die Küchenhilfe kam und die Mutter nach etwas fragte, stand sie auf und ging ins Haus.

Sudhakkutti hatte sich für fünfzehn Tage beurlauben lassen. Einige hatten bereits eine Ahnung von der Sache gehabt. Nirmala, die als Kassiererin in der Bank arbeitete, hatte die Sache nur dem Kollegen Srinivasan offenbart. Sie war es, die für Sudhakkutti ein Zimmer im Y.W.C.A.-Wohnheim besorgt hatte.

Die Mutter war nicht scharf auf Besuche von Verwandten oder Freunden. Sie wollte allein leben. Das war der Eindruck, den die Tochter hatte. Selbst wenn die eigenen Kinder sie nicht besuchten, klagte sie nicht. Egal, ob sie antworteten oder nicht, sie würde ihren drei Kindern einmal im Monat Briefe schreiben. Stets würde irgendein Mädchen aus der Nachbarschaft als Haushaltshilfe bei ihr sein. Als Sudhakkutti im Jahr zuvor zu Besuch gekommen war, hatte die Mutter von der bevorstehenden Heirat der damaligen Gehilfin erzählt. Als Hochzeitsgeschenk hatte sie dem Mädchen eine Kette aus einem Pavan Gold gegeben.

„Ihr drei müsst ihr helfen, so weit ihr könnt. Ihr könnt das Geld an Kuttiraman überweisen. Es ist aber auch nicht schlimm, wenn ihr es direkt an mich schickt."

Vishaledathi und Chandri schickten je dreihundert Rupien, Sudhakkutti vierhundert. Sudhakkutti und ihr Mann waren beide berufstätig und hatten keine Kinder. Deshalb erhöhte die Mutter ihren Anteil um hundert Rupien. Als das Mädchen verheiratet worden war, trat dessen jüngere Schwester die Stelle als Haushaltshilfe an.

Vishaledathi war besorgt, weil Mutter allein wohnte. Das Haus in Thiruvananthapuram war so groß. Es gab zwar genug Hilfspersonal. Und es waren auch alle Beteiligten anwesend.

„Wenn du krank wirst, ist nicht mal ein Arzt in der Nähe", hatte Vishaledathi gesagt.

„Ich werde nicht krank", war die Antwort der Mutter gewesen.

Durch einen Spalt in der Hofmauer kam aus dem Bananengarten eine schwarze Henne mit ihren Küken zögernd in den Hof und fing an, am Rande des Grundstücks nach Nahrung zu suchen.

„Es ist eine Wildhenne. Sie kommt immer um diese Zeit. Gott weiß woher", hörte man die Mutter sagen.

Sie schaute der Henne und den Küken begeistert zu. Um die Tiere etwas näher anschauen zu können, schlich Sudhakkutti leise durch einen Schatten zu ihnen hinüber. Mit einem schwachen Gackern gab die Henne ihren Kleinen eine Warnung und verschwand schnell in den Garten. Die Küken rannten hinterher.

Als sie am Mittagstisch saßen, redete die Mutter nicht.

Abends kam Sreedharan, der Schwager von Sudhakkuttis jüngerer Schwester. Er war Lehrer an der High School und ein prominenter Bürger des Dorfes. Sudhakkutti stand gleichmütig bereit, um die Vernehmung durch den großmäuligen Sreedharan über sich ergehen zu lassen, die voraussichtlich mit den Worten „Na, ich habe einiges über euch gehört, nicht wahr?" beginnen würde. Sudhakkutti fragte ihn nach dem Wohlbefinden seiner Frau und seiner Kinder. Sie verfluchte den Sommer ohne jeden Hauch von Wind. Einfach so, da ihr nichts anderes einfiel.

„Wie viele Tage hast du Urlaub, Sudhakkutti?"
„Eine Woche."
„Es gibt keinen Tropfen Milch für den Tee", unterbrach die Mutter.
„Macht nichts."
Als sie mit dem Dorfklatsch fertig war, geriet sie in Verlegenheit, weil ihr nichts mehr einfiel. Da fing Sreedharan an. Er machte einen Versuch, so verschiedene Themen wie die glühende Hitze von Madras, das Vermögen von Jayalalitha, die Regierung von Karunanidhi und so weiter auszuwählen und ausführlich abzuhandeln. Sudha hörte bloß zu. Sie hatte nichts hinzufügen oder zu ergänzen. Als seine Vorträge nacheinander wie nicht richtig angezündete Fackeln aus getrockneten Kokosblättern verloschen, stand er auf.

Es wird erzählt, dass bei der Überprüfung seines Heiratsantrags auch sein Sternzeichen berücksichtigt wurde.

Spätnachmittags erschien ein Libellenschwarm. Wenn Libellen tief fliegen, ist das ein Zeichen für bevorstehenden Regen, hatte man in der Kindheit gehört. Wenn es nur etwas regnen würde, sehnte sie sich. Hier zu Lande ist die Meenachoodu nicht weniger unerträglich als die Vaikashichoodu. Im Hause waren keine Ventilatoren angebracht, da der Disput über die Zuständigkeit für die Kosten noch nicht beigelegt war.
„Nachts kannst du in dem südlichen Kämmerchen schlafen. Dort wirst du immerhin einen Hauch von Wind abbekommen", sagte die Mutter, als sie das Abendessen auftrug.
„Es ist mir ganz egal, wo ich schlafe."
Im Zimmer der Mutter stand ein verrosteter Ventilator, den der Vater einst gekauft hatte.

Sudhakkutti hatte nichts zum Lesen mitgenommen. Auch unterwegs hatte sie nichts gekauft. Auf dem runden Tisch in Mutters Zimmer standen Vaters alte Bücher, wie früher. Die Mutter las nachts immer etwas, bevor sie schlafen ging. Aber es gab keine neuen Bücher. Sudhakkutti betrachtete die Büchersammlung ihrer Mutter. Da stand auf dem aufgeschlagenen Band der „Kompakten Weltgeschichte": Himagiriviharam.

Im Zimmer an der Südseite des Hauses war das Bett gemacht. Sudhakkutti zog den Sari aus und ein Nachthemd an. Sie schaute auf die Uhr. Viertel vor neun. Die Uhrzeit, zu der Prabhakaran nach zwei Bier und Rommé-Spielen gewöhnlich nach Hause kam.

Die Mutter kam ins Zimmer. „Wenn du willst, kannst du den Ventilator hierher holen. Er macht zwar ein bisschen Krach, aber drehen tut er sich schon."

„Nein, danke."

Um die Mutter loszuwerden, blieb sie auf dem Bett sitzen und täuschte vor, sich hinlegen zu wollen.

„Aber trotzdem …" Die Mutter wollte etwas loswerden.

„Sag es schon, Mutter."

„Wenn man fünf Jahre zusammengelebt hat, bedeutet auseinander zu gehen …"

Sie sagte nichts.

„Was werden die Leute denken?"

Sie drehte sich ein wenig zur Seite. Jetzt brauchte sie das Gesicht ihrer Mutter nicht mehr zu sehen.

Plötzlich stellte sie eine Frage, als ob ihr zum Glück ein neuer Gesprächsstoff eingefallen wäre.

„Wie kann man von hier aus telefonieren, wenn man in Not gerät?"

„In dem Raum neben der Apotheke ist jetzt eine Telefonzelle. Man kann anrufen, wohin man will."

Wieder eine Situation, in der Worte wie in einer Dürre austrockneten.

„Was hast du denn vor?"

„Ich überlege noch."

„Soll ich mit dir kommen? Soll ich mit Prabhakaran reden?" Die Mutter schaute Sudhakkutti mitleidig an.

„Es geht nicht um Aussöhnung, Mutter", sagte die Tochter und versuchte, den aufkommenden Zorn zu unterdrücken.

Die Mutter ging.

Sudha wusste, dass ihre Mutter dieses Thema nie wieder ansprechen würde. Alles stillschweigend auszuhalten, das war ihre Art. Der Vater hatte anderthalb Jahre lang gelähmt im Bett gelegen, bis er starb. Mutter erzählte niemandem ein Wort über den Schicksalsschlag oder das Leid der Betroffenen. Selbst wenn Leute hinter vorgehaltener Hand über Chittakkari, die ihr ganzes Vermögen einkassiert hatte, tuschelten, pflegte Mutter nichts darüber zu sagen, erzählt man.

„Die Oma von Chelel meinte, sie wollte dich mal sehen", sagte die Mutter am nächsten Morgen.

Sie hatte Zweifel.

„Die Janu war es, die es der Alten erzählt hat. Wir kaufen ja von einem ihrer Nachbarn unsere Milch."

„Ja, ich werde vorbeischauen."

„Auch das letzte Mal bist du nicht vorbeigegangen, obwohl sie darum gebeten hatte."

„Gut."

„Sie ist schon vierundachtzig. Man weiß nicht, wie lange sie noch leben wird. Ihre Augen haben fast keine Sehkraft mehr. Aber ansonsten hat sie keine Probleme."

Chelels Großmutter war die ältere Schwester von Sudhakkuttis Uroma. Wie die Mutter nannten auch die Kinder sie Oma statt Uroma. Früher einmal war sie zusammen mit ihrer jüngeren Schwester zu Sudhakkutti zu Besuch gekommen. Es hatte zu ihrer Tagesroutine gehört, jeden Morgen Vishaledathis Haare zu flechten und in alle Richtungen hochzustecken. Abends hatte sie immer die drei Kinder um sich versammelt und ihnen die Abendhymne laut vorgesungen. Oma hatte auf dem Boden geschlafen und ihr Bett für ihre ältere Schwester frei gemacht. Oma hatte immer viele Geschichten auf Lager gehabt.

Sudhakkutti hatte zu den regelmäßigen Zuhörerinnen gehört. Vishaledathi hatte sich ständig irgendeine Ausrede ausgedacht. Chandri pflegte einzuschlafen.

Selbst die jüngere Schwester der Oma nickte beim Zuhören ein, so schien es. Es waren endlos viele Geschichten erzählt worden. Die Geschichte von Palaat Koman und Unniyarcha, in der Unniyarcha ihren Liebhaber in ihren geöffneten Haaren versteckte. Die Geschichte von Kovilan und Kannaki und viele andere. Später, als sie zum ersten Mal nach Madurai gefahren war, hatte Sudhakkutti sich an Omas Kannaki-Geschichte erinnert. Wie Kannaki sich die Brüste abriss und die ganze Stadt niederbrannte, all das hatte Oma so lebensnah erzählt, als ob sie es mit eigenen Augen gesehen hätte. Sudhakkutti hatte sich vor ihrer Abreise vorgenommen, etwas für Oma zu kaufen. Aber ausgerechnet an dem Tag, an dem sie diesen Einkauf eingeplant hatte, stritt sie mit Prabhakaran über dies und jenes. Bis zur Abfahrt des Zuges lag sie im Hotelbett.

Am Vorabend ihres Hochzeitstages, als sie zum Beten gegangen war, hatte Sudhakkutti ihre Oma zum letzten Mal gesehen. Das war nun über fünf Jahre her. Selbst wenn ihre eigene Uroma noch lebte, war ihr deren Schwester irgendwie lieber. In den letzten fünf Jahren war Sudhakkutti sieben Mal im Urlaub hier gewesen. Ja, sieben Mal. Zweimal war auch Prabhakaran dabei gewesen. Jedes Mal hatte Oma nach ihr und ihrem Mann gefragt und Grüße bestellt. Es waren knapp sechshundert Meter. Trotzdem hatten sie sie aus irgendeinem Grund nie besuchen können.

Die Wildhühner kamen auch an diesem Tag auf den Hof. Sie waren nicht so ängstlich wie am Tag zuvor. Sudhakkutti ging etwas näher zu ihnen herüber – näher als am Vortag. Die gleiche Glucke mit ihren Küken. Gar kein Zweifel. Sie schaute zu, wie das schwarze, glänzende Gefieder der Tiere die Sonnenstrahlen reflektierte.

„Schau mal her, hier sind ein paar Besucher", rief die Mutter. Die Wildhühner verschwanden schnell in ihrem Versteck, als sie die Stimme hörten. Da standen unerwartet Sreedevi Amma und ihre jüngere Schwester im Hof. Mutter bat die beiden nach Dorfsitte, Platz zu nehmen. Sie wies Janu an, Tee zu kochen. Dann sah sie Sudhakkutti mit Unbehagen an und ging hinein. „Jetzt bekommst du richtig was zu hören, Kind!", sagte ihr bedeutungsvoller Blick.

„Setz dich hin, Sudha. Lass mich bitte etwas aussprechen. Nimm es mir bitte nicht übel."

Sudha setzte sich nicht. Sie versuchte zu lächeln, aber es gelang ihr nicht.

„Du kannst ruhig sprechen.“

„Warum soll ich herumreden? Wenn es stimmt, was ich gehört habe, ist das nicht gerade schön.“

Sudha täuschte ein Lächeln vor. Dann sagte sie ruhig, als sei alles nicht so schlimm: „Ja, schön ist es nicht. Aber ich hatte keine andere Wahl.“

Sreedevis Miene wurde finster. Sie warf ihrer Schwester einen eindringlichen Blick zu, der die versteckte Botschaft enthielt: Jetzt bist du an der Reihe, du solltest auch etwas sagen.

Die Schwester nahm ihre Rolle an. „Was Narayanankutti geschrieben hat, stimmt auch. Es wird für die ganze Familie eine Schande sein.“

Sudhakkutti sagte nichts.

„Schluss zu machen, nachdem man fünf Jahre lang zusammengelebt hat …“ Nun blickte sie Sreedevi an, als wolle sie sagen: Jetzt bist du wieder an der Reihe.

„Man kann sich irren, man kann schon Fehler machen. Man sollte es hinnehmen. Heiraten bedeutet aushalten, hinnehmen, vergeben, versöhnen. Wie viel hat deine Mutter gelitten?“

Sudha bemühte sich zu lächeln. Zuerst wollte sie sagen: Meine liebe Sreedevi, es liegt nicht an Prabhakaran, sondern an mir. Dann aber beschloss sie, lieber zu schweigen.

Die beiden anderen redeten weiter. Sie hatte von klein auf die besondere Gabe gehabt, sich vor dem Durcheinander unnützer Gespräche zu schützen, indem sie ihre Ohren innerlich verschloss. In Vergessenheit geratene Personennamen, Charaktere aus Romanen, die Geographie von Orten, die man aus der Kindheit kannte, die Gesichter mancher Kinder, mit denen man die Grundschule besucht hatte – wenn man danach suchte, entfernten sich die Stimmen plötzlich.

Als sie sich verabschiedete, fragte Sreedevi: „Glaubst du wirklich, dass all mein lautes Geschrei umsonst war?“

Sie lachte: „Nein.“

„Meinst du nicht, dass einiges an Wahrheit in dem steckt, was ich gesagt habe?“

„Doch.“

Sie seufzte erleichtert: „Und was hast du jetzt vor?“

„Bitte lass mich darüber nachdenken", sagte sie lächelnd.

Mit der Genugtuung, dass ihr Anliegen gut aufgenommen worden war, ging Sreedevi zufrieden lachend fort, gefolgt von ihrer Schwester.

Die Mutter fragte: „Wann gehst du zu Chelels Oma?"

„Schon gut. Ich werde gehen."

Auch die wartet sicherlich bloß darauf, mich zu belehren, dachte Sudhakkutti.

Um die Mittagszeit kam Sumathi, mit der Sudhakkutti auf der High School die gleiche Klasse besucht hatte, mit ihrer dreijährigen Tochter. Am Ende des Grundstücks Asarivalappu hat sie morgens immer auf mich gewartet, erinnerte sie sich. Das Muttermal unter ihrer Nase schien sich etwas vergrößert zu haben. Sumathi hatte geheiratet, bevor sie mit der zehnten Klasse fertig war.

Obwohl Sudhakkutti auf sie einredete, blieb Sumathi stehen.

„Wie geht es dir, Sumathi?"

„Oh, es geht so."

Sie trug einen Sari in blauen, violetten und roten Farben. Wahrscheinlich hatte ihr Mann ihr den mitgebracht. Er arbeitete ja in den Golfstaaten und kam alle zwei Jahre für zwei Monate auf Urlaub. Ein penetranter Duft umgab sie. Um ihren Hals und an ihrem Handgelenk glänzte Goldschmuck.

„Ich habe gehört, dass du gekommen bist. Bleibst du ein paar Tage im Dorf?"

„Ja, ein paar Tage schon."

Am nächsten Montag sollte die Milch-Zeremonie zur Einweihung von Sumathis neuem Haus sein.

„Sudhakkutti, du musst kommen!"

„Wenn ich kann, werde ich kommen. – Ich habe ihren Namen vergessen", sagte Sudhakkutti und streichelte Sumathis Tochter über den Kopf, die verlegen mit dem Finger über das Stickmuster des Saris ihrer Mutter strich.

„Karthika."

Sudhakkutti nahm Karthikas Hand und versuchte, sie an sich zu ziehen. Empört schlang das Kind die Arme um seine Mutter und klammerte sich an sie.

Sumathi ging ein paar Schritte auf Sudhakkutti zu und fragte ganz leise: „Habe ich richtig gehört, dass es etwas nicht in Ordnung ist?"

„Oh, hast du auch schon davon gehört?"

„Die Frau von Sankarettan, dem Maurer, der an unserem Haus arbeitet, hat es mir erzählt. Ich konnte es eigentlich nicht glauben."

Sudha gab ein „Hm" von sich und tat damit ihr Desinteresse kund.

„Stimmt es, Sudhakkutti?"

„Ein bisschen schon", sagte Sudhakkutti lächelnd.

Sumathis Augen wurden vor Neugierde groß. Sie kam Sudha noch näher und beugte sich so über sie, dass ihr Gesicht Sudhas Stirn beinahe berührte. Dann sagte sie leise: „Denk bitte nicht, dass ich mir anmaße, jemandem, der mehr Bildung und Ahnung hat, Ratschläge zu erteilen. Aber auf alle Fälle ist es besser, sich auszusöhnen."

Sudha tippte ihr leicht auf den Arm. „Gut. Ich denke darüber nach."

„Dass ihr auf Kinder verzichten wolltet, war euer Fehler. Wenn man Kinder hat, wird man, egal ob Mann oder Frau, nicht in Versuchung kommen."

Sudha sah Sumathi mit Erstaunen an. Tja, ein gutes, gebräuchliches Wort: Versuchung, dachte sie.

Sumathi ging.

Als Janu am späten Nachmittag Milch brachte, sagte sie: „Die Oma von Chelel hat wieder nach ihr gefragt."

„Gehst du mal vorbei?", sagte die Mutter.

„Ja, ich werde morgen hingehen."

„Sie braucht kein Geld. Aber trotzdem kannst du ihr eine Kleinigkeit geben. Wie oft hat die Alte der ganzen Welt von den fünfzig Rupien erzählt, die Vishalam ihr geschenkt hat!" Die Mutter lachte.

Sudha sah zum ersten Mal, seit sie gekommen war, das sonst finstere Gesicht ihrer Mutter strahlen. Soll ich ihr sagen, dass ich nicht die Absicht habe, mit Vishaledathi zu wetteifern?, dachte sie. Sie beschloss, am kommenden Montag zurückzufahren. Sie wollte nicht bis zum Ende ihres Urlaubs im Dorf bleiben. Schon in den ersten drei Tagen hatte sich genügend Unruhe zusammengebraut. Sollte sie in Hyderabad anrufen?, überlegte sie. Die Handynummer war in das Notizbuch in ihrer Handtasche gekritzelt. Die Büro-Durchwahl hatte sie im Kopf. Es gab niemanden, den sie zur Ticketreservierung hätte schicken können. Na gut, ich werde irgendwie einen Platz in einem Frauenabteil ergattern. Es geht ja nur um eine Nacht, nicht wahr? Er hatte sie gebeten, ihn vom Dorf aus ab und zu anzurufen. Er hatte lediglich gesagt: If possible.

Am nächsten Morgen nach dem Frühstück sagte sie: „Ich werde kurz bei Oma vorbeigehen."
„Janu kann auch mit dir gehen!"
„Nein, danke."
Zuerst besuchte sie das neue Haus auf dem Asarivalappu. Sumathi war überrascht und außer sich vor Freude. Zwei Männer waren dabei, nach den Anweisungen des Zimmermanns Narayanan die Türflügel zu polieren und zu lackieren. Sudhakkutti sah sich die Räume an.
„Beide Zimmer sind mit Bad", sagte Sumathi ganz stolz.
Sudha tat sich schwer mit Sumathis eindringlicher Bitte, etwas Tee, Kaffee oder sonst etwas mit ihr zu trinken.
„Er hat geschrieben, dass er im Juli kommt."
„Bitte ihn, dich mitzunehmen. Du kannst dir dann auch Dubai ansehen."
„Das wird nicht gehen. Man sagt, nur Leute mit guten Gehältern können sich so etwas leisten."
Sumathi war aber trotzdem sehr glücklich.
„Tschüss, Sumathi. Ich muss noch bei der Oma von Chelel vorbeischauen."
„Denkst du an das, was ich gesagt habe?"
„Ja."
Sie drehte sich um und lachte.
Nachdem sie an den Bambusstauden vorbei gekommen war, sah sie den ausgetrockneten Bach. An beiden Seiten hatte es früher viel Gebüsch gegeben. Und der Bach hatte zu jeder Jahreszeit reichlich Wasser geführt. In der Regenzeit war er sogar über die Ufer getreten. Etwas weiter entfernt mündete er in einen etwas größeren Bach und dann schließlich in den Nebenarm eines breiten Flusses.

Das Haus war zu Großvaters Zeit gebaut worden. Anstelle des kleinen Torhäuschens gab es inzwischen eine einfache Bambus-Konstruktion, die als Eingangstor zum Grundstück diente. Als Sudha die Steinstufen hinaufkletterte und in den Hof gelangte, war niemand da. Auf einer Bambusmatte lagen Pfefferkörner zum Trocknen ausgestreut.

Sie zögerte eine Weile. Thankedathi, die gerade aus dem Haus auf die Veranda gekommen war, sah Sudha als erste.

„Na, na, wer ist denn da, bitte? Gerade heute Morgen hat Acchamma von dir gesprochen. Ihre Sorge war, ob du verschwinden würdest, ohne dich ein einziges Mal blicken zu lassen."

Thankedathi drängte sie liebevoll, sich zu setzen. Sie begannen, sich über familiäre Angelegenheiten zu unterhalten. Die beiden Jungen waren auf dem College. Wegen einer praktischen Prüfung waren sie letzte Woche zum Studentenwohnheim zurückgefahren. Die jüngere Tochter war in der neunten Klasse.

Thankedathis jüngere Schwestern hatten nach dem Tod der Mutter ihre Erbanteile eingestrichen und davon in den Dörfern ihrer Ehemänner Häuser bauen lassen, um dort zu bleiben.

„Dieses total heruntergekommene Haus wurde mir zugeschoben. Es war ja niemand da, der sich für mich einsetzte …"

Als sie an ihren verstorbenen Mann dachte, zitterte ihre Stimme. Sie senkte den Blick.

„In welchem Zimmer liegt Oma?"

„Im nördlichen Teil des Hauses. Sie kann gar nicht mehr sehen. Aber sie will nicht, dass jemand sie an die Hand nimmt. Wer weiß, wann sie im Dunkeln stolpern und hinfallen wird."

In diesem Moment war Omas Stimme von der Tür zu hören. „Meinetwegen braucht niemand irgendwelche Probleme zu befürchten."

Als sie vorsichtig die Füße nacheinander auf die Veranda setzte, während sie sich mit beiden Händen noch am Türrahmen abstützte, eilte Sudha zu ihr. Mit ihren vierundachtzig Jahren stand sie da, ganz aufrecht. Das Oberteil, das sie trug, und das Melmundu waren schneeweiß. Das Tuch, das sie um die Hüfte gewickelt hatte, war frisch gestärkt. Ihr Charisma hatte sie keineswegs eingebüßt. Die Schwere ihres hochgesteckten grauen Haars fiel Sudha besonders auf. Als sie in ihrer Kindheit den Geschichten gelauscht hatte, hatte sie sich vorgestellt, wie die Oma einen der Charaktere namens Komappan in ihrem heruntergelassenen Haar versteckt hätte.

Als Thankedathi einen Stuhl holen wollte, sagte Oma: „Nein, danke. Ich kann hier sitzen. Nimm Platz, Sudhakkutti."

Sie griff recht zielsicher nach Sudhas Hand.

Sudha setzte sich neben Oma auf den Schemel.

„Du hast zugenommen, nicht wahr, Sudhakkutti?"

Sie betrachtete ihren Unterarm. Es stimmte. Sie hatte zugenommen.

„Ist dir nicht schon nach vier Schritten die Puste ausgegangen? Ich kann dich schnaufen hören – ohne dich zu sehen."

Oma lachte. Ihre grauen Augen blickten starr. Das Gesicht hatte keine Falten. Nur am Hals waren Alterslinien zu sehen. Das war alles.

„Thanka, kochst du bitte Tee. Wenn Jackfrüchte da sind, röste bitte ein paar Chulas für sie."

„Oh, nein danke. Ein Tässchen Tee reicht."

Oma wartete, bis Thankedathi hineingegangen war. „Wozu hast du dich entschieden, Kind?"

Omas Frage kam zu plötzlich. Sudha war entsetzt.

„Du brauchst keine Angst zu haben. Ich habe dich nicht hierher bestellt, um mit dir zu schimpfen. Ist es nicht vier, fünf Jahre her, seit ich dich das letzte Mal gesehen habe?"

Sudha fühlte sich erleichtert.

„Die Leute hier lachen mich aus, wenn ich die ungeschminkte Wahrheit sage. Sie denken, was kann eine Frau schon sehen, die auf beiden Augen fast blind ist. Aber sieht etwa irgendjemand so viel wie ich?"

Oma hob ihre Stimme absichtlich, als sie dies sagte, damit Thankedathi, die sich im Küchenbereich aufhielt, es genau hören konnte, vermutete Sudha.

Dann sagte sie wieder in normaler Lautstärke: „Wie hast du dich entschieden?"

Sudha erschrak wieder. Ihr Atem wurde schneller. „Wenn einer oder eine die Nase voll hat, soll er oder sie mit der Sache Schluss machen. Die Ehe ist eine ganz private Angelegenheit. Es macht keinen Sinn, wenn zwei Menschen, nur um die Welt zu beeindrucken, irgendein Narrentheater spielen."

Sie seufzte, setzte sich der Oma gegenüber auf den Boden und legte die Füße hoch.

Oma streckte den Kopf zu ihr. „Ihr habt meinen ersten Mann nicht gesehen, nicht wahr?"

„Mutter hat ihn gesehen. Er war Gesangslehrer, oder?"

„Das war nicht das Problem. Der Gesangsunterricht fand bei ihm statt, im Sharath. Die Mahlzeiten in unserem Haus. Der Gesang war großartig. Ohrring mit rotem Stein. Roter Punkt auf der Stirn. Als ich ihn sah, keimte in mir, wohl bemerkt, eine gewisse Sehnsucht nach ihm auf." Oma strich sich durch die Haare und schmunzelte. „Kaum ein Jahr dauerte es. Dann war er weg."

„Ja, Mutter hat es mir erzählt."

„Er ist ja nicht von sich aus gegangen. Ich habe ihn rausgeschmissen", murmelte Oma. Ihren blinden Augen versuchten, irgend etwas zu fixieren. Sie lächelte. „Nicht einmal das nötigste Kleingeld hatte er. Das war aber nicht weiter schlimm. Das Schlimme war sein Verhalten, sein Lispeln nach Art der Frauen. Er war wie eine Frau. Als Mann soll man tapfer und mutig sein, nicht wahr? Ich sagte ihm direkt ins Gesicht, dass ich die Beziehung beenden wollte, was denn sonst. Und basta!"

Sudha hatte zwar von Omas erster Heirat mit dem Gesangslehrer gehört, aber mehr wusste sie nicht davon. Nach dem Gesangslehrer kam Opa. Er war angeblich ein Unabhängigkeitskämpfer. Er hatte mit Oma drei Kinder gehabt. Inzwischen war er gestorben. Die drei Kinder auch. Nur Oma hatte überlebt.

„Hast du ihn nicht gesehen? Er war nicht besonders gutaussehend, oder?"

„Als Kind habe ich ihn gesehen. Als er bettlägerig war. Im ganzen Dorf gab es keinen wie ihn. Er war immer der Mittelpunkt der Dorfgeschehnisse. Sei es bei einem Tempelfest, sei es, wenn ein Elefant Amok lief. Damals gab es nur einen, der das achtzehnstufige Feuerwerk abschießen konnte."

Thankedathi brachte Tee.

Als sie neben den beiden stand, täuschte Oma eine ernste Miene vor und saß still da. Erst als Thankedathis Schritte sich wieder entfernten, lächelte sie erneut.

„Dem Äußeren nach zu urteilen, war er ein Bösewicht. Immer benutzte er Schimpfworte. Aber außer mir wusste niemand, dass er ein prima Kerl war. Ich brauche nur einmal zu niesen, da war er schon äußerst besorgt." Omas Lachen wurde lauter.

Sudha vergaß ihre Sorgen. Sie war auf Omas Worte gespannt, so wie in ihren Kindheitsjahren, wenn ihr jemand Geschichten erzählte und sie zuhörte.

„Wenn man glaubt, dass es ohne große Probleme einigermaßen weitergeht, kommt eine Katastrophe. Bei mir war das, nachdem ich Kuttinarayanan zur Welt gebracht hatte."

„Wieso?"

„Ich hatte eine Art böse Versuchung, wenn du so willst … Ein männliches Wesen! Bleib schön artig, du Dummkopf, sagte ich zu mir selbst. Es hat aber nicht viel geholfen, weißt du. Aber trotzdem …"

Sie lachte lauthals, ohne den Satz zu beenden. Sudha sah dabei deutlich, dass sie nur die Backenzähne verloren hatte.

„Damals war ich in deinem Alter", seufzte Oma.

„Lebt er noch, Oma?"

Omas Gesicht verfinsterte sich. „Weg. Alle sind weg. Nur ich bin übrig geblieben. Ich habe keine andere Wahl, als hier zu liegen und die Zeit totzuschlagen – bis Gott mich ruft. Man kann sich ja nicht selbst töten!"

Sie schüttelte heftig den Kopf, so als wolle sie sich von einer schweren Last befreien, und zog sich im Sitzen bis an die Wand, um sich dagegen zu lehnen.

„Wer ist der andere Mann, Sudhakkutti?

Sudha erschrak.

„Wie bitte?"

„Du hast einen anderen kennen gelernt. Er gefiel dir. Von nun an soll mein Leben diesem Mann gehören, hast du beschlossen. War es nicht so?"

„Wer hat dir das gesagt?"

Oma legte die Beine hoch. „Mir braucht niemand etwas zu sagen. Sag bloß, wer ist es, Kind?"

Sie konnte ihre Unruhe kaum unterdrücken. „Ist es jemand, der mit dir zusammen arbeitet?"

„Nein"

So etwas kann man nicht der eigenen Oma erzählen. Gesehen hatte sie ihn zum ersten Mal auf einer Party. Ein Manager, der versetzt worden war, gab seinen Abschied. Janardana Rao, der sich für einen großen Sänger hielt, trug Ghazals vor. Während die Ehrengast, die Organisatoren und die eingeladenen Geschäftspartner schon alkoholisiert waren, stand ein Mann allein am Ende des Saals. Er hielt ein Glas Orangensaft in der Hand. Er hatte die ganze Zeit zu ihr herübergeschaut, und als er ihr schließlich mit langsamen Schritten entgegenkam, sagte ihr Gewissen voller Angst: Oh Gott, diese Schritte führen bis in mein Herz hinein. Sudha freute sich, als er sagte, er wäre zehn Tage im Monat in Madras. Als er sah, dass andere Gäste auf sie zukamen, fragte er sie: „Ich erreiche Sie ja in der Bank, oder?" Sie nickte langsam. Sie konnte nicht fragen, warum er sie anrufen wollte.

Oma fragte: „Hat er eine Frau?"

„Nein"

„Weiß es Prabhakaran?"

Sie zögerte eine Weile und gab dann zur Antwort: „Nicht alles."

„Dann trennt euch. Er wird eine andere finden. Das ist nicht so schlimm. Du kannst dich scheiden lassen."

Ihr machte es Spaß. „Man kann sich nicht einfach aus der Affäre ziehen wie früher, Oma."

„Wenn du nicht mehr willst, ist die Beziehung gescheitert. Ist die Sache damit nicht erledigt?"

„So einfach geht das nicht. Die beiden Parteien reichen beim Gericht Scheidungsanträge ein. Nach sechs Monaten wird der Richter uns beide ins Gericht zitieren. Er wird uns fragen, ob wir bei der Entscheidung bleiben, uns voneinander zu trennen. Wenn man ja sagt, dauert es weitere sechs Monate, bis man endgültig Bescheid weiß."

Sudha traute sich nun zu, ohne Hemmungen zu reden. Sie sah, wie sich im Gesicht der Oma langsam Zorn ausbreitete.

„Wenn zwei Menschen einander lieben und zusammenleben wollen, braucht man auch dazu die Zustimmung eines Richters?"

„So ist das Gesetz, Oma."

Die gab sich nicht zufrieden. „Wenn es Kinder gibt, soll man deren Lebensunterhalt regeln. Das ist in Ordnung. Aber wenn zwei Leute einander lieben und zusammenleben wollen, was hat der Richter dabei zu suchen?"

„So ist nun mal das Gesetz."

„Was für ein Gesetz? Treib mich bloß nicht in den Wahnsinn."

Thankedathi kam, um ein leeres Teeglas zu holen. Oma saß da und flüsterte geräuschlos.

Thankedathi erklärte: „Bis letztes Jahr konnte Acchamma Menschen noch schemenhaft erkennen. Heute sieht sie gar nicht mehr."

Sudha sagte: „Wenn sie sich operieren lassen würde, könnte sie die Sehkraft wieder zurückgewinnen. Es gibt Ärzte, die das in diesem Alter auch noch tun. Wenn sie möchte, kann ich sie nach Madras mitnehmen."

Oma lachte verbittert. „Nein, nein. Wofür noch Sehkraft ! Was ich gesehen habe, reicht mir, mein Kind!"

Sudha machte Anstalten zu gehen.

Thankedathi sagte: „Du kannst zum Essen bleiben."

„Oh nein. Mutter wird bestimmt schon etwas zubereitet haben."

„Der Reis kocht gerade. Wenn du das nächste Mal kommst, musst du wieder bei uns vorbeikommen, Sudhakkutti."

„Ich werde kommen."

Thankedathi ging wieder hinein.

Ein vierzehnjähriges Mädchen stand an dem Zauntor und öffnete nun das aus Bambusstangen gebaute Türchen. Omas Augen bewegten sich in diese Richtung. Das Mädchen zog seine Sandalen aus und stellte sie auf die Stufe vor der Veranda. Sie lächelte Sudhakkutti zu und lief leise mit gesenktem Kopf zur Tür, die ins Haus führte. Als sie die Tür erreicht hatte, fragte Oma: „Wo warst du?"

Das Mädchen erschrak.

„Zum Sharath. Um von Sharada ein Buch zu leihen."

„Wenn du zum Sharath gehst, musst du dann unbedingt mit dem Seidenrock angeben?"

Das Mädchen wurde blass und ging hinein.

Oma drehte Sudha das Gesicht zu. „Aber sie hatte kein Buch in der Hand, oder?"

„N…nein"

„Wenn der Rock knistert, merke ich, dass er aus Seide ist."

„So sind Kinder, Oma!"

„Ja, ja. Sie tut zu erwachsen für ihr Alter. Ich sehe alles."

„So, ich muss fort."

Auch Oma stand auf. Sudha erinnerte sich an die Worte, die ihre Mutter gesagt hatte, und öffnete langsam das Portemonnaie.

Oma sagte: „Nein. Du willst mir etwas Kleingeld geben. Nein, danke. Wozu braucht Oma Geld?"

Sie war betreten und schloss das Portemonnaie wieder.

„Wenn du das nächste Mal kommst …" Omas Stimme zitterte.

„Wenn ich noch am Leben bin, musst du vorbeikommen. Das genügt."

Als sie Omas erloschene Augen voller Tränen sah, konnte sie ihre Gefühle nicht mehr beherrschen und auch sie brach in Tränen aus. Dann berührte sie ehrfurchtsvoll die Füße der Oma. Sie hatte dies auch vor fünf Jahren getan, erinnerte sie sich. Oma legte langsam ihre Hand auf Sudhas gesenkten Kopf und segnete sie. „Lass es dir gut gehen, wenigstens diesmal."

Sie ging fort. Als sie auf den Marktplatz kam, konnte sie in der Ferne das Schild des Fernmeldezentrums sehen. Sie hatte beide Nummern im Gedächtnis. Bevor ich anrufe, muss ich die Handynummer nachsehen und mich vergewissern, dachte sie. Wenn ich schnell zurück bin, kann ich das Wildhuhn und seine Küken auf dem Hof beobachten. Sie lief schneller.

Nach der Hinrichtung

O. V. Vijayan

Als Vellayiappan seine Reise begann, hörte man aus seiner Hütte und auch aus Amminis Hütte rituelle Trauergesänge, und jenseits der Hütten lauschte das Dorf voller Kummer. Vellayiappan ging nach Cannanore. Hätten sie das Geld dazu gehabt, jeder einzelne hätte ihn auf der Reise begleitet. So war es, als ob er für das ganze Dorf reiste. Vellayiappan ging an der letzten Hütte vorbei und nahm den langen Weg über die Reisfelder. Die Klagelaute verklangen hinter ihm. Von dem Weg aus betrat er Weideland, durch das sich ein Fußweg schlängelte.

Oh Götter, ihr meine Herren, weinte Vellayiappan in seinem Innern.

Auf beiden Seiten der Weiden erhoben sich schwarze Palmen, und der Wind strich geräuschvoll durch ihre Blätter. Der Wind, sonst so vertraut, klang heute seltsam – die Götter seines Clans und seine dahingeschiedenen Vorfahren sprachen zu ihm durch die vom Wind bewegten Palmblätter. Über seine Schulter geworfen trug er ein Bündel mit gekochtem Reis, dessen Feuchtigkeit durch den abgetragenen Stoff hindurch auf seinen Arm sickerte. Seine Frau hatte sich lange über den Reis gebeugt, ihn für die Reise durchgeknetet, und weil sie dabei geweint hatte, waren ihre Tränen in den sauren Reisteig eingezogen. Vellayiappan lief weiter. Bis zum Bahnhof waren es vier Meilen. Weiter unten auf dem Fußweg sah er Kuttihassan auf sich zukommen. Kuttihassan trat in liebevoller Ehrerbietung zur Seite.

„Vellayi", sagte Kuttihassan. „Kuttihassan", erwiderte Vellayiappan.

Das war alles, was sie sagten, nur zwei Namen. Und doch war es wie ein langes Gespräch, in dem sowohl Kummer als auch Trost lagen.

Oh Kuttihassan, sagten die unausgesprochenen Worte, ich muss dir noch meine Schulden zurückzahlen, fünfzehn Silbermünzen.

Oh Vellayi, mach dir auf dieser Reise keine Sorgen darüber.

Kuttihassan, ich werde dir das Geld vielleicht nie mehr geben können, nie mehr, nach dem hier.

Wir legen unsere offenen Schulden in die Obhut Gottes. Sein Wille geschehe.

Innerlich verbrenne ich. Mein Leben wird mir nach und nach genommen.

Möge der Prophet dich auf dieser Reise behüten, mögen die Götter dich segnen, deine Götter und meine.

Die Lobeshymne der Götter durchflutete jetzt die Palmen. Vellayiappan ging an Kuttihassan vorbei und lief weiter. Noch vier Meilen zum Bahnhof. Und wieder eine Begegnung unterwegs. Neeli, die Wäscherin, mit ihren Wäschebündeln. Auch sie trat ehrerbietig zur Seite.

„Vellayiappan", sagte sie. „Neeli", sagte Vellayiappan. Nur diese zwei Worte, und doch ein reiches Zwiegespräch. Vellayiappan ging weiter.

Der Fußweg traf auf die mit Schlamm beschmutzte Straße, und Vellayiappan schaute auf den Meilenstein und lief weiter. Bald kam er an die Stelle, an der der grob herausgeschlagene Weg zum Fluss hin abwärts führte. Auf der anderen Seite des Flusses, jenseits einer Erhebung und einer langgestreckten, ausgetrockneten Grasfläche, lag die Eisenbahn. Vellayiappan trat an das sandige Ufer, dann in das knietiefe Wasser. Schwärme kleiner Fische, silbrig funkelnd, streiften seine Waden und schwammen weiter. Als Vellayiappan die Mitte des Flusses erreicht hatte, war er von den Wassermassen überwältigt, sie erinnerten ihn an die traurigen und geliebten Rituale, an das Baden seines toten Vaters, an seinen kleinen Sohn, der in den Strömungen des Flusses schwamm: An all das dachte er, und er hielt am anderen Ufer inne und ließ den Tränen der Erinnerung freien Lauf.

Er erreichte den Bahnhof und fand den Weg zum Fahrkartenschalter. Mit großer Sorgfalt öffnete er den Knoten in der Ecke seines nahtlosen Tuches, um das Geld für die Fahrt herauszunehmen.

„Cannanore", sagte Vellayiappan. Der Angestellte hinter dem Schaltertisch zog eine Fahrkarte hervor, stempelte sie ab und warf sie ihm zu. Ein Teil meiner Reise ist vorüber, dachte Vellayiappan. Er verstaute die Fahrkarte sicher in der Ecke seines Tuches, ging hinüber zum Bahnsteig, setzte sich auf eine Bank und wartete geduldig auf seinen Zug. Er schaute zu, wie die Sonne sank, wie die weit entfernten Palmen dunkler wurden und wie die Vögel heimwärts flatterten. Vellayiappan erinnerte sich daran, wie er mit seinem Sohn bei Sonnenuntergang zu den Feldern gegangen war, er erinnerte sich daran, wie sein Sohn voller Verwunderung zu den Vögeln aufgeschaut hatte. Dann erinnerte er sich daran, wie er sich selbst als Kind an den kleinen Finger seines Vaters geklammert hatte und sie dieselben Felder entlanggelaufen waren. Zwei Bilder, aber dazwischen lag, so wie bei zwei Worten eines von Zurückhaltung geprägten Gespräches, eine Fülle von anderen Dingen.

Es dauerte nicht lange, bis ein weiterer betagter Reisender herüberkam und neben ihm auf der Bank Platz nahm.

„Die Reise geht nach Coimbatore, nicht wahr?", fragte der Fremde.

„Cannanore", sagte Vellayiappan.

„Ich fahre nach Coimbatore."

„Ach so?"

„Der Zug nach Cannanore fährt abends um zehn."

„Ach so?"

„Was haben Sie in Cannanore zu erledigen?"

„Nicht viel."

„Sie reisen einfach so, nicht wahr?"

Das überflüssige und schleppende Gespräch mit dem Fremden schnürte Vellayiappan die Luft ab, so wie die Schlinge eines Henkers. Wenn man das Dorf erst einmal verlassen hatte und über den langen Grat gelaufen war, war die Welt voller Fremder, und deren uninteressierte Worte kamen sehr vielen Henkerschlingen gleich. Der Zug nach Coimbatore hatte Einfahrt, und der alte Fremde stand auf und ging. Vellayiappan saß wieder allein auf der Bank. Er hatte kein Verlangen, das Reisbündel aufzuknüpfen, stattdessen legte er seine Hand auf das dünne Tuch. Er spürte dessen Feuchtigkeit. So saß er und schlief.

Und träumte. In seinem Traum rief er: „Kandunni, mein Sohn!"

Das laute Geräusch des Zuges weckte Vellayiappan, und er rappelte sich auf. Er fühlte nach der Fahrkarte im Knoten seines Tuches und drängelte sich kraftlos durch die Menge, suchte einen Weg in den Zug.

„Dies ist die erste Klasse, alter Mann!"

„Ach so?"

Er warf einen angestrengten Blick in das nächste Abteil.

„Hier ist reserviert."

„Ach so?"

„Versuch es doch weiter unten, alter Mann!"

Die Stimmen von Fremden.

Vellayiappan kam in ein Abteil, in dem es keinen Sitzplatz mehr gab. Er konnte kaum stehen. Ich werde stehen, ich brauche nicht zu schlafen, mein Sohn sitzt heute Nacht auch wach. Der Rhythmus des Zuges veränderte sich mit den jeweils anderen Gleisbeschaffenheiten, mit dem flüchtigen Licht der Laternen am Rand der Strecke, den Sandbänken, den Bäumen. Vor langer Zeit war er schon einmal mit dem Zug gefahren, aber das war tagsüber gewesen. Dies war ein Nachtzug. Er raste durch einen dunklen Tunnel, dessen bogenförmige Seitenwände mit dunklen Wandgemälden bemalt waren. Der Tag war noch nicht angebrochen, als er Cannanore erreichte. Das Bündel mit geknetetem Reis hing noch immer über seiner Schulter, und die Feuchtigkeit sickerte hindurch. Er ging durch das Tor in den Außenbereich des Bahnhofs. Mit der einsetzenden Morgendämmerung wurde es jetzt lebendiger. Die Pferdekutscher, die ihre Gefährte ungeschickt zusammengestellt hatten, beachteten ihn nicht.

Vellayiappan fragte sie: „Wie komme ich zum Gefängnis?"

Jemand lachte. „Hier steht ein alter Mann und fragt so früh am Morgen schon, wie er zum Gefängnis kommt." Wieder lachte jemand. „Oh, alter Mann, du brauchst nur irgendetwas zu stehlen, und schon werden sie dich hinbringen." Das Gerede der Fremden legte sich wie eine Schlinge um seinen Hals. Vellayiappan glaubte zu ersticken.

Endlich zeigte ihm jemand den Weg, und Vellayiappan ging los. Der Himmel erhellte sich zum Konzert krächzender Krähen.

Am Tor des Gefängnisses hielt ihn ein Wächter an: „Was führt dich her, so früh?"

Vellayiappan wich zurück wie ein Kind, nervös. Dann knotete er langsam die Ecke seines Tuches auf und nahm ein zerknülltes, vergilbtes Stück Papier heraus.

„Was ist das?", wollte der Wächter wissen.

Vellayiappan überreichte ihm das Papier. Ohne zu lesen, sah es der Wächter kurz an.

Vellayiappan sagte: „Mein Kind ist hier."

„Wer hat gesagt, dass du so früh kommen sollst?", fragte der Wächter gereizt und scharf. „Warte, bis das Büro aufmacht."

Dann fiel sein Blick wieder auf das Papier und dessen Inhalt fesselte seinen Blick. Seine Miene, eben noch feindselig, wurde plötzlich sanft und mitfühlend.

„Morgen also?", fragte der Wächter in fast tröstendem Ton.

„Ich weiß nicht, es steht alles da geschrieben."

Der Wächter las das amtliche Papier einmal und dann noch ein zweites Mal. „Ja", sagte er, „morgen früh um fünf Uhr ist es."

Vellayiappans Augen öffneten sich weit. „Ach so?"

„Setz dich hin, oh alter Mann, und ruh dich aus."

Vellayiappan nickte zustimmend und ließ sich auf eine Bank in der Eingangshalle des Gefängnisses fallen. Dort wartete er darauf, dass sich das dunkle „Allerheiligste" des Gefängnisses öffnete.

„Alter Mann, kann ich dir eine Tasse Tee anbieten?", fragte der Wächter fürsorglich.

„Nein."

Mein Sohn hat heute Nacht nicht geschlafen, und wer nicht geschlafen hat, kann auch nicht aufwachen. Weder geschlafen, noch aufgewacht, wie kann er da heute früh ein Frühstück einnehmen? Vellayiappans Hand ruhte auf dem Reisbündel. Mein Sohn, diesen Reis hat deine Mutter für mich geknetet. Ich habe ihn während all der Stunden meiner Reise aufgehoben und habe ihn hergebracht. Das ist jetzt alles, was ich dir geben kann. Der Reis, eingewickelt in das abgewetzte Tuch, Proviant des Reisenden, wurde langsam muffig. Draußen hellte es sich immer weiter auf. Es wurde ein heißer Tag.

Man öffnete die Büros, und gesetzte Männer nahmen ihre Plätze hinter den Tischen ein. Im Hof des Gefängnisses waren die Geräusche einer Parade zu hören. Das Gefängnis begann zu leben. Die Beamten nahmen ihre Arbeit auf und beugten sich bei ihrer öden Prüfungstätigkeit über vergilbende Dokumente. Hinter den Tischen hervor und von dort, wo die Kolonne der Wächter in ihrer Aufstellung wartete, kamen krächzende Befehle, Kommandos, Schlingen der Missachtung oder Vergeltung, die dem Reisenden sanft den Hals zuschnürten. Der Tag wurde heißer. Jemand sagte ihm: „Nehmen Sie Platz und warten Sie." Vellayiappan setzte sich und wartete. Nach einer langen Zeit, deren Dauer er nicht abschätzen konnte, führte ihn ein Wächter in die Korridore des Gefängnisses. Dort war es wegen der Feuchtigkeit des Gefängnisses kühl. „Wir sind da, alter Mann."

Hinter dem Gitter einer verschlossenen Zelle stand Kandunni. Er sah seinen Vater wie einen Fremden an, durch den Ehrfurcht gebietenden Schleier eines Zustandes, in welchem man weder Trost empfangen noch spenden kann. Der Wächter öffnete die Tür und ließ Vellayiappan in die Zelle. Vater und Sohn standen einander von Angesicht zu Angesicht gegenüber, versteinert. Dann beugte sich Vellayiappan vor, um seinen Sohn zu umarmen. Kandunni stieß einen unhörbaren, aber durchdringenden Schrei aus, und dann sagte Vellayiappan: „Mein Sohn!"

„Vater", sagte Kandunni.

Nur diese Worte, aber in ihnen lag der tiefe Schmerz des Gesprächs zwischen Vater und Sohn.

Mein Sohn, was hast du getan?

Ich erinnere mich nicht mehr, Vater.

Mein Sohn, hast du getötet?

Ich erinnere mich nicht mehr.

Das macht nichts, mein Sohn. Es gibt nichts mehr, an das man sich erinnern könnte.

Werden die Wächter sich erinnern?

Nein, mein Sohn.

Dann wieder der unhörbare, aber durchdringende Schrei, den Kandunni ausstieß, Vater, lass es nicht zu, dass sie mich hängen.

„Komm heraus, alter Mann", sagte der Wächter. „Die Zeit ist um."

Vellayiappan kam, und die Tür fiel ins Schloss.

Ein letzter Blick zurück, und Vellayiappan sah seinen Sohn wie einen Fremden, den man auf einer Reise trifft. Kandunni spähte durch das Gitter, so, wie vielleicht ein Reisender durch das Fenster eines vorbeirasenden Zuges.

Vellayiappan wanderte untätig um das Gefängnis herum. Die Sonne erreichte ihren höchsten Stand und begann wieder zu sinken. Wird mein Sohn heute Nacht schlafen? Die Nacht kam und wurde wieder von der Morgendämmerung abgelöst. Hinter den Mauern lebte Kandunni immer noch.

Bei Tagesanbruch hörte Vellayiappan den Ton der Hörner, nicht ahnend, dass dies die Todeszeremonie anzeigte. Aber der Wächter hatte ihm gesagt, dass es morgens um fünf sein sollte, und obwohl er keine Uhr trug, wusste Vellayiappan mit dem unbeirrbaren Instinkt des Landbewohners, wie spät es war.

Vellayiappan nahm die Leiche seines Sohnes von den Wächtern in Empfang, so wie eine Hebamme ein Baby.

„Alter Mann, welche Vorkehrungen hast du für die Beerdigung getroffen?"

„Ich habe keine Pläne."

„Willst du die Leiche nicht haben?"

„Ich habe kein Geld, ihr Herren."

Vellayiappan ging zusammen mit den Scavengern, die den Wagen mit der Leiche schoben. Außerhalb der Stadt, über verlassenem Sumpfland, kreisten geduldig die Geier. Bevor die Scavenger die Grube wieder füllten, sah Vellayiappan das Gesicht seines Sohnes noch ein letztes Mal. Segnend legte er ihm die Hand auf die kalte Stirn. Nachdem mit der letzten Schaufel Erde die Grube wieder gefüllt war, wanderte Vellayiappan durch die zunehmende Hitze und gelangte schließlich an den Strand. Er hatte das Meer noch nie zuvor gesehen. Da fühlte er etwas Kaltes und Feuchtes in seiner Hand: den Reis, den seine Frau für seine Reise geknetet hatte. Vellayiappan öffnete das Bündel. Er verstreute den Reis über dem Sand, als Opfer- und Totengabe. Aus der Ferne des strahlenden Sonnenlichts flogen Krähen herbei und zu dem Reis hinab, so, wie die wiedergeborenen Seelen der Toten kommen, um das Opfer anzunehmen.

Sonnengesang

O.N.V. Kurup

Ehre! Oh Sonne, Verehrung Dir!
Für andere sich verzehrende,
sich aufopfernd brennende
Ikone der Liebe.
Oh, Du Sonne!
Unerschöpflich, Du Quelle,
glühend,
nie versiegend sickert Licht
aus Deinem unerschöpflichen Gefäß
wie überfließende Tropfen der warmen Milch.
Von den Lichtfäden berauscht,
kündigt sich der Tanz des Lebens an
im kleinen Lichtkreis der Erde.

Licht, Licht, überall Licht,
auf der Erde Licht,
im Himmel Licht,
in meinen Augen,
in meinem Leben,
in meinen Träumen,
in den Tönen meiner Lippen.
In der Melodie meiner Worte,
Licht in meinem Hof
und in meiner Feuerstelle.
Licht im Haus meiner Nachbarn,
Licht in den Höfen,
wo das Reiskorn frisch
durch Fußstampfen geschält wird,

auf den Böden, von Kochgefäßen bedeckt.
Im Durst der Wurzeln,
in zitternden Blättern,
auch im Schmutz erblühende
Seelenreinheit – Licht.
In allem Denken,
in allen Antlitzen,
in allem Sagen,
in allen Augen,
in allen Stimmen,
in allem Summen,
Licht, Licht, überall Licht
möge sein.
Diese meine Gebetstaube, weiß und fein,
wenn ich sie emporsteigen lasse, hoch,
darin, oh Sonne, Deine Auferstehung!

So wie sich Dein Wagenrad
dreht im Himmelsraum,
still und freudig auf der Erde,
ganz und gar,
möge mein Schritt
halten und walten,
nur um zu singen
mein töricht` Lied,
um zu verkünden
unter allen Menschen:
Freiheit ist Unsterblichkeit,
sie ist das Leben
und die Freude eben,
die wir suchen und ersehnen.

Wenn ich so stehe,
um dies zu verkünden
hier und jetzt,

oh Du Sonne,
Du brennst
im Docht meiner Worte.
Oh, Du brennst
als Flamme meiner Worte!

Für andere sich verzehrende,
sich aufopfernd brennende
Ikone der Liebe,
Ehre sei Dir, oh Du Sonne!
Ehre sei Dir!

In Haft

Kamala Das

Ratnamma wachte auf und schreckte hoch. Sie hatte geträumt, ihr Kind würde nach Muttermilch schreien. Doch das Kind war nicht bei ihr, nicht an ihrer Seite. Das Gefängnislicht leuchtete grell und verwandelte die Nacht in hellen Tag. Sie lag auf dem Boden, zusammen mit zwei anderen Frauen. Die beiden waren einfache Stricherinnen, gewöhnliche Huren. Sie hatte gehört, wie ein Polizist am Vortag gesagt hatte, sie würden in einer Woche freigelassen. „Aber dich lassen wir nicht raus, du Schlampe!", hatte er gebrüllt und sie bei den Haaren gepackt. „Bist du nicht Politikerin? Nach einem Monat hier wirst du schon merken, wie schmutzig deine Politik ist …"

Ratnamma war mitten in der Nacht verhaftet worden. Sie dankte Gott für diese kleine Gefälligkeit. Anderenfalls, wenn ihre Nachbarinnen gesehen hätten, wie sie von einem Polizeiauto abgeholt wurde, hätten sie verächtlich gesagt, „Da! Haben wir nicht von Anfang an gesagt, dass es bald dein Untergang sein wird, wenn du so weitermachst?" Außerdem wäre auch ihr Sohn aufgewacht und hätte laut geschrien. Gleich nachdem er aus dem Schlaf erwacht, muss sie ihm die Brust geben. Ihre Freundinnen hatten sie gefragt, warum sie nicht aufhörte, ihn zu stillen, obwohl er schon neun Monate alt war. Damals hatte sie nicht in ihren kühnsten Träumen gedacht, dass sie eine Gefängnisstrafe würde absitzen müssen. Es stimmt, dass sie an verschiedenen Orten für die Jan Sangh öffentliche Reden gehalten hatte. Aber sie hatte nie an Gewalt oder an die Revolution geglaubt. Doch in der Zelle wurde sie von der Polizei entblößt und gefoltert. Und gedemütigt. Sie hatte gehört, dass solche Folter aufhören würde, wenn sie irgendein Geheimnis preisgeben würde. Doch was für geheime Informationen hatte sie denn? Gar keine. Also konnte sie auch nichts sagen, selbst als ihr die Knie mit Lathi-Schlägen gebrochen wurden. Auch auf den Kopf bekam sie Lathi-Schläge. Immer wieder.

Und immer wieder verlor sie das Bewusstsein. Die schwarze, grausame Nacht wollte nicht zu Ende gehen. Doch Tag und Nacht leuchtete das Gefängnislicht grell.

„Können Sie nicht schlafen?", fragte eine der Frauen, die neben ihr lag. Sie kratzte sich resolut den Kopf. „Diese verdammten Läuse!", sagte sie.

„Ich habe gehört, dass die Läuse verschwinden, wenn man den Saft von Tulasi-Blättern auspresst und sich die Haare damit einreibt", sagte Ratnamma.

Die Frau setzte sich auf. Sie trug einen gepunkteten Sari. Ihre Zähne hatten schwarze Betel-Flecken.

„Sie sind bestimmt eine mit Bildung", sagte sie. „Man merkt, dass Sie eine gebildete Frau mit Status sind."

Ratnamma versuchte zu lächeln. Ihre Lippen waren verletzt und geschwollen. „Hab' gehört, die haben Sie hierher gebracht, weil Sie politische Reden gehalten haben", sagte die Frau. „Aber es ist falsch, eine Rede zu halten. Falsch, zu einem Mann zu gehen, der dich ruft. Obwohl du hungerst – alles falsch. Alles, was Frauen tun, ist falsch."

„Auch Männer werden festgenommen", sagte Ratnamma. „Letzte Nacht hörte ich, wie ein Mann die ganze Zeit schrie. Er muss gefoltert worden sein."

„Diese Kerle haben keinen Spaß daran, Männer zu quälen. Wenn sie uns entblößen und foltern haben sie ihren Spaß."

„Ich habe gehört, dass Sie beide nächste Woche freigelassen werden", sagte Ratnamma. „Sie sind gerettet."

„Gerettet?", murrte die Prostituierte. „Wir werden fünf oder sechs Mal im Jahr hierher gebracht und gequält. Und dann freigelassen. Ich war schon oft hier. Was kann ich machen? Drei Kinder zuhause … Sollten sie nicht wenigstens einmal am Tag etwas zu essen bekommen? Deshalb gehe ich nachts raus, wenn jemand kommt und nach mir verlangt. Und nicht etwa zu meinem Vergnügen."

Ratnamma stöhnte. Auch am Kopf hatte sie Verletzungen. Immer wieder spürte sie einen stechenden Schmerz, wie zuckende Blitze.

„Soll ich Ihnen den Kopf streicheln?", fragte die Frau. Ratnamma schüttelte ablehnend den Kopf. Doch die Prostituierte, die nicht mehr die jüngste war, bettete Ratnammas Kopf in ihren Schoß und streichelte ihr sanft über die Stirn. Ratnamma schossen die Tränen in die Augen.

„Nicht weinen, Kind", sagte die Prostituierte. „Wenn man als Frau geboren wird, muss man ertragen, was man ertragen muss. Man wird Schmerzen erleiden, aber was kann man dagegen tun? Sagen Sie ihnen einfach, dass Sie nie wieder Reden halten werden. Dann werden sie Sie gehen lassen."

Ratnammas Bluse war vorne nass von Muttermilch. Als die Prostituierte das sah, wurde sie sehr traurig. „Oh, Ihr armes, hungriges Kind wird jetzt schreien. Diese Höllenhunde! Möge Gott ihnen die Pocken schicken. Dieses unbarmherzige Pack!"

„Der Kopf und die Knie tun mir weh", sagte Ratnamma. „Aber diese Schmerzen hier sind es, die ich nicht ertragen kann." Sie stöhnte und presste ihre Brüste mit den Händen.

„Wie heißt Ihr Baby?"

„Mohanan", sagte Ratnamma. „Ich nenne ihn Unni."

„Mein jüngster Sohn heißt auch Unni", sagte die Prostituierte und lächelte.

Zukunftsperspektiven

M. Mukundan

Das Mädchen Sridevi war in Delhi geboren und aufgewachsen. Trotz ihrer etwas dunklen Haut war sie ein hübsches Mädchen.

„Wenn du groß bist, kannst du einen Mann aus Delhi heiraten und hier leben", sagten die Eltern manchmal im Scherz. „Wenn wir dann alt werden, kehren wir in unsere Heimat Kerala zurück und sterben dort."

Jeden Tag ging Sridevi mit ihrer Freundin Pinki in die Schule. Pinki hatte helle Haut. Ihre Hände und Wangen waren fleischig.

„Sridevi, hast du heute keine Schule? Draußen ist es schon hell", sagte die Mutter, als sie zu ihr ans Bett trat. Sie hieß Saudhamini. Als sie der Tochter die Decke vom Gesicht wegzog, fröstelte Sridevi. Die Mutter hatte die Decke bei einer Ausstellung für Handarbeitsprodukte gekauft. Auf alle Textilien, die dort verkauft wurden, hatte es einen Preisnachlass von 30 Prozent gegeben.

Die Mutter ging in die Küche und erledigte verschiedene Dinge. Das Dienstmädchen kam heute etwas später. Es hieß Kuppamma und stammte aus Andhra Pradesh. Als die Mutter aus der Küche zurückkam, lag Sridevi noch immer im Bett.

„Was ist denn heute mit dir los?", fragte die Mutter. „Denkst du, dass der Bus auf dich wartet?"

Die Mutter zeichnete ihr mit Asche einen kleinen Strich auf die Stirn. Sie zog die Decke weg, in die die Tochter bis zum Hals eingehüllt war. Sridevi zog das über das Knie nach oben gerutschte Nachthemd wieder hinunter, drehte sich um und machte es sich erneut bequem. Bald verlor sie sich in Tagträumen: Der Vater kam nach Hause und hatte gerade sein Gehalt bekommen; dann nahm er sie mit zum Connaught Place und kaufte ihr einen Rock und eine Bluse.

„Lass sie noch ein bisschen schlafen", sagte der Vater. „Es ist noch nicht mal sechs Uhr."

Er trank den heißen Tee, den die Mutter gemacht hatte, und dachte an seine Arbeit im Büro.

„Du verdirbst das Mädchen", sagte die Mutter. „Kinder müssen früh aufstehen. Nur dann ruht Segen auf dem Haus."

Die Mutter verpasste Sridevi einen leichten Klaps. Diese richtete sich auf und saß nun mit nach vorne geneigtem Kopf im Bett, die Hände zwischen den Oberschenkeln. Ihr erschien das Gesicht ihres Mathelehrers Lobos. Er stellte immer eine ernste Miene zur Schau. „Er stellt sich vielleicht vor, dass er der Premierminister ist", flüsterte Sridevi. „Wie eitel er sich bewegt, wenn er sich auf sein Motorrad setzt und davonfährt!" Dabei hatte er nur ein altes Motorrad, um damit anzugeben. Ihr Vater dagegen hatte einen neuen Fiat. „Ich muss ihm das einmal sagen", entschloss sie sich.

„Fang nicht schon früh morgens an zu träumen", sagte die Mutter. „Der Bus wird noch ohne dich fahren."

Dann flog die Zeitung in den Hof. Als der Vater dies hörte, erwachte er aus seinen Gedanken, öffnete die Tür und ging hinaus. Sridevis Vater war groß und dick.

„Warum bist du so klein?", fragte Pinki immer. „Dein Vater ist doch groß." „Ich bin erst in der siebten Klasse. Mama sagt, bis ich in die zehnte Klasse komme, werde ich noch viel größer werden." „Meine Schwägerin ist auch nur so klein wie du", sagte Pinki dann. „Trotzdem ist sie sehr hübsch." Pinkis Bruder hatte vor drei Monaten geheiratet. Seine Frau hieß Nandini.

Sridevi ging hinaus. Alles war nass vom Tau. Der städtische Straßenkehrer war dabei, die Straße zu kehren. Sein Gesicht war voller Pockennarben. Er war ein Harijan. Im Neembaum auf der anderen Straßenseite zwitscherten die Vögel. Der Baum stand da mit kahlen Ästen, ganz ohne Blätter. Das erinnerte Sridevi an das Skelett im Schullabor. Sie stellte sich vor, dass ein Vogel in das Labor flog und sich auf die Schulter des Skeletts setzte.

„Meine Sridevi, ich bin mit meinem Latein am Ende bei dir. Was machst du da im Hof? Hast du schon die Bücher in den Schulranzen gepackt? Hast du deine Schuhe geputzt? Wo ist die Dose für dein Mittagessen?"

Sridevi ging zurück ins Haus, nahm das Aufgabenheft und packte die Bücher nach dem Stundenplan in ihre Schultasche. Danach putzte sie die Schuhe. Inzwischen hatte die Mutter den Tisch gedeckt und Milch und Uppumawu bereitgestellt. Ohne große Begeisterung setzte Sridevi sich an den Tisch.

„Warum isst du nichts?", fragte die Mutter.

„Ich mag kein Uppumawu", trotzte Sridevi.

„Was will das gnädige Fräulein denn haben? Vergiss nicht, dass der liebe Gott dies alles sieht. Denk daran, dass du eine Frau bist. Bald wirst du mit einem Mann das Haus verlassen!"

Sridevi aß widerwillig ein paar Löffel Uppumawu.

„Wo ist deine Krawatte?", fragte die Mutter, als Sridevi sich im Badezimmer das Gesicht wusch. Sie zog ihre Schuluniform und die geputzten Schuhe an. An der Tasche ihrer braunen Jacke konnte man das Schulwappen deutlich sehen. Sie warf die Tasche über die Schulter und ging hinaus.

„Mach voran!", rief die Mutter von hinten. „Wie willst du den Bus kriegen, wenn du dich wie eine Schildkröte bewegst?"

„Wenn der Bus schon weg ist, bin ich derjenige, der darunter leidet", dachte der Vater. „Ich muss dann unrasiert und ungeduscht Sridevi in die zwölf Kilometer entfernte Schule fahren." Wenn der Bus abfuhr, bevor Sridevi ihn erreicht hatte, würde Vaters ganzer Tagesrhythmus durcheinander geraten. Er würde zu spät ins Büro kommen. Die Anzahl der Zigaretten, die er rauchte, würde sich erhöhen. Sein Blutdruck würde nach oben schießen. Und so weiter.

Sridevi fuhr normalerweise mit einem alten, grauen Bus, dessen Fensterscheiben immer kaputt waren. Das kam bestimmt von dem Unfug, den die Jungs machten. Die Schulbusse hielten etwas abseits von der normalen Bushaltestelle. Um mit Sridevi zusammen zu fahren, wartete dort nicht nur ihre Freundin Pinki, sondern auch noch ein Junge. Er ging wahrscheinlich in die neunte oder zehnte Klasse. Seine Schuhe waren immer mit Sand oder Schlamm beschmutzt.

„Mein Gott, warum kann er seine Schuhe nicht putzen", dachte Sridevi.

Erst kam der Bus der Karmel-Schule. Das war ein nagelneuer Bus mit einem Dachgepäckträger. „Warum muss ein Schulbus einen Dachgepäckträger haben?", fragte Sridevi sich oft. Als nächstes kam der Schulbus von der Luftwaffe. Dieser Bus hatte eine verwaschene Tarnfarbe. Dann kam Sridevis Bus. Diese Reihenfolge änderte sich nie.

Als Sridevi die Bushaltestelle erreichte, fuhr der Bus mit dem Dachgepäckträger gerade weg. Einige der an der linken Seite sitzenden Kinder winkten ihr zu. Ein Mädchen schaute sie an und schnitt eine Grimasse. Dieses Mädchen mit dem rundem Gesicht und dem kurz geschnittenen Haar pflegte das immer zu tun. „Ein Mädchen ohne Manieren", dachte Sridevi.

Pinkis Haus war von der Bushaltestelle aus zu sehen. Sie lebte in der Wohnung über der Videothek auf der anderen Seite der Straße. Sridevi war schon einmal dort gewesen. In der Wohnung, die nur zwei Zimmer hatte, wohnten Pinki, ihre Eltern, Pinkis Bruder und dessen Frau Nandini. Um die Videothek unten eröffnen zu können, hatte Pinkis Bruder das notwendige Geld von Nandinis Vater bekommen. „Meine Eltern lassen die Schwägerin nicht in Ruhe", hatte Pinki einmal geklagt. „Sie verlangen sogar, dass sie auch noch das Geld für eine Videokamera mit in die Ehe bringt."

Pinki erzählte Sridevi alles, was in ihrem Haus vor sich ging. Es war noch keine drei Monate her, dass Pinkis Bruder Nandini geheiratet hatte.

Im Vergleich zu Pinkis Wohnung war Sridevis Haus größer. Sie selbst hatte ein eigenes Zimmer zum Lernen.

„Warum kommt Pinki nicht?", wunderte sich Sridevi. Der Schulbus der Luftwaffe war schon vorbeigefahren. Wenn der Busfahrplan nicht geändert worden war, musste jetzt Sridevis Bus kommen. In ihrem Bus hing neben dem Fahrersitz ein eingerahmtes Bild von Jesus Christus. Der Junge, der in der neunten oder zehnten Klasse war, lehnte an einem Baum und beobachtete sie. Es war ein Feigenbaum. In den Ästen war keine Bewegung auszumachen, da alle Vögel auf der Suche nach Nahrung unterwegs waren.

„Was ist denn heute mit deiner Freundin los?", fragte der Junge. „Sie wird bestimmt den Bus verpassen."

Sridevi schaute sich seine Schuhe an. Sie waren wie üblich mit trockenem Schlamm überzogen. Es ekelte sie, dies zu sehen. „So ein schmutziger Junge! Was nutzt gutes Aussehen, wenn einer dreckig und unsauber ist", dachte sie. Unter dem Gewicht ihres Schulranzens beugte sie sich etwas nach vorne.

Weit von der Bushaltestelle entfernt, vor Pinkis Haus, standen einige Leute. Sridevi sah weitere Menschen, die die Straße überquerten und dorthin gingen. Es war noch zu früh, um die Videothek aufzumachen. Deshalb war sie sehr besorgt, als sie die Menschen vor dem geschlossenen Geschäft stehen sah.

„Mädchen, unser Bus ist da", rief ihr der Junge zu. Die Krawatte, die er trug, war bestimmt vier oder fünf Jahre alt. Deshalb war sie so kurz. Der Junge stieg in den Bus und hielt die Tür für Sridevi auf. Mit dem Schulranzen auf dem Rücken stand sie unentschlossen da. Ihre Augen waren auf die Menschenmenge vor Pinkis Haus gerichtet. Sonst war nirgendwo jemand auf der Straße zu sehen. Die Stadt war noch nicht ganz aus der Nachtruhe erwacht. Die Kinder im Bus schauten Sridevi, die immer noch unentschlossen draußen stand, verwundert an. „Bestimmt hat sie ihre Hausaufgaben nicht gemacht", sagten einige. „Darum zögert sie wohl mitzufahren."

Auch als der Bus sich schon weit von der Haltestelle entfernt hatte, schauten die Kinder noch mit herausgestreckten Köpfen zu Sridevi zurück. Sie stand immer noch da, den Blick auf Pinkis Haus gerichtet. Ihre Unruhe wuchs. Es schien ihr, dass die Menschenmenge dort sich stetig vergrößerte. Mit dem Schulranzen in der Hand überquerte sie die Straße. In diesem Augenblick fuhr noch ein Schulbus an ihr vorbei. Dieser Bus war voll gestopft mit Kindern. Von der Bushaltestelle aus gesehen schien Pinkis Haus ganz nahe zu sein. Nur wenn man dorthin lief, wurde klar, wie weit entfernt das Haus tatsächlich lag.

Einige der Leute, die vor dem Geschäft und auf der Straße standen, kannte Sridevi schon. Der Mann in dem Pathan-Hemd war der Besitzer des Lebensmittelgeschäftes neben ihrem Haus. Der mit der Geschwulst am Kopf war der Vater eines Mädchens, das sie auch kannte. Sie ging in die sechste Klasse. Aber auf den ersten Blick konnte man meinen, dass sie eine Achtklässlerin sei, so groß war ihr Körper.

Aus dem Gesichtsausdruck der Menschen, die dastanden, schloss Sridevi, dass etwas Schlimmes im Haus ihrer Freundin passiert sein musste. Unschlüssig stand sie auf der Straße und hörte den Gesprächen der Leute zu.

„Bis die Polizei kommt, soll keiner reingehen", sagte ein junger Mann.

„Aber was hat die Polizei hier zu suchen? Was passieren konnte, ist bereits passiert. Jetzt müssen wir den Rest nach unseren Bräuchen erledigen."

„Trotzdem, welch ein Schicksal hat die arme junge Frau heimgesucht! Es ist nicht einmal drei Monate her, dass sie geheiratet hat", sagte der Besitzer des Lebensmittelgeschäftes.

Sridevi wurde unruhig. Sie versuchte, durch die Menschenmenge in das Haus zu gelangen.

„Mädchen, geh da nicht rein!", sagte der Mann mit der Geschwulst am Kopf. Er hatte sie erkannt.

Als sie das Pinkis Gesicht im Fenster des Hauses sah, drückte sie sich durch die Menschenmenge und lief in das Haus hinein. In den Augen ihrer Freundin brannte Erschütterung. Pinki starrte sie an, als sähe sie Sridevi zum ersten Mal. Von Nandinis Kopf konnte man nur noch das verbrannte Haar sehen. Ihr restlicher Körper war mit einem weißen Tuch bedeckt.

„Und dafür ist man also auf einem geschmückten Pferd, von der Musikkapelle begleitet, aufgebrochen, hat sie geheiratet und hierher gebracht", sagte der junge Mann draußen laut.

Alle schwiegen.

Sridevi lief, ganz außer Atem. Rennend und stolpernd gelangte sie irgendwie nach Hause.

Mit der Ankunft des Frühlings war die Zeit für das Holi-Fest gekommen. Die allmählich länger werdenden Tage und steigenden Temperaturen kündigten den Sommer an.

Eines Tages kam Sridevi mit Tränen in den Augen und auf den Wangen nach Hause. Ihr Schulrock war hinten mit ein wenig Blut befleckt.

„Weine nicht, Kind", sagte die Mutter. „Du bist ein großes Mädchen geworden. So etwas ist normal, wenn Mädchen erwachsen werden!"

Die Mutter wollte Sridevi trösten. Aber sie hörte nicht auf zu weinen. Ihren Augen waren angsterfüllt wie die Augen einer Tempel-Taube. Sridevis Mutter aber verstand nicht, warum sie so verängstigt war.

„Ich möchte immer ein Kind bleiben", murmelte Sridevi im Schlaf. „Ich will nie groß werden!"

Ein weiteres Mal hatte der Neembaum vor Sridevis Haus ausgeschlagen. Der Winter war vorbei und das Blau des Himmels wurde klarer und kräftiger.

Die Botschaft

Sethu

„Darf ich Sie auch Onkel Kochunni nennen?"

„Natürlich. So nennen mich ja schon viele."

„Sie haben mich wahrscheinlich nicht erkannt."

„Muss ja auch nicht sein. Heutzutage versucht niemand, einen zu erkennen. Es ist auch besser so, dass man auf eine Erkenntnis, die man nicht unbedingt braucht, verzichtet."

„Aber …"

„Kein aber. Wenn ich Sie, mein Herr, nicht kennen lernen möchte, schadet das ja niemandem."

„Aber so ist es nicht, Onkel Kochunni …"

„Und wenn es doch so ist …?"

„Ich komme von Achuthankuttis Firma."

„Ja? Schön."

„Es ist schrecklich heiß. Die Kinder haben gerade Schulferien. Ich dachte, man könnte schon Ferien machen. Deshalb bin ich gekommen. Und außerdem gibt die Firma noch die Fahrkarte für die Erste Klasse dazu."

„Wirklich? Schön. Wenn man einen Freifahrschein bekommt, wohin kann man nicht alles fahren!"

„Bevor ich aus dem Urlaub zurückkäme, sollte ich Sie besuchen, hat Achuthankutti mir ans Herz gelegt."

„Erstaunlich! Und warum hatte der gute Kerl diesen Einfall?"

„Aus keinem besonderen Grund. Immerhin fließt das gleiche Blut in Ihren Adern, oder? Sollte man da nicht ein bisschen neugierig sein, voneinander zu hören?"

„Ha, das ist aber schön. Sie haben vielleicht Achuthankuttis Blut gesehen. Aber wenn Sie, mein gnädiger Herr, nun mein Blut sehen wollen, bleibt mir gar nichts anderes übrig, als mir in den Finger zu schneiden. Aber weil ich ein bisschen Zucker habe, wird die Wunde nicht so schnell heilen."

„Das meinte ich aber nicht."

„Was Sie auch damit gemeint haben könnten, man soll schon ein bisschen aufpassen, wenn man mit so einer Gewissheit vom gleichem Blut spricht. Heutzutage spielt die Maschine das Spielchen. Wenn man heutzutage jemandem etwas Blut abnimmt, es in die Maschine gibt und prüft, und es kommt heraus, dass die Blutgruppen unterschiedlich sind, wird sich dann nicht das, was unsere Vorfahren und Lehrmeister uns von Blutverwandtschaft erzählt haben, als purer Unsinn entpuppen?"

„Aber trotz alledem kann es nicht sein, dass Achuthankutti nicht Ihr Sohn ist."

„Wer weiß das denn so hundertprozentig? Das soll aber nicht bedeuten, dass ich meiner Devakikkutti, die da oben ist, misstraue. Sie war so eine liebe Frau."

„Mir hat Achuthankutti alles erzählt. Ich bin sein bester Freund. Und er ist Präsident des Malayali Samajams dort. Ich bin der Sekretär."

„Wirklich? Wie schön! So ist das also. Achuthankutti kann also auch Präsident werden. Schön. Und wenn er einmal Präsident Indiens wird, bleiben Sie auch dann sein Sekretär?"

„Ich würde gern mit dem Zug zurückfahren, der um halb sechs abfährt."

„Das bedeutet, wir haben noch genau fünfundfünfzig Minuten. Wenn man die zehn Minuten für den Fußweg zum Bahnhof abzieht, bleiben fünfundvierzig Minuten."

„Ja, so ist es. Ich muss mich beeilen. Unter anderem hat Achuthankutti manche Dinge …"

„Tatsächlich? Dann geht es wieder um eine Botschaft. Kein Zweifel."

„Oh nein, so ist es nicht."

„Na ja. Wo sind Sie zu Hause?"

„Etwas südlich von hier …"

„Also ein Bote aus dem Süden. Und was ist das für ein Zeichen? Es ist mittlerweile soweit, dass man auch das Zeichen des Boten kennen sollte."

„Denken Sie bitte nicht so, Onkel. Ich habe keine geheime Absicht. Ich bin nur gekommen, weil Achuthankutti mein nächster Nachbar und bester Freund ist, und ich es nicht übers Herz bringen kann, ihn von Sorgen geplagt zu sehen. Und außerdem habe ich viel über Sie gehört, Onkel." Unter anderem könnte ich Sie so auch persönlich kennen lernen, dachte ich.

„Apropos kennen lernen, da kamen früher schon viele Leute, um mich kennen zu lernen. Wissen Sie, wegen meiner Geschichte und meiner gewissen Großmäuligkeit hatten viele Leute eine etwas übertriebene Meinung von mir. Erst in letzter Zeit lässt man mich in Ruhe. Vielleicht deswegen, weil ich keine staatliche Rente oder irgendeine andere Anerkennung wie ein Thaamrapathram oder so was Ähnliches erhalten habe … Sie brauchen keine Angst zu haben. Ich werde die alte Geschichte nicht aufrollen."

„Auch ich habe viel über Sie gehört."

„Glauben Sie bitte nicht etwas, nur weil Achuthankutti es gesagt hat. Zugegeben: Er ist Präsident und all das. Aber alles, was aus seinem Mund kommt, ist purer Unsinn."

„Wenn ich es Ihnen sage, nehmen Sie es mir bitte nicht übel. Onkel, Sie sollten ihm gegenüber doch ein bisschen mehr Verständnis zeigen. Immerhin haben Sie ja nur den einen Sohn."

„Ha, wie schön, der Botenspruch! Für Achuthankutti soll ich Verständnis haben? Auch das noch! Tja, wenn ich Ihnen so etwas als ein Päckchen mit auf dem Weg geben würde, würde es schmelzen, bis Sie ankommen! Und außerdem, sollte ich es Ihnen überhaupt mitgeben, würde es Ihnen Unannehmlichkeiten machen. Es ist ja eine lange Reise, nicht wahr?"

„Onkel, ich weiß, dass Sie viele Missverständnisse im Hinterkopf haben. Achuthankutti hat mir alles erzählt."

„Tatsächlich? Im gewissen Sinne stimmt das tatsächlich. Als Sekretär sind Sie gut beraten, dem Präsidenten einfach alles zu glauben. So wird im Verein ein stärkerer Zusammenhalt herrschen."

„Unsere Beziehung ist nicht solcher Art. Unsere beiden Familien sind miteinander befreundet. Wir wohnen sogar in unmittelbarer Nachbarschaft."

„Es ist eine großartige Leistung Ihrerseits, dass Sie, obwohl Sie nebeneinander wohnen, noch nebeneinander sitzen können. Sie sind mit Sicherheit ein großartiger Mensch."

„Die Zeit drängt. Das, was ich sagen wollte …"

„Weiß ich genau."

„Sprechen Sie bitte nicht so, Onkel."

„Es gibt einen alten Witz. Jeder Bote glaubt, er sei der erste. Das ist, wenn man so will, eine Schwäche des Boten als solchem. Aber für diejenigen, die es hören? Na ja, lassen wir das. Die Wahrheit zu verschweigen, gezielt Unwahrheiten weiterzugeben, das ist ja heutzutage die Botenpflicht, wie es viele große Botschafter allgemein behaupten. Leider kenne ich den englischen Ausdruck dafür nicht."

„Achuthankutti ist zum zweiten Mal Vater geworden. Es ist ein Junge."

„Schön. Ein Mädchen und ein Junge. Die Regierung sagt das gleiche."

„Onkel, ich möchte …"

„Um diese Nachricht zu übermitteln, hätte eine Karte vollkommen ausgereicht. Sie hätten sich keine Mühe zu geben brauchen. Und Achuthankutti kennt meine Anschrift mit Sicherheit auch. Aber auf eins muss man aufpassen. Sie sollten ihm sagen, er möge die korrekte Postleitzahl angeben, wenn er die Anschrift schreibt. Wissen Sie warum? In dieser unserer Großnation Indien gibt es angeblich über einhundert Dörfer mit dem Namen Ramapuram."

„Onkel, Sie lassen mich gar nicht zu Wort kommen. Deswegen bin ich ein wenig traurig. Immerhin habe ich einen langen Weg zurückgelegt, oder?"

„Oh, bitte sehr. Ich habe es vergessen. Entschuldigung. Ich habe die Pflicht, den Botenspruch vollständig zu hören. Nun können wir eins machen. Sie sprechen alles aus, was Sie zu sagen haben. Ich werde mich hinsetzen und zuhören, ohne ein Wort dazwischen zu reden. Keinen Ton werde ich von mir geben, das schwöre ich. Ich werde mir alles anhören, ganz genau. Immerhin ist das, was man das menschliche Ohr nennt, etwas sehr Gehorsames. Egal, was man sagt, egal, was für ein großer Blödsinn es ist, es wird alles hören, ohne zu widersprechen. Das heißt, es hat keine Fähigkeit, selbst zu denken. Lassen Sie es so. Ich habe nichts dagegen. Sprechen Sie! Aber denken Sie dabei bitte an die Abfahrtzeit ihres Zuges.“

„Noch eine halbe Stunde.“

„Dreiunddreißig Minuten, genauer gesagt. Für Sie sechzehneinhalb Minuten und für mich sechzehneinhalb Minuten.“

„Das ist nicht genug.“

„Dann eben für Sie achtzehn und für mich auch achtzehn.“

„Ich brauche mindestens zwanzig Minuten.“

„Einverstanden. Sie sind wohl ein passender Freund für Achuthankutti. Sie sind beide vom gleichen Schlag. Ein bisschen was geben und viel dafür zurückverlangen.“

„Ich werde mich kurz fassen. Mir fällt es schwer, die Sache folgerichtig und zusammenhängend zu erzählen. Ich werde es Ihnen erzählen, wie es mir einfällt. Achuthankutti hat sich in letzter Zeit sehr verändert. Er ist immer in Gedanken vertieft.

Irgendetwas plagt ihn ununterbrochen. Wenn jemand fragt, was los ist, weiß er es selber nicht. Sein Verhalten ist ab und zu ganz eigenartig. Ich werde etwas erzählen, was vor kurzem geschah. An einem Abend traf ein wandernder Schausteller aus einer niederen Kaste mit seinem Äffchen auf Achuthankuttis Hof ein. Die beiden zeigten viele Kunststücke. Dieses gewöhnliche ‚Hüpf, hüpf Kunchirama‘-Spielchen, wissen Sie. Achuthankutti gefiel es unheimlich gut. Als der Schausteller sah, wie sehr es Achuthankutti begeisterte, legte er sich noch mehr ins Zeug. Die beiden begannen, einige Nummern zu zeigen, die sie bis dahin nicht gespielt hatten. Nach einiger Zeit konnte man nicht mehr erkennen, wer der Mann war und wer das Äffchen. Als wir dastanden und zuschauten, sprang unser Achuthankutti zu den Spielern in den Kreis. Das Kind des Schaustellers fing kräftig an zu trommeln. Achuthankutti musste sich in einem Rausch befunden haben. Es wurde für die Dorfbewohner zu einem großen Spektakel. Immer mehr Zuschauer kamen hinzu. Achuthankutti, der Schausteller aus der niederen Kaste und das Äffchen schlugen immer wieder Purzelbäume. So ging es eine Weile weiter. Als schließlich sein Rausch vorbei war und nachdem er dem Schausteller eine Handvoll Geld geschenkt hatte, fragte Achuthankutti vorsichtig: ‚Kannst du mir dieses Äffchen schenken, mein lieber Freund?' – ‚Um es zu töten oder weiter zu zähmen?' wollte der Wanderschausteller wissen.' – ‚Weder noch. Nur, um es vor anderen spielen zu lassen.'

‚Aber ohne mich würde es nicht spielen', sagte der Mann. 'Nicht schlimm. Ich bin auch aus einer niederen Kaste. Gib mir deine alte Trommel und deine alten Kostüme, mein Freund.' Der Schausteller lachte sich kaputt. Vor lauter Lachen wurde sein Gesicht knallrot. ‚Das ist doch nur ein frommer Wunsch von Ihnen, mein gnädiger Herr. Um als Angehöriger einer niederen Kaste herumwandern zu dürfen, muss man in seinem früheren Leben viel Gutes getan haben. Wissen Sie, ich wurde zur Belohnung für meine guten Taten in meinen drei vergangenen Leben in eine niedrige Kaste hineingeboren."

„Achuthankutti treibt sich als ein armer Wanderschausteller herum! Auch das noch. Schön, schön. Was muss ich sonst noch hören? Na also, Ihre Zeit läuft bald ab."

„Ich habe noch eine Geschichte zu erzählen. Keine Bange, ich werde sie schnell erzählen. Nicht, dass Achuthankutti mich damit beauftragt hätte. Trotzdem habe ich das Gefühl, dass ich das noch loswerden muss, Onkel, dann haben Sie hoffentlich eine ungefähre Ahnung von der Lage."

„Erzählen Sie ruhig weiter. Der Botenspruch wird schon interessant."

„Neben unserem Grundstück waren Bauarbeiten für einige Gebäude unserer Firma im Gange. Als die Bauarbeiter tief in die Erde gruben, stießen sie auf eine kleine Statue. Eine antike Statue aus Metall, eine Göttin. Sobald Achuthankutti davon erfuhr, eilte er herbei, schnappte sich ohne Rücksicht auf das Aufsichtspersonal die Statue und ging fort. Er war ja, wie Sie wissen, schon immer verrückt nach antiken Sachen. Ich erfuhr davon, als er die Statue, gründlich saubergemacht und poliert, im Wohnzimmer in die Vitrine stellte. Inzwischen mussten zwei oder drei Tage vergangen sein. Schon auf den ersten Blick fiel mir auf, dass irgendetwas mit der Statue nicht stimmte. Von den beiden Augen der Göttin war das eine abgefallen. Und in dem vorhandenen Auge war das Licht von eintausend Augen zu sehen. Ab und zu schien es sich wie ein lebendiges Auge zu bewegen. Manchmal trinken wir beide abends etwas. Dann ist mir bange, der Statue in die Augen zu schauen. Da brennt etwas in dem Auge. Ein unheimliches Feuer. Achuthankutti pflichtete mir bei. In Wirklichkeit war er sehr entsetzt. Es handelte sich offensichtlich um eine böse Gottheit. Es war ein grober Fehler gewesen, sie ohne jegliche Rücksicht auf Konsequenzen ins Haus zu holen. Es ist ebenfalls problematisch, sie auf unreinen Boden zu stellen. Eines ist mir besonders aufgefallen. Von dem Tag an, an dem die Statue im Haus stand, hatte Achuthankutti sich völlig verändert. Irgendwie war er immer nachdenklich und voller Unruhe. Sein Gesicht war wie von bösen Geistern besessen. Er aß und trank nicht richtig. Ging nicht in die Firma. Immer hatte er eine unerklärliche Angst in den Augen. Er nahm immer weiter ab. Wie ein verhungerndes Opfertier. Seine Frau weinte sich die Augen aus. Mir wurde es unheimlich. So beschloss ich, komme was wolle, die Statue konnte nicht länger im Haus bleiben. Ich musste sie irgendwohin schaffen. Sie gehörte nicht hierher. So gingen wir eines Nachts mit der Statue in der Hand aus dem Haus. Es war eine sehr dunkle Nacht. Mir war bekannt, dass es an einer weit entfernten Ecke des Grundstücks einen alten Brunnen gab. Wir liefen langsam darauf zu. Ich konnte Achuthankuttis Herz klopfen hören. In der Dunkelheit leuchtete das eine Auge der Statue noch stärker und unheimlicher. Ich konnte aus nächster Nähe sehen, wie Achuthankuttis Hände zitterten, und hörte, wie er flüsterte. Während er lief, hielt er die Statue wie ein lebendiges Tier fest und passte auf, dass sie ihm nicht aus der Hand glitt. Als wir am Brunnen ankamen, beugte ich mich über den Rand und schaute in die Tiefe. Man konnte nichts sehen. Überall völlige Dunkelheit. Irgendwoher aus den Büschen kamen Geräusche wie das Zischen von Schlangen. Ich suchte die Gegend mit einer Taschenlampe ab. Es war ein Brunnen, auf dessen Grund man nicht sehen konnte. Unten, irgendwo ganz unten, war Wasser. Plötzlich sah ich, wie Achuthankutti die Hand hob. Plumps. Wir konnten deutlich das Geräusch hören, mit dem die Statue in den Brunnen fiel. Achuthankutti lachte laut. Dann liefen wir erleichtert zurück. Kaum hatten wir vier Schritte gemacht,

sahen wir etwas Leuchtendes unter dem trockenen Laub. Wir bück-
ten uns und betrachteten es näher. Es war das Auge. Ja, es war die
Karthyani. Ich zitterte vor Angst am ganzen Körper. ‚Lass uns da-
vonrennen.‘ Achuthankuttis Stimme bebte, als er dies sagte. Er war
den Tränen nahe. Ich hielt ihn an der Schulter fest: ‚Nein, so geht das
nicht. Wir müssen die Sache jetzt erledigen. Sonst ist das dein Ende‘,
sagte ich wild entschlossen. Achuthankutti stand erstaunt da. Weil
ich ihn schließlich dazu zwang, hob er das Auge der Statue auf, wenn
auch mit einigem Zögern. Er muss sich die Hände verbrannt haben.
Er wickelte es in ein Tuch und lief in Richtung Brunnen. Dort stand
er eine Weile mit geschlossenen Augen. Und dann gedachte er aller
seiner Lieblingsgottheiten, Lehrmeister und Ahnen, bekannte sich zu
all seiner Schuld, flehte laut um Vergebung, ließ das Auge der Statue dreimal ehrfurchtsvoll um seinen Kopf kreisen und warf es zum
Schluss energisch hinein.“
„Und danach hat man die Statue nicht mehr gesehen, oder?“
„Nein.“
„Ich verstehe schon. Tja, Sie haben sehr viel Zeit in Anspruch genommen. Nicht schlimm. Nun werde ich Ihnen etwas erzählen. Bitte hören Sie gut zu. Mein Lehrmeister ist einer, der in wenig Zeit viel
sagt, ohne lang zu reden. Ich habe also nur noch von meinem Guru
zu erzählen. In letzter Zeit kreisen alle meine Erinnerungen und Gedanken um ein und dieselbe Sache. Vielleicht, weil ich älter geworden bin, wissen Sie. Sie brauchen keine Angst zu haben, es handelt
sich nicht um eine böse Gottheit oder etwas Ähnliches. Wie der Lehrmeister mein Guru wurde, weiß ich nicht. Zum ersten Mal habe ich
ihn vielleicht im Traum gesehen. Oder er hat vielleicht direkt nach
mir gesucht und ist auf mich gestoßen. Jedenfalls fehlen mir gänz-
lich die Worte, um die Ausstrahlung seines Gesichts zum Ausdruck
zu bringen. Was gab es nicht alles in seinen Augen!
Barmherzigkeit, väterliche Liebe, Askese! Eine ganze Welt von Ge-
fühlen! Man kann sich nur vor seine Füße werfen, sonst gar nichts,
wissen Sie. Alles ist Schicksal. Ich brauchte ihn nichts über mich zu
fragen. Er konnte mir einfach alles über mich erzählen. ‚Kochunni,
eine Weile sollst du still sitzen. Mach die Augen zu und besinne dich

auf dich selbst. Sag dir selber, ich bin hier.' Ab und zu sagte er: ,Kochunni, du musst dich verspätet haben. Du hättest früher anfangen können.' Nur so viel hörte ich, nachdem ich so viel Zeit verbracht hatte, mit meinem Gesicht zu seinen Füßen zu liegen. Und ich sagte: ,Ihr wisst, dass es an meiner Faulheit liegt, mich auf den Weg zu machen, dass ich so spät dran bin.' Aber was gibt es hier eigentlich zu beginnen und fortzusetzen? Steckt nicht alles bereits in uns selbst? Das Entscheidende ist doch, dass es Zeit braucht, genau dies herauszufinden und wahrzunehmen. Einigen gelingt das früher, anderen später, und wieder anderen würden drei Lebzeiten nicht dafür genügen.‘

„Ich verstehe gar nichts, Onkel Kochunni.“

„‚Lass uns gehen‘, sagte der Guru. Dass es gar nichts mehr zum Anzweifeln gibt, weiß ich auch wohl genau. Aber trotzdem bleiben noch einige Knoten übrig, die nicht von Nutzen sind. Einfach so. Es sind ja nur Schnüre, wissen Sie. Man braucht ja nur kräftig zu pusten. Die meisten sind Anmaßungen wie das ICH und das MEIN.

‚Unsere Vorfahren haben alles reglementiert, Kochunni‘, sagte der Guru. ,Darauf kommt es nicht an. Es kommt auf die Entdeckung vom Inneren her an. Es führen ja angeblich einhundert Nerven zum Herzen. Davon geht ein einziger direkt zum Gehirn. Der eine, der das Leben sich vom Körper lösen lässt, ist unsterblich. Für diejenigen, die das Leben sich durch andere Nerven lösen lassen, bleibt nichts anderes übrig, als weiterhin im Zyklus von Tod und Wiedergeburt gefangen zu bleiben, und es fällt ihnen schwer, diesen Kreis zu durchbrechen. Man soll den inneren Menschen, der nur so groß wie der Ringfinger ist, mit großer Tapferkeit vom Körper lösen, wie man den Blumenstiel vom Unkraut trennt‘, stellte der Guru fest. Das heißt …‘“

„Ich, ich möchte …“

„Wenn man schon erzählen will, gibt es viel zu erzählen.“

„Ich möchte …“

„Gehen, oder? Ich weiß nicht, ob es Ihnen zu spät geworden ist. Aber es gibt immerhin einen Trost. Diese Züge kommen ja nicht so pünktlich, wie wir glauben.“

„Ist nicht schlimm. Statt zu laufen werde ich rennen. Aber zum Schluss nur noch eine Sache. Onkel, Sie sollen es mir versprechen. Immerhin habe ich all diese Mühe auf mich genommen und bin hierher gekommen, oder nicht? Ich soll Achuthankutti etwas mitbringen."

„Glauben Sie, dass ich versucht habe, den Boten zu betrügen?"

„Nein. Niemals."

„Also, was möchten Sie denn haben, mein Herr? Was soll ich über meine Achtung vor dem Boten hinaus noch geben?"

„Nur einen einzigen Segen. Ein kleines Einverständnis. Achuthankutti möchte auch einmal hierher kommen. Er möchte Sie einmal sehen. Wenn er kommt, Onkel, sollen Sie ihn erkennen."

„Sie haben wenigstens nicht gesagt, man soll ein fettes Kälbchen schlachten. Umso besser … Gut, er kann kommen. Ich habe es ihm ja nicht verboten. Aber mich sehen – das, glaube ich, wird nicht gehen."

„Warum nicht?"

„Ich gehe auf Reisen."

„Wohin?"

„Wenn jemand in diesem Alter auf Reisen geht, dann ist es reiner Unsinn, ihn zu fragen, wohin, nicht wahr, mein Freund? Seien Sie sicher, dass es sich um eine lange Reise handelt."

„Nun, was soll ich Achuthankutti …"

„Sagen Sie ihm, dass ich auf Reisen bin."

„Und wenn er kommen sollte?"

„Sagen Sie ihm, ich bin auf Reisen."

„Und wenn er Sie einmal sehen möchte?"

„Sie können ja sagen, dass ich auf Reisen bin."

Kurathi

Kadammanitta

Wir gruben, gruben und
selbst zum Graben geworden
aus der Grube rufend fragten wir:
Wo ist unser Essen? Wo
unsere schwarz befleckten, dürren Kinder?
Wo ist deren Reis? Wo deren Ehre?
Wenn es Abend wird, wo eine Herberge für sie?
Um die Abendlampe anzuzünden,
wo das Öl?

Großzügig gaben sie uns den Ehrentitel,
„Harijans", aha, sind wir;
als Ersatz für Missachtung,
nun Götter der Armen!
Sklaven sind wir, nicht Hari und nicht Gott,
nicht einmal Vieh, auch nicht mal Wurm, obgleich wir kriechen,
wir welken, sind aber keine Blumen,
Sklaven sind wir.

Die Rücken bückend und biegend, doch auf vier Beinen darf man nicht,
gingen wir auf zwei Beinen, mit brennendem Eisen bestraft.
Sagt man, mal eben den Rücken strecken, verbrannt wird uns die Zunge.
Das Herz kann all das nicht ertragen,
kein Platz zum Bücken, ein Versuch sich zu rücken und zu schütteln,
wird mit brennendem Feuer bestraft.
Sklaven sind wir.
Meine schwarzen Kinder grillt und fresst ihr?
ihre tränenverquollenen Augen reißt ihr heraus?
Grabt ihr unser Grab?

Ihr sollt es nun wissen, wir haben keinen anderen Weg, außer diesem.
So wie aus Knochen aufragende Türme werden wir hoch,
so wie steinerne Festungen erwachend werden wir kämpfen,
aus dem Müllgraben werden wir als große giftige Schlange
mit gespreiztem Kopfschild euch angreifen, Sklaven sind wir.
Aus der Härte der erhitzten, gekochten Erde gebackene,
aufgewachte Kurathi bin ich,
Aus dem Auge des Urfelsens, geplagt, verdurstet,
groß gewordene Kurathi bin ich,
von meiner Brust genährt, tapfer werden sie, meine Kinder,
falls ihr sie beschädigt,
meine Brüste werde ich herausreißen und
hinschleudern gegen eure Stadt, sie niederbrennen,
meine Haare herausreißend, auf den Fußboden schlagend,
eure Sippen vernichten werde ich.
Das schwarze Schlangenviereck entzäunt,
steht Kurathi hier,
so wie ein wilder Büffelstoß,
wie ein Bildnis des wilden Wassersturzes.
Wie die ersten Sprossen einer jungen Pflanze,
steht Kurathi.

Es war einmal

Paul Zacharia

Es war einmal eine Gemeinde von Fröschen, die lebte vor langer Zeit in einem Tümpel, der in der Ecke des Gartens eines Hauses lag. Sie waren wenige an der Zahl, da die meisten der dunklen Eiergirlanden, die die weinenden Froschmütter während des neuen Regens die ganze Nacht über im schlammigen Wasser des Tümpels ablegten, zur Beute der fetten Fische oder der Neugier der Kinder aus dem Haus wurden. Und von denen, die irgendwie entkommen und ihren Weg durch die Stadien der Metamorphose gegangen waren, verschwanden ebenfalls viele – wiederum als Opfer des Hungers oder der Neugier anderer.

Fürwahr, auch ein Fisch verschwand das eine oder andere Mal in der Küche, doch die Menschen sorgten dafür, dass deren Zahl sich nicht verringerte. Und in dem Maße, in dem die Menge der Fische größer wurde, wuchs das Bangen der Frösche. Diese Furcht wurde von Generation zu Generation wie ein Erbe weitergegeben. Die Bedrohung, die von Menschenkindern ausging, verflüchtigte sich natürlich, als deren „Metamorphose" sie an weit entfernte Orte katapultierte. Dennoch lebte das Volk der Frösche immer im Schatten der Gefahr.

Eines Tages brachten die jungen Töchter des Hauses eine Katze mit heim. Als sie sich eines Nachts mit leisem Tritt zwischen den Fröschen hindurch über den Rasen bewegte, saßen diese wie erstarrt in einer Ahnung von Gefahr. Bei Gelegenheit schossen die Katzenpfoten wie Blitze hervor und schnappten sich einen Fisch aus dem Tümpel. Die runden Augen der Frösche beobachteten die Grausamkeiten der weißen Klauen aus ihren Verstecken, ebenso die Schnelligkeit und Kraft der Tatzen. Doch niemals erhoben sich die weichen, pelzigen Pfoten gegen einen Frosch. Die Katze übersah sie, wie die Steine oder die Inseln von Moos auf dem Rasen.

Des Nachts jagten die Frösche im Tümpel und um ihn herum. Sie warteten im Gras auf die kleinen, bleichen Geschöpfe, die die Dämmerung hervorbrachte. Dann schlugen ihre langen Zungen aus in die nächtliche Luft und wischten die farblosen Körper fort.

Es kam vor, dass die Katze in bestimmten Nächten nicht zum Fischen an den Tümpel kam. Stattdessen jagte sie dem Ruf gewisser Laute nach, die von nah und fern widerhallten. Weiche und unterwürfige Antworten auf diese Rufe maunzend, lief sie fort in die Nacht.

Nach einiger Zeit begann ihr Bauch zu wachsen. Bald war er so dick, wie es sich für eine trächtige Katze gehörte. Ihre Bewegungen verlangsamten sich. In der Nacht lief sie mit ihrem runden Bauch zum Tümpel, den ganzen Weg über verfolgt von den zutiefst misstrauischen Blicken der Frösche, und wenn sie dann dort saß, leckte sie sich Pfoten und Gesicht sauber.

Jeden Morgen kamen die Frösche zusammen und zählten einander. Sie rechneten aus, wie viel Zuwachs sie während der kommenden Regenfälle erwarten durften. Auf Grund der radikalen Einschätzung ihrer Erfahrungen kamen sie zu dem Ergebnis, dass bedauerlicherweise die Unwiderrufbarkeit ihres Untergangs festgestellt werden musste.

Obwohl die Fische besonderes Futter bekamen (an dem sich auch die Frösche bedienten), genehmigten sie sich während des Monsuns den Genuss frischen Froschlaichs. Deshalb verehrten die Frösche ein stückweit heimlich die Katze – auch wenn diese Verehrung immer mit Angst und Zweifel verbunden war –, wenn sie an die Fische dachten, die in ihren scharfen Krallen zappelten.

Dann, eines Tages, leckte die Katze auf einer alten, ausrangierten Matratze im Keller drei kleine taumelnde Katzenbabys sauber, die aussahen wie kleine Baumwollflocken. Sie schauten sich mit großen runden Augen misstrauisch um und maunzten lauthals. Ihre Mutter verschwand in regelmäßigen Abständen in die Küche, trank Milch aus einer Schüssel und kehrte dann unter großem „miau" zurück, um die Kleinen zu säugen. Die Kätzchen wuchsen heran und begannen bald damit, aus dem Keller hinauszuspähen. Es dauerte nicht lange, da spielten sie schon in der Küche herum.

Eines Morgens sahen die Frösche sprachlos vor Schreck etwas auf der Wiese liegen: den einsamen, kalten Leichnam eines Frosches zwischen den vom Tau schweren Grashalmen. Er war zerbissen und von

Krallen zerrissen. Schaudernd beobachteten sie vom Tümpel aus, wie die Putzfrau die Froschleiche auf einen Stock aufspießte und angeekelt wegschleuderte.

In der Dämmerung versammelten sich die Frösche in Panik. Sie zählten einander in Totenstille. Die Abwesenheit eines der Ihren wurde ihnen mit einer Furcht bewusst, die nach ihren Herzen griff. Hilflos saßen sie da, bemüht, ihre Gedanken zu sammeln, und waren gezwungen abzuwarten, was der Morgen bringen würde. Von den kalten Ufern des Tümpels, aus dem feuchten Gras und dem schwarzen Wasser starrten sie in den Himmel, hypnotisiert von den funkelnden Sternen und mit der Ahnung einer neuen Gefahr in ihren Herzen.

Aus den Tiefen des schlafenden Hauses hörten sie das Maunzen der Kätzchen und die beruhigenden Erwiderungen ihrer Mutter. Diese Klänge erschienen ihnen wie fürchterlicher Donner. Sie vergaßen ihren Hunger und saßen mit fest ans Erdreich gepressten Leibern da, als wollten sie sich selbst begraben. Nach einer Weile hörten sie, wie die Geräusche das Haus verließen und sich ihnen näherten. Und als es hell geworden war, lag erneut ein toter und kalter Körper eines Frosches im milden Licht der Morgensonne.

Als auch dieser schreckliche Tag vergangen war, trafen sich die Frösche erneut am Ufer des Tümpels, um sich zu zählen. Die Erkenntnis über ihren Verlust ließ sie dort eng zusammenrücken. Ohne Hoffnung saßen sie unter dem schwarzen Himmel und erwarteten voller Furcht die Nacht. In der Morgendämmerung schließlich trieb sie der Hunger auseinander.

Am nächsten Tag lag wieder eine zerschundene und zerrissene Froschleiche im Gras. Den ganzen Tag über und auch am Abend bildeten die zusammengekauerten Frösche am Ufer des Tümpels eine dunkle Masse. Bei Sonnenuntergang drang der Klang von Gebeten und das Miauen der Kätzchen aus den erleuchteten Fenstern des Hauses. Die Katzenjungen schrieen nach Unterhaltung.

Die verzweifelte Menge am Ufer des Tümpels versuchte mit sinkendem Mut, das Ausmaß ihrer misslichen Lage zu analysieren. Handeln! Handeln war nun gefragt. Wer garantierte denn, dass ihnen der nächste Morgen nicht erneut einen toten Frosch bescheren würde? Der Verlust, den sie erlitten hatten, war außerordentlich. An drei Tagen hatte es drei Tote gegeben, und zwei davon waren werdende Mütter gewesen. Handeln!, so sagten sie sich. Unverzügliches Handeln zur Sicherung der Erhaltung der Art!

Als erstes beschlossen sie, dass vorläufig niemand, insbesondere nicht die laichtragenden Froschweibchen, den Schutz des Wassers zum Jagen verlassen durfte. Weiterhin kamen sie zu der Übereinkunft, dass täglich ein Frosch der Katze geopfert werden sollte. Über die Wahl des Opfers sollte das Los entscheiden. Die weiblichen Frösche waren von diesem Ritual ausgeschlossen. Durch diese Maßnahmen wollten die Frösche das Überleben ihrer Art sichern.

Ihre Überlegungen gründeten auf der Feststellung, dass die getöteten Frösche nicht verspeist wurden und sie daher annahmen, dass den Katzen das Froschfleisch gar nicht schmeckte. Als größte Bedrohung erschien ihnen die Möglichkeit, dass die Katzen mit der Zeit auf den Geschmack des Froschfleischs kommen könnten. Deshalb hielten die Frösche es für das Beste, die Katzen Tag für Tag mit Froschfleisch zu versorgen und sie dessen überdrüssig zu machen, so dass ihr Volk einst wieder sein friedvolles Leben würde aufnehmen können. Die Entscheidung wurde in unumstößlicher Einstimmigkeit getroffen. Alle akzeptierten sie mit kalten und unerschütterten Herzen. Niemand war ängstlich, traurig oder skeptisch – mit einer Ausnahme.

Diesen Frosch bekümmerte der Gedanke an die Vergeblichkeit ihrer Entscheidung. Er glaubte, dass die drei getöteten Frösche nicht als Futter, sondern als Spielzeug für die Kätzchen hatten sterben müssen. Ihm war auch bewusst, dass die Frösche, wenn sie keine Beute, sondern bloß Spielzeug waren, lediglich alles hinnehmen konnten und verstehen mussten, dass sie nichts tun konnten. Weil er aber darum auch alles Reden und Planen für sinnlos hielt, schwieg er still. Im Bewusstsein, dass auch er an der Auslosung der Opfer würde teilnehmen müssen, begab er sich in die solidarische Wärme der Gemeinschaft.

Es war eben jener Frosch, auf den trotz seiner Jugend das Los der ersten Opferung fiel. Mit großem Schmerz erfuhr er von seiner Auswahl. Der Erste zu sein in einer absurden Kette von Opferungen! Tiefe Traurigkeit überkam ihn beim Gedanken an sein kurzes Leben, das so absurd enden sollte. Er wartete nun auf den nächsten Schritt und hoffte, die Katze würde früh erscheinen und seinen nutzlosen Qualen ein schnelles Ende setzen.

In den dunklen Wassern des Tümpels kamen die Frösche in Totenstille zur ersten Opferung zusammen. Als die Zeit gekommen war, löste sich der zur Opferung bestimmte Frosch von der Gruppe ab wie ein Blatt vom Baum. Durch das ruhige, kalte Wasser schwamm er langsam ans Ufer und ließ sein Volk für immer hinter sich.

Auf einem schmalen Pfad, der vom Haus zum Rasen führte, bezog er Stellung und wartete. Die Geräusche im Haus verstummten. Das Geklapper der Töpfe und Pfannen verklang. Ein Licht nach dem anderen erlosch. Doch niemand kam aus dem Haus, um das Opfer entgegenzunehmen. Die Nachtstunden verrannen. Keine stummen, weichen Tatzen kamen die Stufen des Hauses zum Spielen herab. Bald wurde es Mitternacht und der Mond ging auf. Das Mondlicht spiegelte sich schimmernd im Tau auf dem Gras. Doch noch immer kam niemand, um das Opfer anzunehmen.

Im Tümpel begannen die ungeduldigen Bewegungen der übrigen Frösche Wellen zu schlagen, die im Wasser ihre Kreise zogen. Auf dem Altar unter dem Mond blieb das Opfer unberührt.

Es hatte eine Geburtstagsfeier im Haus gegeben, und die Kätzchen waren unter dem Esstisch eingeschlafen. Sie bekamen nicht einmal mit, wie ihre Mutter sie liebevoll mit ihrem Schwanz tätschelte. Tief schlafend hatten sie die nächtlichen Spaziergänge in den Garten und die Spiele, die sie dort spielten, völlig vergessen.

Dies bereitete dem geopferten Frosch grausame Stunden. Jeder Augenblick lastete schwer auf ihm. Langsam begann er, seine Fassung zu verlieren. Während die Stunden sich hinzogen, konnte er sich in seiner Einsamkeit an der Opferstelle auf nichts anderes konzentrieren als auf sich selbst. Seine schlimmsten Ängste waren Wirklichkeit geworden: Ganz alleine wartete er auf den Tod. Er war sich bewusst, dass er in Selbstmitleid und Traurigkeit verfiel.

Im Licht des Mondes saß der Frosch nur allzu gut sichtbar im Gras. Er sehnte sich nach dem Schutz der Dunkelheit und begann, Selbstgespräche zu führen. „Die Anderen beobachten mich gewiss vom

Tümpel aus", sagte er sich. „Wenn sie nur nicht herschauen, mich von ihren Blicken befreien würden. Oder haben sie bereits müde und frustriert die Augen geschlossen? Dann wäre ich glücklich. Ob da wohl jemand unter ihnen ist, der um mich weint? Aber nein, lass ab von diesen Luftschlössern!", ermahnte er sich selbst.

„Würde nur eine Wolke kommen und dieses ewige Mondlicht verdecken! Nicht, um mich zu verstecken. Ich möchte nur in der Lage sein, ohne Scham zu weinen, zu lachen oder vor Furcht zu zittern, solange diese wichtigen Augenblicke andauern, und das unbeobachtet von den Augen der Anderen. Ihr Götter, wo seid ihr? Kommt und empfangt mich. Warum befreit mich nicht wenigstens meine Sippe? Nein, niemand sollte dabei zusehen, wie mein Leib von scharfen Krallen entzweigerissen wird oder wie Fetzen von mir an weißen Krallen baumeln. Niemand braucht meine hilflosen Schreie zu hören. Die Kätzchen werden mit mir spielen, mich aufscheuchen und herumschubsen. Niemand soll Zeuge meine erschütternden und erniedrigenden Schmerzen werden. Und wenn dann schließlich mein verstümmelter Körper halb tot im Gras liegt, soll kein Ohr mehr meine letzten Schreie vernehmen und kein Auge meine hässlichen Überreste betrachten.

Im Haus schliefen die Kätzchen friedlich an ihre Mutter gekuschelt. Mit erhobenen Schwänzen tappten sie spielerisch durch ihre Träume. Die Unruhe der Beobachter im Tümpel erreichte ihren Höhepunkt. Je weiter die Nacht fortschritt, desto heller leuchteten Mond und Sterne. Ein leiser Wind bewegte sich im Gehölz und kündigte die Morgendämmerung an.

Der Frosch schluchzte. Zwischen dem Tümpel, in den er nicht zurückkehren konnte, und den Göttern, die ihn nicht als Opfer annehmen wollten, wand er sich wie ein verlorener Wurm unter dem Mond. Dann sprang er, laut quakend, um Aufmerksamkeit auf sich zu lenken, auf das Haus zu, in dem sein Schicksal auf ihn wartete. Von der dunklen Gestalt des Hauses hallte das Echo seiner Schreie zu ihm zurück. Die Unruhe und die Anspannung seiner Sippe im Tümpel zogen ihre Kreise bis ans Ufer, zerschellten dort und vermengten sich mit der Erde.

Higuita

N.S. Madhavan

Der aus Italien stammende Literaturfreund Pater Capriati hatte Pater Geevarghese einmal, höchstens zweimal, etwas über den deutschen Roman „Die Angst des Tormanns beim Elfmeter" erzählt. Allein der Titel weckte in ihm das Gefühl, dass er diesen Roman bereits gelesen hatte – nicht einmal, sondern mehrere Male.

Allein gelassen von allen, mit ausgebreiteten Armen, wartet der Torwart auf den Schuß. Im Stadion halten 50.000 den Atem an. Nur der Schiedsrichter wird pfeifen.

In seiner Phantasie reimte sich Pater Geevarghese Herkunft und Lebensgeschichte des Torwarts in immer neuen Geschichten zusammen. Das Bedürfnis, den deutschen Roman zu lesen, hatte er nicht. Denn wenn er dies täte, dann würden damit all die Schicksalsgeschichten des Torwarts zu Ende gehen. Außerdem würde dessen Leben damit auf das reduziert, was in dem Roman stand.

In den ersten Tagen war Jesus Christus der Torwart. Er trug das Trikot mit der Nr. 1 und hielt viele Bälle. Nach einigen Tagen wurde der Torwart plötzlich ein Goliath. In bis zum Himmel reichender Einsamkeit stand Goliath da und wartete stumm auf den von einer Steinschleuder kommenden Elfmeterschuss. So steigerte sich die Verwandlungsfähigkeit des Torwarts mit jedem weiteren Tag.

Die Gemeinde von Pater Geevarghese lag im Süden von Delhi. Ganz wenige der Gläubigen kamen aus Kerala. Es gab auch einige Adivasi-Mädchen aus Bihar, die als Dienstmädchen in Haushalten arbeiteten. Einmal in der Woche ging der Pater den Bischof besuchen, sehr selten kam Pater Capriati zu ihm, um über Literatur zu diskutieren. Eine Zeitlang wartete jede Woche das Adivasi-Mädchen Lucy ungeduldig auf den Pater, wenn er nach der Messe aus der Kirche kam.

„Pater, er ist schon wieder dagewesen", sagte Lucy, als sie ihn das letzte Mal traf.

„Wer, Lucy?"

„Am letzten Sonntag habe ich mit Ihnen über eine Person gesprochen, die ..."

„Hm ... Wie war sein Name noch mal?"

„Jabbar"

„Ach ja. Ich erinnere mich. Warum war er da?"

„Wegen derselben Sache, über die er schon letzte Woche gesprochen hat."

Pater Geevarghese brummte leise vor sich hin.

„Er hat schon wieder gesagt, dass ich mit ihm gehen soll."

Erinnerungen regneten wie Sternschnuppen im Kopf des Paters. Jabbar war ein Zwischenhändler, der von Adivasis Hühner und ungebleichten Baumwollstoff aufkaufte und dann weiterverkaufte. Später begann er, insbesondere in den Dürremonaten, Adivasi-Mädchen aus dem Dorf fortzulocken, indem er ihnen einen Job versprach.

So hatte Lucy vor einiger Zeit in Ranchi den Zug genommen, war an einigen nach Senföl stinkenden Bahnhöfen vorbeigefahren und schließlich in Delhi angekommen.

Wie versprochen, besorgte Jabbar für Lucy einen Job in einer Familie. Jeden Monat kam Jabbar sie besuchen. Am Anfang fürchtete Lucy, dass er nach Geld fragen würde. Im Gegenteil. Jabbar brachte jedes Mal irgendein Geschenk mit – Pottu, Puder, der nach Sandelholz roch, und den ersten richtigen Büstenhalter für Lucy, sogar in schwarz!

Eines Tages sagte Jabbar zu Lucy: „Hör auf zu arbeiten, komm mit mir."

Lucy folgte ihm gutgläubig. Am selben Abend brachte ihr Jabbar ein fertig genähtes Salwar Kameez in Gelb mit roten Tüpfelchen. Er überredete sie, sich den Kopf mit einem roten Nylonschal zu bedecken, auf ihre afrikanisch aussehenden Lippen schwarz-glänzenden Lippenstift aufzutragen und mit ihm auszugehen.

Die schöne Lucy und Jabbar kamen dann zusammen zu einem Hotelzimmer. Bevor sie in das Zimmer hineingingen, sagte Jabbar: „Ich komme nicht mit. Der Seth drinnen ist ein guter Mann. Seine Schüchternheit zeigt, dass dies für ihn das erste Mal ist. Ein Glück für dich! Sobald du hineingehst, wird er dir 750 Rupien geben. Die bringst du mir sofort nach draußen. Wenn alles vorbei ist, gibt er dir bestimmt auch noch Trinkgeld. Wieviel das sein wird, hängt von deiner Leistung ab. Dies Geld kannst du behalten."

Lucy rannte durch die Eingangshalle des Hotels zurück. Jabbar folgte ihr. Ihre Flucht endete in Jabbars Haus, wo er sie in einem Zimmer einschloss. „Ich werde dich nun heiraten", soll Jabbar gesagt haben, während er, wie mit Sindhur, mit einer brennenden Zigarette über ihren Scheitel fuhr. Dann sagte er, dass Lucy immer noch ein Kind sei und nicht das Heiratsalter erreicht habe. Dabei kitzelte er sie mit derselben brennenden Zigarette an der Fußsohle. Als er dies tat, sprach er wie ein Bösewicht in Hindi-Filmen, erzählte Lucy.

Wie Lucy sich von dort gerettet hatte, erinnerte sich der Pater nicht. Denn als die Geschichte bis dahin gekommen war, füllte sich schon das Stadion in seinem Kopf mit Menschen. Der unachtsame Torwart hatte zwar alle Elfmeterschüsse gehalten, aber leider rutschen die Bälle aus seiner Hand. Der Torwart war an jenem Tag Onan, der Sohn von Judas, der die Saaten verschwenderisch auf die Erde streute.

Lucy bekam wieder einen Job bei einer Familie im Süden von Delhi. Aber Jabbar brauchte nicht einmal zehn Tage, um sie aufzuspüren.

„Was hast du Jabbar dann gesagt?"

„Ich komme nicht mit."

„Das war gut."

„Aber … Jabbar …"

„Geh zur Polizei und melde das", riet der Pater ihr.

„Ich habe vor der Polizei mehr Angst als vor Jabbar."

„Was ist die Alternative, wenn du so redest?"

„Pater, bete mit mir …"

„Hab keine Angst, ich muss jetzt gehen."

Der Pater kam in sein Zimmer. Das Fußballfeld war leer. Popcornverpackungen und Eiskrembehälter lagen wie Erinnerungsstücke überall verstreut. Die Torwarte ruhten sich wahrscheinlich gerade aus.

Als er nach dem Abendessen ins Bett ging, konnte der Pater nicht einschlafen. Plötzlich erinnerte er sich an die Fußballweltmeisterschaft in Italien. Er machte seinen kleinen Schwarz-Weiß-Fernseher an und setzte sich davor.

Irgendein Schüler hatte an die Nordmauer der Schule, wo der Urin vieler Schülergenerationen versteinert war, mit Kohlestift geschrieben, dass Geevarghese nur in die Fußballmannschaft der Schule aufgenommen worden war, weil sein Vater dort Sportlehrer war. Aber seit dem Zeitpunkt, als sein Eckball wie ein Regenbogen in das Tor von Ollur H.S. niedergegangen war, war der Name Geevarghese in aller Munde gewesen. Auf dem flachen, rot gepflasterten Fußballfeld, auf dem man die Grashalme mühelos zählen konnte, hatten sie barfuß gespielt, und die Torpfosten hatten aus einfachen Bambusrohren bestanden.

Für die Bezirksmeisterschaft waren sie nach Kunnamkulam gereist, nachdem sie im allerersten Spiel Ollur H.S. besiegt hatten. Die Schüler hatten alle still im Bus gesessen. Der in die Landesauswahl gewählte Kalan Rappai war Mannschaftskapitän der Schule in Kunnamkulam. Nur Vater hatte geredet: „Wenn einem der Ball auf den Fuß fällt, muss man sich sofort umschauen und sich vergewissern, ob jemand aus unserer Mannschaft unaufmerksam herumsteht."

Nachdem sie das Spiel gewonnen hatten und dafür von den Leuten aus Kunnamkulam ausgepfiffen worden waren, machten sie sich im Bus auf den Rückweg durch die menschenleere Nacht. Unterwegs hatten sie Bananen und Vadas gegessen, die Vater vom Geld aus der Schulkasse gekauft hatte. Sie hatten gesungen und rhythmisch dazu geklatscht: Ayyo hat verloren, Kunnamkulam hat verloren, Ayyayyo hat verloren, Rappai hat verloren …

„Sing mit", hatte Vater mit liebvollem Blick auf Geevarghese gesagt. „Du brauchst keine Angst zu haben. Ich bin jetzt nicht dein Vater. Ich bin der Sportlehrer."

Das nächste Spiel war ein Heimspiel gewesen. Den vom Mannschaftskapitän kommenden Ball hatte Geevarghese mit der Brust angenommen und mit einem Fallrückzieher in das gegnerische Tor geschossen. Von diesem Zeitpunkt an waren Leute sogar aus Malabar gekommen, um ihn anzuwerben. Sie hatten ihm 10-15 Rupien pro Spiel geboten. Er bekam auch eine Einladung, in der Sevens-Liga zu spielen.

Dem Vater gefiel es aber nicht, dass er nach der Erntezeit auf den Feldern unter dem begeisterten Geschrei von wettenden Fans für die Sevens-Liga spielte. Einmal sprach er mit ihm darüber: „Mein Sohn, ich liebe Fußball. Aber die Sevens-Liga ist der Antichrist."

Geevarghese konnte jedoch auf das Spiel für die Sevens-Liga nicht verzichten. Danach hatte der Vater aufgehört, mit ihm über Fußball zu sprechen.

Im selben Jahr, als sein Vater starb, fiel Geevarghese durch die Bachelor-Prüfung. Kurz danach hörte er auch auf zu spielen, als ob er dies dem Vater schuldete. Einige Zeit später hatte er beschlossen, Priester zu werden.

Auch als er im Fernsehen die Weltmeisterschaft anschaute, beschäftigte er sich innerlich nur mit den verschiedenen Torhütern, die auf das Elfmeterschießen warteten. Eigentlich schaute er nicht die Spiele an, sondern achtete ausschließlich auf die Torhüter.

Eines Tages, als Pater Geevarghese nach der Messe die Kirche verließ, war Lucy wieder da.

„Pater!"

„Hm …?"

„Jabbar …"

„Jabbar?"

„Jabbar sagt, dass ich sofort mit ihm gehen muss."

„Auf keinen Fall!"

„Er weiß sogar, wann bei uns niemand sonst zu Hause ist. Wie kann er sonst genau zu dieser Zeit telefonieren? Ich kriege Angst."

„Alles wird gut, Lucy."

Der Pater zog sich zurück.

Während er zu seinem Zimmer ging, sagte der Pater zu sich: Der beste Weg, die Torwarte zu studieren, führt über das Elfmeterschießen. Er hatte noch etwas entdeckt: Der Torwart, der auf das Elfmeterschießen wartete, fühlte sich gar nicht einsam. Im Gegenteil. Es störte ihn eher, dass die Menschenmenge ihm seine Einsamkeit stahl.

Pater Geevarghese sah Lucy wieder, als er auf dem Moped unterwegs war. Auch Lucy, die in einer Motorrikscha unterwegs war, sah den Pater, in der Nähe des I.N.A.-Markts. Bevor sie dem Fahrer auf den

Rücken klopfen und ihn bitten konnte, anzuhalten, schaltete der Pater in einen höheren Gang und entfernte sich schnell.

Bisher war Kolumbiens Torwart Higuita nur eine kleine Fußnote in Pater Geevargheses großangelegter Studie über die Torhüter. Mit seinen langen Locken, herabfallend wie Shivas verfilztes Haar vor dem kosmischen Tanz, dem Gesicht aus schwarzem Granit und seinem dünnen Schnurrbart war Higuita allerdings eine Ausnahmeerscheinung unter den Torhütern.

Die Hauptaufgabe eines Torwarts besteht darin, das Spiel zu beobachten. Wenn er aber vor dem Elfmeterschießen steht, ändert sich seine Rolle. In der Regel bekommt er Lampenfieber. Aber Higuita marschierte ohne Hemmung, ohne Angst bis in die Mitte des Geschehens. Bis zur Mitte des Fußballfeldes, wohin die Torhüter sich bisher nie gewagt hatten, dribbelte er mit dem Ball, wie ein Kapitän, der neue Breiten entdeckt.

Pater Geevarghese begann Higuita besondere Aufmerksamkeit zu schenken, auch unter Verzicht auf andere Torhüter, nachdem er im Fernsehen gesehen hatte, wie Higuita dem Elfmeterschießen begegnete. Wie der Dirigent eines Orchesters erhob Higuita beide Hände und machte für die Zuschauer, die sichelförmig im Stadion saßen, unhörbare Musik auf höchster Klangebene. Der Spieler, der den Ball schoss, hatte für ihn nur die Stellung des ersten Violinisten im Orchester. Am Ende geschah es in einer eigentlich unspektakulären Situation: Ein Gegenspieler nahm dem mit dem Ball nach vorne tänzelnden Higuita den Ball ab und schoß ihn in das Tor. Damit war Kolumbien aus der Weltmeisterschaft raus. Aber wie Higuita insgeheim über seine Rolle bei dieser Katastrophe gelacht hatte, das konnte nur Pater Geevarghese sehen.

Auch an diesem Tag sah er Lucy nach der Messe auf ihn warten. Er sah sie an, nickte mit dem Kopf und ging in sein Zimmer, ohne ein Wort mit ihr zu wechseln.

Dem Pater bereitete es die größte Freude, Higuita zuzuschauen, wie er ins Tor zurückging, nachdem er den Ball seinem Teamkameraden von der Mitte des Feldes aus zugespielt hatte. Ganz anderes als alle anderen Torhüter, die hastig zwischen die Pfosten zurückkehrten, um die Spannung dort zu erleben, nahm Higuita ganz langsam seinen Platz wieder ein, ruhig, ohne jede Hast.

„Pater", rief Lucy.

Er blieb stehen

„Pater, ich gehe zu Jabbar."

Ihr Widerstand zerbröckelte.

„Gehst du gern zu ihm?"

„Wenn Sie so fragen …"

„Was dann?"

„Wenn ich bis heute Abend nicht bei ihm zu Hause eintreffe, wird er mein Gesicht mit Säure verätzen, hat er gedroht."

„Komm mit."

Er bat sie, mit ihm zu kommen und vor seinem Zimmer zu warten. Dann ging er allein hinein, zog die Soutane aus und legte den Rosenkranz ab. Mit Hemd und Hose bekleidet ging er mit Lucy zu seinem Moped.

Er startete es und sagte: „Steig auf! Wo ist Jabbars Haus?"

„In der Nähe von Shakurpur Basti."

Der Pater fuhr schnell durch den dichten Verkehr.

Gleich nach dem ersten Klopfen machte Jabbar die Tür auf. Er war recht groß, hatte lockiges Haar und zusammengewachsene Augenbrauen. Sein Schnurrbart war ganz schwarz, aber das Haar war schon etwas grau. Es war schwierig, sein Alter zu schätzen.

Jabbar fragte: „Bist du gekommen?"

Jabbars weiche Stimme überraschte den Pater. Insbesondere, als sein Blick auf den kräftigen Stiernacken fiel.

„Komm herein", sagte er mit einer Stimme, die noch weicher war.

„Nein", sagte Pater Geevarghese. Jabbars Blick blieb immer noch auf Lucy gerichtet. Seine Augen wollten den Pater nicht wahrnehmen.

„Kommst du nicht herein?"

„Nein", sagte der Pater wieder. Noch immer schaute Jabbar den Pater nicht an.

Ohne jede Emotion, wie unter Freunden, flüsterte er Lucy zu: „Lucy, ist es nicht besser, wenn er jetzt geht?"

„Nein", sagte Lucy.

In diesem Moment holte Jabbar mit der Hand aus. Lucy wich einen Schritt zurück.

Auf dem Fußballfeld in Thalassery schrieen die zum Sevens-Liga-Spiel gekommenen Zuschauer laut: „Geevareed, Geevareed!"

In einer plötzlichen Erinnerung, die wie ein altes Foto leicht vergilbt war, stand der Sportlehrer an einen Arecanussbaum gelehnt da, weit weg, verschwommen, am Rande des Spielfelds. Geevarghese hob den Fuß trotzdem und trat nach dem Ball. Er nahm den Ball und köpfte. Dann trat er ihn wieder mit dem Fuß. Wieder und wieder. Er trat wie in Zeitlupe. Aus der Nase des am Boden liegenden Jabbar floss Blut und breitete sich aus. Und dann packte Geevarghese ihn beim T-Shirt, auf dem „OKLAHOMA" stand, zog ihn hoch und sagte: „Wenn es morgen so etwas wie einen Sonnenaufgang gibt, möchte ich dich in Delhi nicht mehr sehen."

Als der Pater ihn losließ, fiel Jabbar taumelnd zurück auf den Boden.

Nachdem er Lucy vor dem Haus ihres Arbeitgebers abgesetzt hatte, ging der Pater in sein Zimmer zurück. Ruhig, ohne jede Hast.

Die Kinder

C. V. Balakrishnan

Wir saßen in der Wartehalle des Bahnhofes und warteten auf Vater. Da wir wussten, dass sich der Zug um siebzig Minuten verspäten würde, hätten wir, wenn wir gewollt hätten, einen Stadtbummel machen können. Wir hätten Eis essen können, Kinoposter anschauen, beobachten, wie die Zeiger der Stadtuhr sich bewegen, oder durch die verschiedenen Straßen der Stadt schlendern können. Wir saßen aber weiterhin da, ohne dies und jenes zu tun. Mir fiel auf, dass mein Bruder blass im Gesicht geworden war. War mein Gesicht auch blass geworden, wer weiß?

Viele in der Wartehalle waren in tiefen Schlaf gesunken. Die übrigen lasen, schauten ziellos umher oder unterhielten sich leise. Reisende liefen an der Halle vorbei. Einige kamen bis zur Tür, schauten herein und gingen enttäuscht, als sie sahen, dass noch keine Plätze frei geworden waren.

Als so einige Zeit vergangen war, flüsterte mein Bruder wie im Selbstgespräch: „Vater wird diesmal nicht zurückgehen."

Mit Entsetzen wandte ich den Blick vom Bahnsteig ab und schaute meinem Bruder ins Gesicht. Aber zu meinem Erstaunen drückte es keine Gefühlsregung aus.

Ich fragte verdutzt: „Was hast du gesagt?"

„Nichts", antwortete er, ohne mich anzusehen.

„Du hast aber etwas gesagt, Bruder", beharrte ich.

Mein Bruder saß leise da, als ob er nichts gehört hätte. Mein Entsetzen wuchs. Er hatte gesagt, dass Vater diesmal nicht zurückgehen würde. Ich hatte es deutlich gehört.

Vielleicht war es nur meine Einbildung gewesen, oder nicht? Was auch immer es gewesen sein mochte, eines stand fest: Vater würde diesmal nicht zurückgehen. Früher pflegte er nach dem Urlaub zurückzugehen. Bis dahin war uns allen angst und bange. Wir durften ohne seine Erlaubnis überhaupt nicht hinausgehen. In dieser Zeit verloren wir Freunde, den Fluss, die Bambusstauden, Bäume, Vögel, Hügel, den Himmel ... Zu Hause vergingen uns das Lachen und die Späße. Wir wurden still. Nur Vaters Stimme war zu hören. Morgens rief er immer: „Seid ihr noch nicht aufgestanden?" Spätabends pflegte er zu sagen: „Für heute habt ihr genug gelernt. Jetzt könnt ihr schlafen gehen."

Plötzlich machte mir mein Bruder Angst und flüsterte: „Hm, lass Vater mal kommen. Lass Vater mal kommen."

Als ich in sein Gesicht schaute, ergriff mich eine undefinierbare, unheimliche Angst und Entsetzen.

Kommt der Zug bald? Kommt Vater bald? Kommt unser Vater bald? Es waren nicht nur siebzig Minuten. Der Zug verspätete sich noch mehr. Inzwischen war das Gedränge auf dem Bahnsteig dichter geworden. Als durchgesagt wurde, dass der Zug in Kürze ankommen würde, standen die Menschen in der Wartehalle einer nach dem anderen auf. Diejenigen, die eingeschlafen waren, sprangen erschrocken von den Sitzen hoch.

Mein Bruder nahm mich bei der Hand und stand ebenfalls auf.

Als wir an die Tür kamen, sagte ich spontan: „Oh Gott, was für eine Menschenmenge! So viele Menschen, dass keiner umfallen kann. Wie können wir in diesem Gedränge Vater finden?"

Plötzlich fiel meinem Bruder etwas ein: „Wir können ja am Ausgang warten. Das ist am besten."

Ich war einverstanden. Durch das Gedränge schoben wir uns vorwärts, Arm in Arm.

Vom Bahngleis kamen viele Geräusche. Einer, der uns entgegenkam, riss uns fast um und hetzte davon. Ich verfluchte ihn im Stillen und drängte mich an meinen Bruder. Wir hielten uns noch fester an den Händen.

In der Ferne konnte man das Geräusch des herannahenden Zuges hören. Mein Bruder lief so schnell es ging durch das Gedränge, ohne meine Hand loszulassen. Wir blieben in einem Gang stehen, wo sich zwei Bahnangestellte zur Fahrkartenkontrolle postiert hatten. Wir waren sicher, dass wir von hier aus unseren Vater würden sehen können.

Schließlich fuhr der Zug ein. Wir schauten erwartungsvoll hinüber zu den vorbeifahrenden Waggons, um festzustellen, ob unser Vater an einer der Türen stand. Der Zug kam zum Stehen. Die ersten Fahrgäste stiegen aus.

Die Reisenden auf dem Bahnsteig drängten sich durch die Menschenmenge zu den Türen. Die Gepäckträger riefen laut in die Menge hinein und warben um Kundschaft. Mein Herz pochte vor Angst. Plötzlich erkannte ich meinen Vater. Mein Bruder hatte ihn auch schon entdeckt. Er drückte meine Hand kräftig und sagte zu mir: „Da ist Vater!" Ein Gepäckträger folgte unserem Vater mit einem Koffer auf dem Kopf und einer Matratze darüber. Mein Bruder und ich eilten durch die Menschenmenge auf Vater zu. Es war nicht das Gedränge, das uns fertig machte, sondern die Spannung, die Aufregung, die Sorge. Obwohl wir ihm zuriefen „Vater", hörte er es nicht. Es herrschte so ein Durcheinander. Als wir uns durch die Menge durchgedrängt hatten und ihn erreichten, sagte er unwirsch: „Ich dachte schon, ihr wärt nicht gekommen. Wo wart ihr die ganze Zeit?"

Wir standen still hinter ihm, ohne eine Erklärung abzugeben. In beiden Händen trug er Reisetaschen. Die eine gab er meinem Bruder, die andere mir.

Während er ein Taxi rief, sagte ich leise zu meinem Bruder: „Er hat ein bisschen abgenommen, glaube ich."

Mein Bruder stimmte mir aber nicht zu. „Das bildest du dir ein. Er hat nicht abgenommen."

Im Taxi saß Vater auf der linken Seite des Fahrers. Mein Bruder und ich saßen hinten und beobachteten das Geschehen am Straßenrand. Vater sprach ununterbrochen über verschiedene Dinge, mal mit Unbehagen, mal mit Verachtung. Die Stadt lag nun hinter uns. Ich fühlte mich schläfrig. Mein Bruder saß da und schaute nach draußen. Dann sagte Vater etwas und lachte laut. Ich wurde wach. Mein Bruder sah mich an und lächelte etwas mitleidig.

Ich zwinkerte mit den Augen. Der Wind blies mir ins Gesicht. Dann schlief ich wieder ein und wurde erst wach, als mein Bruder mich schüttelte. Das Taxi hielt an dem schmalen Weg, der zu unserem

Haus führte. Die Arbeiterin Lakshmi kam angerannt und rief: „Ich habe schon einige Zeit gewartet. Da ich euch noch nicht gesehen habe, war ich kurz weg, um Murukkaan zu kauen.

Vater hob Lakshmi den Koffer und die Matratze auf den Kopf. Die Reisetaschen nahmen mein Bruder und ich. „Nun lauft", sagte Vater. Die Reisetasche war zu schwer für mich. Schon nach ein paar Schritten musste ich sie von der rechten Hand in die linke nehmen.

Mutter stand mit dem Kleinen an der Hand unter dem Poovarasu-Baum. Ich konnte sie von weitem sehen. Neben Mutter standen Radhika, Gopika und Sharika. Sie bewegten sich nicht aus dem Schatten des Poovarasu, obwohl sie uns kommen sahen.

Mutter fragte: „Seid ihr erschöpft, meine Lieben? Sind die Taschen zu schwer?"

Ich sagte: „Oh, nein. Gar nicht so schwer."

Ich dachte nach. Warum mussten wir beide eigentlich überhaupt zum Bahnhof gehen? Hätte es nicht gereicht, wenn wir beide, falls man uns brauchte, zusammen mit Lakshmi am Straßenrand gestanden hätten? Wozu dies alles?

Aber ich weiß es. Man darf nicht widersprechen. Nur gehorchen, das ist alles. Wenn Vater zu seinem Abendspaziergang losgeht, ruft er mich und meinen Bruder. Wir ziehen uns um und machen uns fertig für den Spaziergang. Wir laufen ihm hinterher wie zwei treue Diener. Den ganzen Weg lang sprechen wir nichts. Und Vater pflegt die ganze Zeit ununterbrochen über dieses und jenes zu reden. Der Kern seiner Selbstgespräche ist meist: Wir sollten im Leben so erfolgreich sein wie er. Er stamme aus sehr bescheidenen Verhältnissen. Aber er habe sich hochgearbeitet und das erreicht, was er heute besitzt. All dies hören wir uns dann mit gespitzten Ohren an. Wenn unser Vater so vor uns herläuft und erzählt, schauen mein Bruder und ich einander ängstlich an. Immer folgen wir ihm zwischen Bäumen hindurch und über Wiesen.

Und endlich neigten sich die Ferien dem Ende zu. Die Internatschule, auf die ich ging, fing bald wieder an. Mein Bruder sagte voller Angst: „Nun werde ich hier wieder allein sein!"

Ich wusste nicht, wie ich ihn trösten sollte. Meine Stimme stockte,

und durch mein Schluchzen blieben mir die Worte im Hals stecken.
„Na, und? Dein College beginnt doch auch wieder", sagte ich leise.
„Aber ich muss jeden Tag wieder nach Hause kommen", erwiderte mein Bruder, beinahe schluchzend.
Ich fragte: „Bis jetzt bestand das Problem gerade darin, dass kein Mann im Hause war, oder? Nun ist Vater da. Warum sollst du täglich pendeln? Warum kannst du nicht im Studentenheim wohnen?"
Mein Bruder sagte: „Wie schön wäre das! Aber ich glaube nicht, dass Vater zustimmen wird."
„Lass uns mal mit Mutter sprechen", sagte ich.
Ohne den geringsten Optimismus erwiderte mein Bruder: „Ich glaube nicht, dass daraus etwas wird."
Und er hatte Recht. Wie in den vergangenen drei Jahren entschied Vater auch diesmal endgültig: Mein Bruder solle zu Hause wohnen bleiben und studieren. Als mein Bruder seinen ganzen Mut zusammennahm und zu erzählen begann, was es bedeutete, täglich mehr als vier Stunden hin und zurück unterwegs sein zu müssen, sprang Vater zornig auf. Seine Augen waren rot, vielleicht weil er getrunken hatte. Mein Bruder ging in sein Zimmer zurück und hielt sich die brennende Wange. Wie sein Schatten folgte ich ihm. Er saß in einer Ecke und verbarg sein Gesicht in beiden Händen.
Ich stand da, unfähig, passende Worte des Trostes zu finden. Ich hörte Vater mit unserer Mutter schimpfen.
Nach einer Weile hörte ich hinter mir leise Schritte. Es war Mutter.
Einen Tag vor Schulbeginn machte ich mich fertig, um ins Internat zurückzukehren. Mein Bruder stand am Straßenrand, als der Bus abfuhr. Ich sah ihn an. Es hatte angefangen zu nieseln. Er hatte keinen Regenschirm bei sich. Er stand da, im Nieselregen, und winkte mir zu. Mir kam es vor, als wären meine Augen voller Tränen. Mein aus dem Fenster gestreckter Arm wurde vom Regen nass. Die Regentropfen benetzten mein Gesicht. Ich schloss die Augen und lehnte mich zurück. Der Bus fuhr weiter. Draußen wurde der Regen stärker, genauso wie meine Trauer.
Ich kam wieder zu meinen Schulkameraden. Der Schlafsaal. Das Fenster, das sich nach oben zum Himmel öffnet. Die Bäume mit ro-

ten Blüten und knallgrünen Blättern. Die grüne Wiese. Das Labor. Das Klassenzimmer am Ende in der zweiten Etage. Der lange Flur. Ich kam gerade aus dem Biologie-Raum und folgte Gomez, dem Assistenten. Der hatte keine Ahnung, wer es war, der im Zimmer der Schulleiterin auf mich wartete. Er wusste lediglich, dass es jemand von zu Hause war.

Es war unser Nachbar Achuthan Nair, der auf mich wartete. Er sagte: „Komm, lass uns gehen. Deiner Mutter geht es nicht gut." Als ich zu Hause ankam, war der Leichnam meiner Mutter auf dem Scheiterhaufen schon fast verbrannt.

Ich fragte das Haus: „Wo ist Mutter, wo ist meine Mutter?"

Das Haus stand da still. Ich betrat leise das Zimmer meiner Mutter. Es duftete nach Räucherstäbchen.

Ich sah meinen Bruder am Fenster. Auf der linken Seite sah ich Radhika, Gopika und Sharika. Sharika lag auf dem Boden und schlief. Der Kleine saß auf Radhikas Schoß.

Als mein Bruder mich sah, klagte er: „Mutter hat uns verlassen."

Auf meine Frage wohin antwortete er hilflos: „Ich weiß es nicht."

Erschrocken stand ich da. Vom Fenster aus konnte ich den Scheiterhaufen sehen.

Als ich eingeschlafen war, betrat meine Mutter das Zimmer, ihr Körper stand in Flammen. Mit einem lauten Schrei wachte ich auf. Als mein Bruder fragte, warum ich schrie, schaute ich zur Tür und weinte. In der Luft lag der Duft von Muttermilch. Mein Körper zitterte. Mein Bruder hielt mich fest in seinen Armen. Ich lehnte mich an seine Brust.

Leise sagte er: „Vater hat sie getötet."

Ich erhob erschrocken den Kopf. Mein Bruder ließ seine Tränen auf mein Gesicht fallen und fuhr fort: „Ohne sie geliebt zu haben … ohne ihr ein bisschen Liebe geschenkt zu haben. Eines Tages werde ich es ihm sagen, laut und deutlich – direkt ins Gesicht."

Aus den Augen meines Bruders flossen Tränen. Auch ich weinte.

„Vielleicht werden wir beide zusammen eines Tages unseren Vater …"

Mein Bruder beendete den Satz nicht. Mir fiel ein, dass wir nicht allein im Zimmer waren. Als ich meine Ohren spitzte, hörte ich jemanden wimmern. Überrascht saßen wir da. Dann war eine zitternde Stimme zu hören, ein Schluchzen.

„Nein … Kinder … das sollt ihr nicht."

Pferdetanz

Ayyappa Panickar

Vier kraftvolle Pferde
erscheinen, herausgeputzt.
Ein weißes, ein rotes,
ein weiteres schwarz, ein anderes braun,
eines vierbeinig,
eines dreibeinig,
das dritte zweibeinig,
einbeinig das vierte.

Das einbeinige Pferd sagt zu den anderen:
Es ist Zeit zum Tanzen, Leute.
Lasst uns auf einem Bein tanzen.
Die anderen stimmen zu.
Der Tanz beginnt.

Das vierbeinige stürzt vor Schreck,
das dreibeinige fällt bewusstlos zu Boden,
das zweibeinige hopst seufzend,
Allein der einbeinige Führer
setzt den Tanz fort und fort.

Himmel

Ayyappa Panickar

Morgen gebe ich Dir den Himmel,
heute gibst Du mir Dein Blut, Ramlein.
Morgen, morgen brauche ich keinen Himmel,
heute, heute schenk mir das Leben, Herrchen.

Morgen gebe ich Dir ein Festmahl,
heute, heute arbeite, Ramlein.
Bis zum Festschmaus morgen werde ich nicht überleben,
heute, heute gönne mir den Reisrest, Herrchen.

Eine andere Lesart

Morgen, morgen gebe ich Dir den Himmel,
heute arbeite ein bisschen, Krischnalein!
Die Himmel von morgen lass sein,
heute, heute gib mir den Reisrest, großer Krischna!

Wie du zum Tao-Tempel kommst

K. Satchidanandan

Die Türe nicht verriegeln!
Beweg dich leicht wie ein Blatt in der Brise
an der Dämmerung Schluchten entlang.
Bist du zu hübsch
bedeck dich mit Asche
bist du zu schlau, geh halb im Schlaf.
Wer sich beeilt, wird bald ermatten:
Brauch lange, lang wie Ruhe.
Sei formlos wie das Wasser.
Bette dich tief, wag nicht, dich zu erheben.
Um Götter kommst du nicht herum.
Das Nichts kennt keine Richtung,
nicht Vorn, nicht Hinten.
Ruf es nicht beim Namen,
sein Name ist kein Name.
Nichts anzubieten, leere Schüsseln
tragen sich auch leichter als die vollen.
Auch nichts zu beten: Sehnsucht
wohnt nicht hier.

Sprich still, so du denn sprechen musst:
so wie der Felsen zu den Bäumen spricht,
und das Blatt zur Blüte.
Denn die süßeste Stimme spricht das Schweigen
und die schönste der Farben
trägt das Nichts.

Lass niemanden deine Ankunft sehn,
und keinen deinen Aufbruch.

Quere die Schwelle behutsam
wie einen Fluss im Winter.
Du hast hier nur eine Sekunde,
wie tauender Schnee.
Kein Stolz: du bist nicht von Gestalt.

Kein Zorn: nicht mal der Staub
steht dir zu Befehl.
Kein Bedauern: es ändert nichts.
Entsage der Größe
denn nur so wirst du groß.
Gebrauche nicht die Hände:
sie verbreiten
nicht Liebe, sondern Gewalt!
Lass den Fisch in seinem Wasser
und die Frucht an ihrem Zweig.
Der Sanfte soll den Harten überleben,
so wie die Zunge die Zähne überlebt.
Nur wer nichts tut
ist zu allem fähig.

Geh, ein unvollendeter Gott
erwartet dich.

Wer sagt denn?

K. Satchidanandan

Wer sagt denn,
Warten sei ein Bahnhof
im Norden Malabars?

Dass ein Morgen in Uniform
dort eintrifft in einem Sarg?

Wer sagt denn,
Erinnerung sei ein duftendes Fenster
das zum reifen Kornfeld hin sich öffnet?
Dass unsere Leiber erkalten
wenn das Licht dort versiegt?

Wer sagt,
dass die Bäume der Sprache des Windes
nicht länger folgen?
Dass wir den Kaninchen und Lilien
die Nachricht entlocken müssen
vom Sterben der Liebe?

Wer sagt denn,
dass die Monde von nun an
schwer sind wie die Köpfe der Säufer?
Dass die Herzen der Abende trauern
wie gewisperte Liebeslieder?

Wer sagt denn, dass wir barfuss hetzen
über rotes, heißes Eisen
mit einer Handvoll Regen aus der Kindheit?

Dass wir am Ende alle
unsre Schlüssel
demselben Regen übergeben?

Wer sagt, dass Menschen, die einst starben, sich verjüngen,
um einzutreten in eine andere Zeit?
Dass all die Vögel, die verloren gingen,
bei Sonnenaufgang wiederkehren werden,
wenn die Welt untergeht?

Wer sagt denn, wir werden alles verstehen,
ohne dass jemand etwas sagt?
Und werden noch nichts sagen
zu niemandem?

Der Schweinemann

N. Prabhakaran

Srikumars Vater und Schwager brachten ihn zurück in ihr Dorf. Bevor er ging, rief er mich zu sich und übergab mir dieses Notizbuch. Und ich nahm es und fragte ihn nicht einmal, was es denn sei oder warum er es mir gab. Es ist kein Tagebuch … Keine Erzählung … Nicht einmal eine Sammlung von Erinnerungen. Mir fällt keine passende Bezeichnung dafür ein. Was auch immer es ist, Srikumar hatte nicht die Absicht, es geheim zu halten. Auf der allerersten Seite steht: ZUR ALLGEMEINEN LEKTÜRE. Die Notizen sind in sauberer Handschrift in einfachem Englisch geschrieben. Alles, was ich tue, ist, seine Worte ins Malayalam zu übertragen. Selbst wenn Sie nichts über ihn wissen, wären Sie in der Lage, das von ihm Geschriebene ohne große Mühe durchzulesen. Ich nehme mir jedoch die Freiheit des Übersetzers und halte hier ein paar Fakten über ihn fest.

Ich wohne in Zimmer 21 im ersten Stock des Wissenschaftler-Wohnheims. Das Zimmer nebenan war Srikumars. Ich bin an der soziologischen Fakultät, und er war in der Linguistik. Obwohl wir zwei volle Jahre lang dicht nebeneinander gewohnt haben, haben wir selten miteinander gesprochen. Nicht, dass es irgendwelche Feindseligkeiten zwischen uns gegeben hätte. Srikumar war ein schweigsamer Typ. Abgesehen davon ist das Verhalten hier insgesamt sehr unpersönlich. Selbst wenn man sich von Angesicht zu Angesicht trifft, tauscht man nur ein kurzes erkennendes Lächeln und geht seiner Wege. Eine übertriebene Selbstvertieftheit und eine irrationale Abneigung gegen andere kennzeichnen diesen Campus.

Dennoch wird hin und wieder diskutiert – in der Kantine, im Studentenzentrum, im Gästehaus – über das, was sich hinter verschlossenen Türen bezüglich der Ernennung des nächsten Vizekanzlers tat, über die Streitigkeiten zwischen dem Professor und dem Dozenten irgendeines Fachbereichs, über die Kasten- und Unterkastenzugehörigkeiten der Dekanatsmitglieder, über die Klauseln, auf deren Grundlage bestimmte Stellenbesetzungen angefochten werden könnten, und über andere derartige Dinge.

Ich hatte Srikumar bei dieser Art von Treffen niemals gesehen. Er war überhaupt nicht gesellig, er sprach auch kaum mit jemandem. Er zeigte nie irgendein Interesse an Campus-Angelegenheiten. Man sollte sich so jemandem nicht aufdrängen, dachte ich, und hielt mich von ihm fern.

Vor einigen Monaten erzählte mir Philip Mathew aus meinem Fachbereich etwas Merkwürdiges. Er war in der Stadt gewesen, war in schlechte Gesellschaft hineingeraten und hatte sich ziemlich besoffen. Als er gegen zwei Uhr nachts heimkehrte, war er sehr verblüfft, einen Mann zu sehen, der mit einer Kappe auf dem Kopf und einem kurzen Stock in der Hand vor dem Wohnheim stand. Er rieb sich die Augen und schaute genauer hin. Srikumar aus der Linguistik! „Hallo, was machen Sie denn hier – ganz allein um Mitternacht?"

„Der Job des Wachmanns ist ein armseliger Job. Wenn ich eine andere Wahl hätte, hätte ich diese Farm schon längst verlassen", war die Antwort.

Philip sah den Ausdruck in Srikumars Augen und sein allgemeines Verhalten und war überzeugt, dass er nicht ganz normal war. Vielleicht stand er unter dem Einfluss von Ganja oder Charas.

Einige Tage später war Philip damit beschäftigt, ein Referat vorzubereiten. Um Mitternacht hörte er ein Geräusch, ging ans Fenster und schaute hinaus. Da war Srikumar bei den Büschen vor dem Wohnheim und versuchte, mit seinem Stock irgendetwas zu verscheuchen. Er trug wieder seine Kappe.

Philipp erwähnte dies mir gegenüber, als wir am Morgen nach diesem Vorfall auf dem Weg in Richtung des Universitätssekretariats waren. Auch ich begann, ein Auge auf Srikumar zu werfen. Aber es schien alles in Ordnung mit ihm zu sein.

Erst später erfuhr ich ein paar Dinge über ihn. Schon eine ganze Weile war er nicht mehr in die Fakultät gegangen. Er verbrachte ganze Tage damit herumzuhängen. Sein Stipendium wurde nicht mehr ausgezahlt, da er seinen Fortschrittsbericht noch nicht vorgelegt hatte. Seit zwei Monaten hatte er seine Wohnheim-Miete nicht bezahlt. Ich weiß nicht, wer seine Leute über all dies informiert hatte. Jedenfalls kamen sie, und er ging mit ihnen zurück in sein Dorf. Ich weiß nichts über seinen Familienhintergrund, außer, dass er aus einem kleinen, an einem Hang gelegenen Dorf im Cannanore-Distrikt kam. Was ihn betrifft, so habe ich gehört, wie jemand sagte, dass er manchmal Gedichte schrieb. Es scheint, dass er Armut und Entbehrungen erlitten hatte und sehr unter Minderwertigkeitsgefühlen litt, die darauf zurückzuführen waren. Darüber hinaus weiß ich nichts und ich werde mich nicht in seine Aufzeichnungen einmischen.

Aber eine letzte Sache muss ich noch erwähnen, bevor ich mich zurückziehe. Ich bereue jetzt ein bisschen, was ich zu Beginn gesagt habe. Ich hatte gesagt, dies sei keine Erzählung. Doch wenn es keine Erzählung ist, was ist es dann? Die Leute behaupten, dass dies die Zeit der Herrschaft des Lesers sei. Wenn das stimmt, dann haben Sie das Recht auf das letzte Wort.

Was Sie nun lesen werden, sind Srikumars Worte.

12. Juli 1994, Dienstag

Dies ist ein bedeutsamer Tag in meinem Leben.

Ich bin in extremer Armut aufgewachsen. Ziellos habe ich mehr studiert als nötig war. Ich habe einen Master-Abschluss gemacht – in Linguistik. Vier bis fünf Jahre lang lief ich von Pontius zu Pilatus auf der Suche nach einem Job. Es schaudert mich bei dem Gedanken an all die Beleidigungen, die Schmach, die Schmerzen und die Mühen, die ich erleiden musste.

Doch mit dem heutigen Tag, diesem einen Tag scheint all dies der Vergangenheit anzugehören – als ob ich mich mit einem Schlag von all meinem Elend verabschiedet hätte. Der Geisteszustand eines Menschen ändert sich ohnehin ständig. Heute Morgen um Punkt 10:00 Uhr trat ich in der Greatway Pig Farm meinen Job als zweiter Buchhalter an. Elf weitere Personen wurden zusammen mit mir eingestellt, für verschiedene andere Tätigkeiten.

Ich wohne in einem Hotel mit dem Namen „Orpheus", für 50 Rupien am Tag. Das Hotel und seine Umgebung sind dreckig. Bis heute Abend hatten wir klares Wetter. Plötzlich regnete es. Dann hörte der Regen abrupt auf. Nun schüttet es wieder. Das Geräusch fiel auf meine Ohren wie das unaufhörliche Brüllen irgendeiner prähistorischen Kreatur.

In ein paar Tagen werde ich dieses Hotelzimmer aufgeben. Jemand wie ich kann es sich nicht leisten, hier noch länger wohnen zu bleiben. Im ersten Jahr, in der Probezeit, wird mein monatliches Nettoeinkommen 1.250 Rupien betragen. Erst wenn ich ein fester Mitarbeiter bin, werden meine Gehaltsgruppe und andere Vergütungen entschieden.

Ich habe diesen Füller in der Absicht zur Hand genommen, etwas Schönes über das Leben zu schreiben. Aber ich konnte es nicht. Die Worte sind das Problem. Ein guter Stil kommt von einem guten Leben. Ich weiß nicht, ob das stimmt. Die Zeile fiel mir einfach so ein, und ich habe sie sofort zu Papier gebracht. Das ist alles. Jedenfalls bin ich heute ein zufriedener Mann. Im Moment hat meine Seele Ruhe. Danke, Greatway Pig Farm. Danke!

13. Juli 1994, Mittwoch

Der Geschäftsführer, Suman Shastri, hat heute genau 15 Minuten lang zu uns gesprochen. Er hat uns – acht junge Männer und vier junge Frauen – auf der Greatway Pig Farm willkommen geheißen. Die Zusammenfassung seiner Rede war uns bereits ausgeteilt worden …

In der Probezeit müssen Sie bereit sein, jede Arbeit auf der Farm zu verrichten, egal, welche Stelle Sie haben. Selbst wer als Künstler in der Werbeabteilung eingestellt ist, sollte wissen, wie man die Schweine füttert.

Greatway hat Farmen in den Bundesstaaten Bihar, Andhra Pradesh, Kerala, Karnataka und Tamil Nadu. Abgesehen von den 600 Morgen Land für die Schweinefarmen hat die Firma Touristenhotels, sowohl in Kulu als auch in Darjeeling. Die Firma plant, ihre Geschäftstätigkeiten auf das Zeitungsverlagswesen und die Modebranche auszuweiten. Greatway züchtet Berkshire-Schweine, eine Rasse, die in England, Australien und Neuseeland sehr bekannt ist. Ein ausgewachsenes männliches Schwein wiegt etwa zwischen 275 kg und 375 kg. *Täglich liefert Greatway Schweine mit einem Gesamtgewicht von 900 Tonnen aus. Der Marktpreis von Schweinefleisch liegt derzeit bei 35 bis 40 Rupien pro Kilo. Doch die Firma verkauft zu einem Großhandelspreis von gerade mal 25 Rupien.*

Vor drei Jahren, als die Firma ihren Betrieb aufnahm, wurden 100 bis 180 Millionen Rupien durch die Emission von Aktien aufgebracht. Heute beträgt der Verkaufspreis der Greatway-Aktie 38 Rupien. Experten sagen voraus, dass der Wert der Aktie in Kürze auf 45 Rupien steigen wird. Das liegt daran, dass das Vertrauen der Leute in die Firma gestiegen ist.

Die Firma hat alle Vorkehrungen getroffen, die für eine erfolgreiche Schweinezucht notwendig sind. Die Schweine werden in sauberen, gut belüfteten Ställen gehalten. Jede Farm hat Mitarbeiter, die eigens darin ausgebildet sind, sich um die Schweine zu kümmern. Es wird sichergestellt, dass ständig Tierärzte zur Verfügung stehen. Die Firma erwartet von jedem Beschäftigten volle Konzentration, Sorgfalt und Engagement. Greatway ist seinem Versprechen verpflichtet, dafür zu sorgen, dass der Fleischbedarf des Landes aus Eigenproduktion gedeckt werden kann. Alle Beschäftigten haben sich sehr zu bemühen, den Anlegern zu versichern, dass deren Interessen bei der Firma in sicheren Händen sind. Eine Missachtung dieser Firmenpolitik wird von Greatway nicht geduldet.

22. Juli 1994, Freitag

Ein schönes Gebäude, erbaut im Stil eines tibetischen Tempels, dient als Hauptbüro. Es liegt inmitten einer 90 Acre großen Farm und ist selbst aus der Entfernung ansprechend. Die Topfpflanzen auf beiden Seiten des Weges sind ein farbenfrohes Wunder an sich und verströmen vielfältige Düfte.

Vor drei Monaten, als ich hier ankam, löste der Gedanke, hier zu arbeiten, eine gewisse Panik und Beklemmung in mir aus. Doch seitdem hat sich meine Einstellung sehr geändert! Diese Welt voller Wunder überrascht mich Tag für Tag. Oft habe ich das Gefühl, dass das, was ich tue und was um mich herum geschieht, alles unwirklich ist.

Die Arbeit, mit der man mich momentan beauftragt hat, besteht darin, genaue Aufzeichnungen über die Anzahl und das Gewicht der Schweine zu machen, die die Farm ausliefert. Die Lastwagen, in denen die Schweine transportiert werden, kommen regelmäßig zwischen drei und fünf Uhr nachmittags. Manchmal gibt es auch danach noch viel Arbeit. Die Vormittage sind außerhalb des Büros, aber auf dem Farmgelände zu verbringen. Das ist die Zeit, in der man etwas über die Schweinezucht lernen soll – durch direkte Beobachtung und durch Interaktion mit den Arbeitern. Es wird von jedem Angestellten erwartet, dass er innerhalb der ersten drei Monate in dieser Hinsicht Selbstdisziplin entwickelt.

Ich habe einiges über Säue gelernt. Eine Sau von guter Rasse sollte einen langen, breiten, fleischigen Rumpf haben. Insgesamt sollte sie sehr feminin sein. Sie sollte nicht leicht reizbar sein. Bereits im Alter von fünf bis sechs Monaten zeigen Säue ein Verlangen, sich zu paaren. Wenn man sieht, dass sie andere Schweine besteigen, schnauben, jene seltsamen Geräusche von sich geben, muss man erkennen, dass sie brünstig sind. Doch wenn lebhafte Ferkel herauskommen sollen, sollte man den Schweinen erst ein oder zwei Monate später erlauben, sich zu paaren.

Männlichen Schweinen sollte man nur 20 Mal im Monat erlauben, sich zu paaren. Unter keinen Umständen sollte man ihnen erlauben, frei mit den Säuen zu kopulieren, denn wenn sie sich zu sehr verausgaben, könnte dies zu ihrem frühzeitigen Tod führen.

Diese und viele andere derartige Fakten habe ich gelernt. Doch schließlich gibt es trotzdem Dinge hier auf der Farm, die ziemlich über mein Verständnis hinausgehen. Dieser Gedanke macht mich wahnsinnig. Aber es gibt niemanden, mit dem ich darüber sprechen kann.

Mit meinen Kollegen im Büro kann ich nicht mehr reden als ein paar formale Worte zur Begrüßung. Die meiste Zeit sind sie beschäftigt, und in der Freizeit befindet sich jeder in seiner eigenen privaten Welt. Man könnte meinen, dass sie vor jeder Beziehung, die über eine flüchtige Bekanntschaft hinausgeht, Angst haben. Wenn nicht, dann haben sie einfach kein Bedürfnis, irgendwelche Bindungen einzugehen.

Das einzige Geräusch im Büro ist das der Schreibmaschine, das auf das durchdringende, völlig bedeutungslose Schweigen ringsherum trifft. Wenn man die Ohren spitzt, fühlt man sich, als ob die Zahnräder einer unbestimmbaren Bedrohung einem durchs Herz rattern. Und wenn man sich dann umschaut und düstere Gesichter mit in die Akten vergrabenen Augen sieht, dann verlässt einen noch mehr der Mut.

Ich habe zusammen mit drei anderen Angestellten von Greatway ein Haus gemietet. Es ist ein alter Bungalow an einem Hang, drei Kilometer östlich der Farm. Obwohl wir zusammen wohnen, sind wir voneinander isoliert. Jose, der Lagerverwalter der Farm, ist ein junger, enthusiastischer Mann mit großen Erwartungen. Sein Leben verläuft diszipliniert. Er ist immer ins Lesen vertieft, er sitzt da und brütet über verschiedenen Karriere-Zeitschriften, Ratgebern und Quizbüchern. Die anderen beiden sind Asokan und Mukesh. Bald nach Büroschluss steuert Asokan direkt auf die Stadt zu, geht auf Tour und kehrt genau rechtzeitig zum Abendessen zurück. Gleich nach dem Essen geht er schlafen. Ich habe noch immer keine Vorstellung, wofür Mukesh sich interessiert. Die meiste Zeit hat er schlechte Laune. Er spricht nur sehr selten – nur wenn nötig. Er lächelt auch nicht gerne.

Sowohl im Büro als auch in meinem Wohnumfeld ist meine Erfahrung die einer unerträglichen Stille. Der einzige Ort, der mir ein wenig Hoffnung gibt, ist die Welt der Farmboys.

Der Dienstälteste von ihnen ist Thimma, ein Mann mittleren Alters. Bevor er bei Greatway landete, war er Hausgehilfe im Haus des Geschäftsführers. Bereits zu dieser Zeit hatte der Geschäftsführer eine eigene kleine Schweinefarm, die ganz und gar in Thimmas Verantwortung lag.

Obwohl Thimma beruflich in der Hierarchie unten steht, lässt er sich niemals herumschubsen. Er spricht mit allen im gleichen Tonfall. Er ist frei und geradeheraus in seiner Einstellung, sein Gesicht trägt immer einen lebendigen, energischen Ausdruck.

Thimma weiß alles über die Farm – das Gute und das Schlechte. Aber er spricht nie darüber. Sein einziges Interesse gilt den Schweinen. Sobald man ihn etwas über die Schweine fragt, hellt sich sein

Gesicht auf. Gefühlvoll beantwortet er alle Fragen. Er hat alle Einzelheiten über die Schweine parat – alles, von ihrer Geburt bis zum Tod. Er hütet selbst die trivialsten Fakten über sie wie heilige Wahrheiten – und doch teilt er sie mit jedem, jederzeit.

Er hat weder ein eigenes Zuhause noch Angehörige. Außerhalb der Farm hat er keine Freunde. Er verbringt seine Tage und Nächte auf der Farm, er liebt und umsorgt die Schweine und die Säue – die großen und kleinen. Wenn die Schweine angebunden in die Lastwagen gezerrt werden, streichelt sie Thimma noch ein letztes Mal zärtlich. Die Schweine quietschen dann wild. Sie wissen vorher, dass sie zum Schlachten gefahren werden. Und ihre ohrenbetäubenden Schreie hallen durch die Farm.

Nachdem der letzte Lastwagen abgefahren ist, starrt mich Thimma mit roten, tränenerfüllten Augen an. Ich senke den Kopf. Ich begehe nicht absichtlich irgendeine Sünde. Wenn überhaupt, so ist es Teil meines Jobs. Abgesehen davon ist Gott allein für die Sünden der Menschen verantwortlich. Es ist Gott allein, der das Leben erschafft, es fortbestehen lässt und es dann zerstört.

26. Juli 1994, Dienstag

Ich habe einen Brief von zu Hause bekommen – von meiner Mutter. Dies ist der dritte Brief, seit ich begonnen habe zu arbeiten. Er ist auf ihre übliche verwirrte Art und Weise geschrieben. Die Nachricht, die sie wirklich mitteilen will, kommt zuletzt.

Seit Du weggegangen bist, ist das Verhalten Deines Vaters schlimmer geworden. Er ist äußerst leicht reizbar. Er gibt Geld ohne Ende für Alkohol aus. Wenn man auch nur ein Wort zu ihm sagt, weiß man nie, was er tun wird.

Es ist ein Heiratsantrag für Suma gekommen. Der Junge ist in den Golfstaaten. Vielleicht kennst Du ihn – Divakaran, der Sohn von Kuniyanikkunnile Sankaran Maistry. Er kommt erst in drei Monaten. Sein Bruder, sein Schwager und noch jemand sind gekommen, um Suma zu sehen. Divakaran hatte das veranlasst.

Was die damit verbundenen Ausgaben angeht, so weiß ich nicht weiter. Wie verheiraten wir ein Mädchen an einen Mann in den Golfstaaten,

wenn wir ihr nicht mindestens 15 Pavan Gold mitgeben? Dein Vater
macht sich über diese Probleme keine Gedanken. Nur Du kannst dafür
sorgen, dass es klappt. Deine Mutter hat nur Dich.
Unter normalen Umständen hätte ein Brief wie dieser mich beunruhigt. Doch heute fühle ich gar nichts. Meine Mutter, mein Vater und Suma scheinen alle sehr weit weg zu sein. Und ich bin in einer anderen Welt, die sie nicht verstehen können.
Etwas Ernstes ist mit mir geschehen. Ich bin nicht einmal daran interessiert, herauszufinden, was es ist.

27. Juli 1994, Mittwoch

Einen Begriff wie „Pigman" muss es geben. Er müsste in irgendeinem Dialekt des Englischen existieren. Irgendjemand muss ihn in einer Geschichte oder zumindest in einem Gedicht doch schon einmal verwendet haben.

29. Juli 1994, Freitag

Heute wurden die Schweine nicht aus ihren Ställen geholt. Seit heute früh regnet es in Strömen, dazu weht ein kalter, pfeifender Wind. Es ist diese schreckliche Kälte, die einem in die Knochen fährt, und der ganze Körper scheint sich zusammenzuziehen. In ihren mit Heu ausgelegten Ställen spüren die Schweine vielleicht nicht, wie kalt es ist.

15. August 1994, Montag

Heute Morgen um 8:30 Uhr versammelten sich alle Mitarbeiter der Farm vor dem Büro. Nachdem der Geschäftsführer die Nationalflagge gehisst hatte, hielt er eine kurze Rede. Er gedachte der großen Männer, die ihr Leben für das Land geopfert hatten und drückte seine Hoffnung aus, dass ihre Zivilcourage und Opferbereitschaft uns als Beispiel dienen würden.
Er betonte Greatways gegenwärtige Leistungen für das Land und die, die noch zu erbringen wären. Er sagte, dass der Wert unserer Aktie jetzt bei 39 Rupien lag und dass wir uns sehr bemühen müssten, das Vertrauen der Leute in Greatway zu erhöhen. Er beendete seine Rede, indem er sagte, dass Greatway bald ins Zeitungsverlagswesen

einsteigen würde und dass die Firma hoffe, alle ihre Ziele durch gesetzmäßige Handlungen verwirklichen zu können.

19. August 1994, Freitag

Rund 200 weiße Yorkshire-Schweine sind auf die Farm gebracht wurden. Sie sind sehr eindrucksvoll anzuschauen. Lange, breite Körper, und ihre Gesichter sind nicht eingefallen wie bei den Berkshires. Insgesamt besitzen sie eine gewisse Würde.

20. August 1994, Samstag

Der Geschäftsführer ist nur für fünf oder sechs Tage auf der Farm. Den Rest des Monats verbringt er entweder in anderen Bundesstaaten oder auf Dienstreisen. Wenn der Geschäftsführer nicht in der Stadt ist, lässt der Verwaltungsangestellte – Veeraswami – buchstäblich die ganze Farm erzittern. Er vermittelt den Eindruck, dass es sein Job sei, die Angestellten zu misshandeln und zu bedrohen.

Obwohl in seinem Verhalten sehr viel Würde ist, weiß jeder, dass Veeraswami ein Frauenheld ist. Von Zeit zu Zeit zitiert er die weiblichen Angestellten in sein Büro. Einige gehen freudig, mit einem leichten Lächeln. Es gibt andere, die mit Abscheu von ihren Plätzen aufstehen, und es gibt welche, die sogar das Geräusch des Klingelns hassen, womit sie herbeizitiert werden.

Nach zehn bis zwanzig Minuten kehren sie an ihre jeweiligen Plätze zurück, ohne dass sich der Ausdruck in ihren Gesichtern geändert hätte. Die Männer im Büro scheinen all dies nicht zu bemerken. Ich denke, sie betrachten es als Teil der Büroroutine.

Heute um zwei Uhr rief mich der Verwaltungsangestellte zu sich. Normalerweise ist es morgens um zehn nach zehn, dass er mich sehen will. Dann muss ich die Anzahl und das Gewicht der Schweine vorlegen, die am Vortag ausgeliefert wurden. Dann muss ich seine Fragen in zwei bis drei Worten beantworten und die Buchführung des Vortages gegenzeichnen. Als er mich heute zu sich zitierte, spürte ich, dass etwas nicht stimmte. Bislang war es mir irgendwie gelungen, seinen Beschimpfungen zu entgehen. Am Nachmittag betrat ich mit klopfendem Herzen sein Büro. Veeraswami starrte mich zwei oder drei Minuten lang wütend an. „Haben Sie noch nie eine Frau gesehen?"

„Doch, Sir."

„Was hat dann dies zu bedeuten?", fragte er, mit erhobener Stimme. „Warum starren Sie sie dann an?"

Ich stand da, schweißgebadet, und konnte kein Wort herausbringen.

„Verschwinde, dreckiges Schwein!" Sein Brüllen war wie ein Donner. Ich rannte fast ohnmächtig aus dem Büro. Ich zitterte so sehr, dass ich dachte, ich würde umfallen.

Ich sah, wie die Mitarbeiter in der Verwaltung zu mir herüber schauten und versuchten, ihr Lachen zu unterdrücken.

23. August 1994, Dienstag

Mein Job hat sich geändert. Ab heute soll ich den Mais, die Gerste, die Weizenkleie und die Überreste aus den Schlachthäusern aufzeichnen, die als Schweinefutter angeliefert werden. Ich weiß nicht, ob diese plötzliche Veränderung vorgenommen wurde, um mich zu bestrafen. Thimma sagte, „Sie sind der Aufgabe entronnen, die zu erfassen, die zum Schlachten geschickt werden. Das ist gut für Sie, Sir."

24. August 1994, Mittwoch

Letzte Nacht hatte ich einen schrecklichen Traum. Ein Schwein, so riesig wie ein Elefant, war dabei, mich zu beißen und auf mir herumzukauen. Ich wachte plötzlich auf und fragte laut, „Wer hat das getan? Wer hat mich dem Schwein vorgeworfen, wer?"

25. August 1994, Donnerstag

Ein Schatten der Angst ist auf Greatway gefallen. Eine neue konkurrierende Schweinefarm mit dem Namen „Whiteway" wird in Assam errichtet, mit einem riesigen Investitionsvolumen. Ihr Hauptsitz ist in Guwahati. Finanziell arbeiten sie mit der bekannten Greenland Farm in Kanada zusammen. „Whiteway" hat 300 Acres Grund und Boden in Uttar Pradesh und Bihar gekauft.

Whiteways Schweine sind mittelgroße weiße Yorkshire-Schweine. Sie können zu vergleichsweise niedrigen Kosten gezüchtet werden. Sie sind zu einem frühen Zeitpunkt fortpflanzungsfähig. Ihr Fleisch ist weitaus besser als das der großen Yorkshire-Schweine.

Es gibt einen Bericht über Whiteway in der aktuellsten Ausgabe von „Hot Cake" – einem Wurstblatt des Fleischhandels. Sie haben auch eine Anzeige von Whiteway veröffentlicht, in der zu Bewerbungen auf Stellen in den verschiedenen Abteilungen der Firma aufgefordert wird. Sie zahlen gut. Leute mit Erfahrung werden bevorzugt und bekommen attraktive Vergünstigungen.

Ich weiß nicht, wer das Exemplar von „Hot Cake" mit ins Büro gebracht hat. Was für eine Aufregung, jeder versuchte, es dem anderen wegzunehmen. Am Nachmittag hatte sich die Atmosphäre im Büro geändert. Ein allgemeines Gefühl der Leichtigkeit und Entspanntheit war sichtbar. Der Ausdruck der Leute hatte sich aufgehellt, ihre Gespräche waren angeregt.

In der Kantine diskutierten viele Leute lautstark die Aussichten von Whiteway. Mittelgroße weiße Yorkshire-Schweine sind für die indischen Bedingungen geeignet. Sie vermehren sich rasch. Und die Unterstützung durch Greenland war kein unerheblicher Faktor. Es schien als würden die Leute miteinander wetteifern, um die Vorzüge von Whiteway herauszufinden.

26. August 1994, Freitag

Als ich diesen Morgen zum Büro des Verwaltungsangestellten ging, sah er verzweifelt aus.

Die restlichen Angestellten waren nicht mehr so aufgeregt wie am Vortag. Eine Art Spannung schien sie alle in Mitleidenschaft gezogen zu haben.

Nichts, was mit Greatway geschieht, macht mir etwas aus. Bis mein Job beendet ist, werde ich Teil der Firma sein. Ich bin nicht in der Stimmung, darüber hinaus zu denken.

Seit ich auf die Farm gekommen bin, habe ich nichts gelesen. Die zwei oder drei Bücher, die ich in einer Tasche mitgebracht hatte, lagen auf dem Tisch und waren mit Staub bedeckt. Ich sollte ein paar „Sex"-Bücher besorgen. Ich bin nicht in der Lage, anspruchsvolle Literatur zu lesen.

„In meinem Leben gab es ein Mädchen. Ihr Name …" Oder so etwas Ähnliches … Ich will es schreiben. Es wird eine Tatsache sein. Aber dann könnte es auch ein Witz sein. Die Ozeane und Gipfel der Liebe befinden sich in irgendeiner anderen Welt. Vergangene Nacht war ich ein wilder Baum des Verlangens. Im Laufe der Nacht fiel immer mehr Tau auf den Baum, der wuchs, um den Himmel zu berühren. Seine Blätter, sein Stamm, sogar seine Pfahlwurzel waren vom Tau durchnässt.

9. September 1994, Freitag

Der Aufseher der Farm, Thangayya, und der erste Buchhalter, Sasankan, sind nach Guwahati gefahren. Whiteway hat sie zu einem Vorstellungsgespräch eingeladen.

Doch was die Farm tatsächlich erschütterte, war etwas anderes. Sechs Schweine auf einmal waren gestorben. Hohes Fieber, eine geschwollene Kehle, Blut im Urin, sich dunkel rötende Ohren, ein zitternder Körper – das waren die Symptome der Krankheit. Innerhalb von sechs Stunden, nachdem sich die ersten Anzeichen gezeigt hatten, waren die Schweine tot. Ich denke, ich werde nie den Anblick von Thimma und Daniel, dem Tierarzt, vergessen, die mit gesenkten Köpfen neben den toten Tieren standen.

An diesem Abend berief Veeraswami eine Krisensitzung aller Mitarbeiter ein. Außer Thimma waren alle anwesend. Veeraswami sagte, dass es nichts Ungewöhnliches sei, dass Schweine von Krankheiten befallen werden und sterben. Wir sollten dem keine übermäßige Bedeutung beimessen. Er warnte in drohendem Tonfall, dass niemand irgendetwas über die toten Schweine nach außen dringen lassen sollte. Als er fragte, ob irgendjemand irgendetwas zu sagen hätte, standen ein oder zwei Leute auf. Sie wollten wissen, welche Krankheit es war. Veeraswami sagte ihnen, dass es Milzbrand sei und dass Vorkehrungen getroffen worden seien, um das Serum gegen Milzbrand zu beschaffen.

Es war nach sechs, als die Sitzung zu Ende war. Ich verließ die Farm erst nach allen anderen. Es ist besser, zu Fuß zu gehen, als auf den Bus zu warten.

Während ich alleine die Straße entlang lief, die an die Farm grenzte, schaute ich mich um. Es schien mir, als ob ich das kaum bewohnte weite Tal und die Hügel darum herum zum ersten Mal sah. Diese wundersame kleine Welt zu erfahren, ist, als ob einem die Erde gegen die Fingerspitzen bürstet. Vage Ängste beginnen im Zwielicht zu wachsen. Irgendwoher aus meinem tiefsten Inneren scheint eine prämordiale Verzweiflung aufzuwallen wie Wasser aus einer Quelle.

Als ich die Biegung hinter mir gelassen hatte und den Hang hinab ging, hatte die Dunkelheit die Umgebung eingehüllt. Im matten Licht vor einem Arrack-Laden am Straßenrand sah ich eine Menschenmenge. Die Männer waren fast nackt, die Frauen steckten in zerlumpten, hellen Saris und die Kinder waren dunkel und abgemagert, mit ungekämmten Haaren. Sie lachten laut, riefen und schrien. Sie tanzten in wilder Aufregung, bewegten sich vor und zurück.

Gespannt darauf, etwas Unterhaltsames mit anzusehen, lief ich hin. Auf Zehenspitzen und mit verrenktem Hals schaute ich.

Thimma auf allen Vieren im Hof des Ladens! Er rieb seine Nase gegen den Boden und grunzte schwach, er schüttelte sich und rannte umher. Doch abgesehen von seinen durchgeschwitzten schwarzen Unterhosen trug er keine Kleidung. Diese Bewegungen, dieser mit schwarzem Schlamm bedeckte Körper gehörten nicht dem Thimma, den ich kannte. Sie gehörten einem schmutzigen Landschwein!

In meinem Bestreben, zu Thimma zu laufen und ihn aufzurichten, beugte ich mich vor. Doch ich konnte mich nicht von der Stelle wegbewegen, an der ich stand. Meine Füße klebten am Boden, meine Waden waren geschwollen.

10. September 1994, Samstag

Thimma ist tot. Die Krankheit, die die Schweine befallen hatte, hat auch ihn befallen. Dieselben Symptome. Obwohl viele Leute sagten, man sollte Thimma ins Krankenhaus bringen, war Veeraswami dagegen. Thimma starb auf einem Kokosfaser-Bett vor dem Stall, in dem die kastrierten Ferkel untergebracht sind.

Veeraswami rief jeden von uns einzeln zu sich und sagte, dass niemand außerhalb der Farm davon erfahren solle. Ich versuchte mich unter Kontrolle zu halten, doch ich musste weinen.

In der Abenddämmerung wurde ganz im Süden der Farm unter einem riesigen, wildwachsenden Baum eine tiefe Grube graben. Thimmas Leiche wurde dort begraben. Abgesehen von den Farmboys waren nur Veeraswami und ich anwesend.

11. September 1994, Sonntag

Mein Geist befindet sich in Aufruhr. Entfernt von den Ufern der Worte drehen sich die Blätter und Zweige der Gedanken im Kreis und immer wieder im Kreis, wie in einem Whirlpool. Ich selbst werde zu einem pochenden Schmerz.

14. September 1994, Mittwoch

Mehr als tausend Schweine sind gestorben. Diese Tage besteht unsere Hauptaufgabe auf der Farm darin, die toten Schweine in tiefen Gruben zu vergraben, mit Löschkalk darüber und darunter. Obwohl in den Ställen morgens und abends Desinfektionsmittel versprüht werden, scheint der Gestank von verwesendem Schweinefleisch alles zu durchdringen.

Die Abendzeitung der Stadt brachte einen langen Bericht über die Krankheit, die die Schweine befallen hat. Es ist weder Milzbrand noch die Schweinepest, sondern eine neue Viruserkrankung. Die meisten Leute behaupten, dass Whiteway die Farmen von Greatway zerstört, indem sie ein Virus einsetzen, das sie in einem geheimen Labor an ihrem Hauptsitz entwickelt haben. Ein Artikel mit Hinweisen darauf ist bereits in einer nordindischen Zeitung erschienen.

Seit gestern sind auch auf unseren Farmen in Bihar Schweine gestorben. Da es eine neue Viruserkrankung ist, kann man nicht erwarten, dass sofort ein wirksames Gegenmittel gefunden wird. Diese Tatsache hat bei den Mitarbeitern und allen, die mit der Farm zu tun haben, Bestürzung ausgelöst. Aktionäre, die Hunderte von Millionen investiert haben, sind verzweifelt. Sie scheinen alle Hoffnung aufgegeben zu haben. Der Zeitungsartikel endete mit folgenden Worten: Dass diese Firma nach drei Jahren andauernden wirtschaftlichen

Fortschritts so unerwartet von einer Katastrophe getroffen wurde, hat allgemeine Bestürzung ausgelöst.

19. September 1994, Montag
Mutters Brief …
Du bist zu Onam nicht nach Hause gekommen. Was war los mit Dir, mein Sohn? Divakaran wird nächsten Monat in sein Dorf kommen. Sein Bruder hatte gesagt, dass er zwei Monate auf Urlaub kommen würde. Dennoch wird die Hochzeit dann gleich stattfinden müssen. Chandrettan sagt, dass er Suma ein paar Armreifen geben wird. Den Ring, den hat Damodaran versprochen beizusteuern. Wenn es gelingt, die Kette und die Armreifen, die bei der Bank hinterlegt sind, auszulösen, ist das Problem mit dem Schmuck gelöst. Wenn sie bald ausgelöst werden, können sie nach Sumas Geschmack umgestaltet werden. Du musst darüber nachdenken. Du musst das irgendwie hinkriegen.
Ich kaufte ein Inlandsaerogramm und schrieb sofort eine Antwort.
Ich habe es zu Onam nicht geschafft. Ich war hier mit meiner Arbeit beschäftigt. Ich werde am 30. bei Euch ankommen. Mach Dir keine Sorgen über die Schmuckstücke, die bei der Bank hinterlegt sind. Ich werde sie holen, sobald ich dort bin.
Als ich den Brief abschickte, fühlte ich keine Schuld. Wenn man beunruhigende Nachrichten aufschieben kann, ist das ideal – wenn um zehn Tage, dann um zehn Tage. Wenn nur um eine Stunde, dann zumindest um eine Stunde.

20. September 1994, Dienstag
Ich las all die Notizen durch, die ich gemacht hatte, seit ich hier angekommen war. Erst jetzt fällt mir etwas auf. Ich habe zweimal mein Gehalt von der Farm bekommen und habe keine Notiz dazu gemacht.
Meine Bezahlung vom 2. August – 1.250 Rupien – war das erste Gehalt meines Lebens. Aber ohne irgendwelche besondere Aufregung unterschrieb ich und nahm das Geld. Noch am selben Tag schickte ich per Zahlungsanweisung jeweils 100 Rupien an meine Mutter, meinen Vater und an Suma. Was die Menschen im Leben allgemein

für wichtig erachten, war mir immer trivial erschienen. Vielleicht ist meine Einstellung die richtige.

21. September 1994, Mittwoch

Ein Bericht über die Erfahrungen und Gedanken eines unbedeutenden Mannes, der sich unsicher an eine kurz vor dem totalen Bankrott stehende Schweinefarm klammert, wird zur menschlichen Zivilisation nichts beitragen.

Ich möchte über etwas anderes schreiben, um über diese Banalität hinwegzukommen. Doch momentan ist mein Gehirn leer, es gibt nicht einmal mehr Schweine in meinem Kopf.

Ohne Datum

Sein ganzes Leben lang bewegt sich ein Schwein mit dem Blick gen Boden gerichtet. Schließlich stirbt es, niedergestreckt durch eine Eisenstange oder einen schweren Stock, oder durch einen Spieß, der seinen Magen durchbohrt, oder durch irgendein anderes Werkzeug, mit dem der Mensch entscheidet, es zu töten. Zum Zeitpunkt seines Todes erhebt es sein Gesicht zum ersten Mal gen Himmel. Armes Geschöpf! Es stirbt und weiß dabei ganz genau, dass der Himmel ein bedeutungsloser leerer Raum ist.

Ein Traum ohne Datum

Ich bin zu irgendeinem Abhang gewandert, habe lange Strecken zurückgelegt. Hier geht es nicht weiter. Der Weg, den ich gekommen bin, endet hier.

Es ist trostlos ringsherum und nichts bewegt sich. Nicht einmal das Zittern von Schatten. Eine unheimliche Stille, wie schwerer Nebel.

Dann plötzlich bemerkte ich ein verbogenes, zerschlagenes Brett, auf dem Greatway Pig Farm geschrieben steht. Doch erst nachdem ich mehrmals im Kreis gegangen bin, finde ich schließlich das Tor. Es steht offen. Ich gehe hinein.

Dies ist nicht die Farm, die mir vertraut ist. Auf beiden Seiten des Weges befinden sich kleine Schlammgruben, in denen Schweinehufe Blüten treiben. Auf der Rückseite gibt es eine Reihe verfallener Ställe. Bäume ohne Blätter. Ich gehe weiter und weiter und erreiche das Büro – dasselbe Büro, in das ich früher jeden Tag gegangen bin.

Ich finde niemanden in der Nähe. Die Vordertür ist offen. Vorsichtig schaue ich von verschiedenen Seiten hinein. Mit klopfendem Herzen trete ich ein. Drinnen ist niemand. Im matten gelben Licht steht die breite Halle von Leere erfüllt. Ich drehe mich um und mache mich auf den Rückweg.

„Hallo …", ruft jemand von hinten. Als ich mich umdrehe, steht dort ein hellhäutiger Mann, von oben bis unten glänzend. Vollkommen nackt. Er streckt mir seine Hand entgegen. Instinktiv strecke ich meine Hand aus. Er rennt auf mich zu, schüttelt mir die Hand und umarmt mich. Plötzlich zittere ich vor Schreck. Was gegen meine Handfläche drückte, war ein Schweinehuf.

Im Bruchteil einer Sekunde, ich weiß nicht wie, befreie ich mich aus seiner Umklammerung. Mit einem verrückten Lachen dreht er sich plötzlich um und geht, lässt mich zurück. Er geht auf allen Vieren, wackelt mit seinem schmutzigen Schwänzchen … und hebt hin und wieder sein Hinterteil, um es mir zur Schau zu stellen.

Der Tontopfkuchen

Babu Bharadwaj

Fünfzehn Tage lang hatte mein Vater die Augen nicht aufgemacht. Sein Gesicht sah so fröhlich und liebenswert aus, wie er da lag und sich einem friedlichen Schlaf überlassen hatte. Im Schlaf schmatzte er mit den Lippen, als ob er dabei wäre, ein Milchmeer auszusaugen. Wie viel Muttermilch er in diesen fünfzehn Tagen getrunken hatte, kann man überhaupt nicht wissen. Am 16. Tag früh morgens schlug Vater die Augen auf und schaute die Welt mit großer Unschuld an. Viele Kindheiten schienen sich in seinem Gesicht zu vereinen. Er lächelte und zeigte dabei sein zahnloses Zahnfleisch. Als ob er sein Dasein bestätigen wollte, hob er die linke Hand und bemühte sich, die Finger zu spreizen. Dann suchte er mit den Fingerspitzen seine Nase. Aber er erreichte sie nicht. Seine Finger bewegten sich zwischen der Zeit und dem Körper, zwischen Zeit und Raum. Ich wusste bereits, dass sie seine Nase nie mehr würden erreichen können. Mir war klar, dass Vater die Rückreise angetreten hatte.

Bei dem Versuch, in sich selbst zurückzukehren, hielt Vater inne. Er schaute mich an. Sein Blick blieb irgendwo zwischen ihm und mir in der Luft hängen. Schmerzvoll stellte ich fest, dass Vater die große Entfernung zu mir nicht mehr ertragen konnte. Sein Gesicht zeigte großes Unverständnis. Er runzelte die Stirn, als ob er damit die Falten seiner Erinnerungen glätten wollte. Ich stand über ihn gebeugt und betrachtete traurig sein Gesicht.

„Was, Vater, was möchtest du haben?"

Ich hatte das Gefühl, dass meine Stimme Vater berührte. Ein Lächeln breitete sich wie Mondschein auf seinem Gesicht aus. Für einige Sekunden lag er still da, als wolle er meine Stimme festhalten. Dann sagte er, wie ein Kind, das ein neues Wort entdeckt hat: „Tontopfkuchen…"
Er wiederholte das Wort vier bis fünf Mal, wie wenn man ein Wort auswendig lernt. Dann sagte er schnell, als ob er Angst hätte, es zu

vergessen: „Geh zu Pathumma und sag ihr, dass sie für mich einen Tontopfkuchen machen soll."

Etwas verständnislos blickte ich in Vaters Gesicht. „Was hast du gesagt, Vater …?"

Er antwortete nicht, schloss die Augen und schlief ein. Im Schlaf rülpste er. Dann berührte er seine Lippen mit der Zungenspitze. Vielleicht suchte er mit der Zunge irgendwo auf den Lippen einen Krümel Tontopfkuchen.

Ich ließ Vater schlafen und ging in die Küche. Dort saß Mutter auf der Türschwelle nach draußen und döste. Es war der Schlaf, der uns in den letzten fünfzehn Tagen gefehlt hatte, während Vater schlief.

„Vater hat gesagt, er möchte Tontopfkuchen haben, und zwar von Pathummatha."

Mutter wachte auf und schaute mich entsetzt an. Sie stand auf. „Ist Vater wach?"

„Ja, er ist aufgewacht, hat nach Tontopfkuchen gefragt und ist dann wieder eingeschlafen."

Mutter rannte zu Vater ans Bett. Es schien mir, dass sie ihr ganzes Leben lang rannte, um Vater zu erreichen. Dass es ihr bis jetzt nicht gelungen war, machte mich traurig. Ich stand da und starrte innerlich auf die Distanz, die sinnlos und leer zwischen den beiden lag. Dann ging ich durch die Küche in den Hof und eilte zu Pathummathas Haus.

Pathummatha stand im Hof ihres Hauses und war dabei, sich mit gebrannten Reisschalen die Zähne zu putzen. Mit rußverschmiertem Gesicht lächelte sie mich an. „Hey, Puthiappla, warum so früh …?"

Mammadikka kam aus dem Haus. Vielleicht hatte er Pathummathas Frage gehört.

„Was ist passiert?", fragte er mit besorgter Miene.

„Nichts."

„Ich bin erschrocken, als ich gesehen habe, wie du zu uns herüber gerannt gekommen bist."

„Puthiappla, geh und setz dich auf die Veranda", sagte Pathummatha und rief ins Haus hinein: „Amina, gib Puthiappla einen ordentlichen Tee."

Pathummatha wusch sich das Gesicht, trocknete sich die Hände ab und kam auf die Veranda. Sie setzte sich neben mich und sagte: „Jetzt kannst du mir erzählen, was los ist. Warum bist du so eilig hergekommen?"

„Tontopfkuchen …!"

„Du hast so einen Appetit auf Tontopfkuchen? Keine Frage, ich werde sofort einen machen."

„Nicht für mich. Für Vater. Er hat gesagt, dass er Tontopfkuchen haben möchte, und zwar von dir gemacht."

Aus unerfindlichen Gründen wurde Pathummatha plötzlich rot. Wem hatte sie nicht alles mit ihrer Kochkunst Freude geschenkt? Erinnerungen wurden in ihr wach und erhellten wie Mondschein die Falten ihrer Wangen. „Darf dein Vater so was denn essen? Kann er?"

Sie starrte mich eine Sekunde lang an und sagte dann laut: „Trotzdem mache ich das. Wie schön, dass dein Vater sich an mich erinnert hat. Ich mache das. Das soll der beste Tontopfkuchen werden, den ich je gemacht habe. Und auch mein letzter. Ich weiß, keiner wird mich noch einmal um so etwas bitten."

Ihre Augen füllten sich mit Tränen. Mit jedem Tontopfkuchen kommt der Tod, sagte mir mein Gefühl. Mit dem letzten Tontopfkuchen könnten zwei Tode kommen, dachte ich. Erinnerungen pochten in mir.

Sainaba war auch an einem Tag gestorben, an dem Tontopfkuchen gemacht wurde. Sainaba war die Tochter von Mammadikka und die Enkelin von Pathummatha. Der Bräutigam, den Pathummatha für Sainaba auserwählt hatte, war ich. Als zukünftiger Bräutigam hatte ich in ihrem Haus bereits alle erdenklichen Aufmerksamkeiten bekommen, auch das beste Festessen. In meinem jungen Herzen hatte Sainaba schon zu meinem Haus gehört.

Mammadikkas Frau Amina aber hatte gesagt: „So einfach geht das nicht. Er soll nach Ponnani gehen und sich beschneiden lassen. Danach kann die Hochzeit stattfinden."

Plötzlich brannte die Spitze meines „Dings" da unten wie eine Wunde.

„Warum kann man nicht heiraten, ohne beschnitten zu sein?"

Pathummatha ließ sich nicht erweichen. Wie ein Wunder war das Brennen dann verschwunden. Ich verstand, an welchem Punkt sich die beiden Generationen trennten.

An jenem Tag war der leckere Geruch von Tontopfkuchen aus der Küche bis auf die Veranda geströmt. Nach anstrengenden Laufspielen im Hof kam Sainaba schwitzend und müde zu mir, legte den Kopf auf meinen Schoß und begann zu lachen. Sie lachte lange, ohne Unterbrechung. Irgendwie bekam ich Angst. Was war mit diesem Mädchen los? Sie hörte nicht auf zu lachen. Ich saß da, erschöpft und ohne den Blick von ihr zu wenden. Bald war ihr Lachen verstummt. Mir wurde schnell klar, was die Stille am oberen Ende der Skala bedeutete.

„Sie braucht ein paar Klapse auf den Po", rief Aminaumma aus dem Innern des Hauses.

Ich versuchte sie zu kitzeln. Warum machte ausgerechnet ich, der ich Angst hatte vor ihrem Lachen, mir die Mühe, sie erneut zum Lachen zu bringen? Sie bewegte sich nicht. Panische Angst ergriff mich. Ich hob ihr Gesicht mit der Hand hoch. Ich hatte das Gefühl, als würde sie mich mit einem zwischen den Lippen versteckten Lächeln anstarren, um anzudeuten, dass sie mich reingelegt hatte. Später erinnerte ich mich, dass ich in ihrem starren Blick keine Grenze mehr erkennen konnte. Er dehnte sich weit über Zeit und Raum aus. Das in Gottes Kasse vorgesehene Zeitbudget für Sainaba war bereits verausgabt. Ohne zu wissen, was nun zu tun war, hatte ich dagesessen und darüber nachgedacht, wie die für mich vorgesehene Zeit auf diese Weise ihren Sinn verloren hatte. Mein ganzer Körper weinte. Es schien mir, als füllte der leckere Geruch des Tontopfkuchens wie die dunklen Wellen eines Meeres den Raum und als verschwände mein Klagen unerbittlich in der grenzenlosen Tiefe des Seins.

„Ich muss gehen, Pathummatha. Vater …"

Sie nickte zustimmend. Ich rannte nach Hause. Mutter saß an Vaters Bett. Er atmete mit einem seltsamen Geräusch. Einem Geräusch, das mir bis jetzt nicht bekannt war.

„Wo bist du gewesen?", fragte Mutter mit vorwurfsvoller Stimme.

„Der Tontopfkuchen …"

„Was? Tontopfkuchen?", Mutter hatte vergessen, was ich ihr zuvor gesagt hatte. Vielleicht hatte sie nicht richtig zugehört.

„Ich bin zu Pathummatha gegangen, um sie zu bitten, einen Tontopfkuchen zu machen. Vater wollte Tontopfkuchen haben."

Mutter schaute abwechselnd Vater und mich an. Ihr Seufzer deutete an, dass sie uns für verrückt hielt. Inzwischen hatte Vater die Augen geöffnet. Sie blieben eine Zeit lang einfach auf. Dann schlossen sie sich wieder, ohne irgendjemanden oder irgendetwas angeschaut zu haben. Es schien, als hatte Vater die Welt zum letzten Mal anschauen wollen. Aber die Welt erreichte ihn nicht mehr.

Von beiden Seiten seines Bettes schauten wir Vater an. Nein, es war eigentlich nur ein Warten auf seinen Tod, einen ganzen Tag lang.

Dann brachte der Wind von draußen den leckeren Geruch von Tontopfkuchen. Ein kleiner Hauch blieb in den Gardinen hängen. Ich ging zum Fenster, schob die Gardinen zur Seite und sah hinaus. Pathummatha öffnete gerade das kleine Bambustor und betrat unser Grundstück. In der Hand hatte sie in Blätter gewickelten Tontopfkuchen. Jede Sekunde würde sie hereinkommen.

Plötzlich hörte ich Mutter aufschluchzen. Ich drehte mich um. Auch Pathummatha musste Mutters Schluchzen gehört haben. Sie stand wie eine Staue mitten in unserem Hof. Der Geruch des Tontopfkuchens breitete sich aus.

Ich schaute Vater an. Seine Augen waren weit geöffnet. In dem Moment, in dem der Tod eintritt, gehen die Augen weit auf, dachte ich. Warum schaute Vater den Tod mit einem solchen Erstaunen an, das verstand ich nicht. Bis heute weiß ich es nicht. Ich glaube nicht, dass ich es jemals wissen werde.

Ich blickte durch das Fenster nach draußen. Pathummatha war nirgendwo zu sehen. Sie war auch nicht in Vaters Zimmer. Wohin war sie verschwunden, mit ihrem in Blätter gewickelten Tod?

Während des Totenrituals für meinen Vater hatte ich keine Zeit, mich danach zu erkundigen. Und heute ist niemand da, den ich danach fragen könnte. Auch damals konnte ich niemanden fragen. Denn am selben Abend war auch Pathummatha gestorben.

Der Stellvertreter

Ashita

Ein kräftiger Wind schüttelte den Baum im Garten. Er verstreute all dessen Blätter ringsherum und brauste durchs Fenster herein, um Yashodamma den Brief aus den Händen zu reißen. Schließlich verschwand er ohne ein Geräusch durch die Tür. Im Licht der untergehenden Sonne dachte Yashodamma an ihren Sohn.

An die stürmische Ankunft … Und den wortlosen Abschied … Yashodamma unterdrückte derartige Gedanken mit einem tiefen Seufzer. War sie nicht inzwischen an ihre Einsamkeit gewöhnt und kommunizierte mit ihr durch Seufzer und Schweigen?

Der Brief flatterte zu Boden, ein wenig wie das Flattern der Sorgen in ihrem Inneren … Yashodamma bückte sich, um ihn aufzuheben. Es war ein Brief von Pisharodi. Er schrieb: „An Yashodamma. Ich denke nicht, dass ich diesmal zum Saptaaham werde kommen können. Mein grauer Star macht mir sehr zu schaffen. Man hat mir gesagt, dass ich operiert werden müsse. Es geschieht alles nach Gottes Willen. Aber meine Abwesenheit soll nicht dazu führen, dass das Saptaaham nicht stattfindet. Ich werde Ersatz schicken. Einen fähigen Mann. Ich hoffe, dass alles Notwendige für ihn getan wird. Mit besten Grüßen, Pisharodi."

Der Brief war vor fünf Tagen gekommen. Yashodamma hatte ihn unzählige Male durchgelesen. Kein Ersatz-Priester kann so gut sein wie Pisharodi. Das wusste jeder. „Wenn Pisharodi spricht, dann lauscht sogar Gott", sagte Nambrathai Karunakara Menon oft, wenn er kam, um sich das Pandal anzuschauen, das zu jedem Saptaaham in Yashodammas Hof aufgestellt wurde.

Wie Aaraattu und Niramaala, so war auch das jährliche Bhaagwatha Saptaaham bei Yashodamma – zu dem über einen Zeitraum von sieben Tagen die Geschichte von Lord Krishna laut vorgelesen und erklärt wurde – ein bedeutendes Ereignis im Dorf. Die Leute sagten, es würde jedes Jahr für den Sohn veranstaltet, der sein Zuhause verlassen hatte, als er gerade erst 16 war. Niemand wusste das mit Sicherheit. Doch diese sieben Tage lang würde sich Yashodammas Haus für Farben und Geräusche öffnen – Yashodammas Haus, das in tiefer Meditation versunken zu sein schien, mit einer halb geschlossenen Eingangstür, so still und bewegungslos, dass selbst die Sonne, der Wind, der Regen und selbst die Streifenhörnchen, die herbeihuschten, um an den jungen Reispflanzen zu knabbern, an den Stufen vor dem Haus Halt machten.

Am Eingang zu eben diesem Haus oben auf dem Hügel tauchte eines späten Nachmittags jemand auf. Yashodammas Augen, vom Alter getrübt, erkannten ihn nicht. Sie eilte in den Hof und fragte „Wer ist da?"

Die Antwort war nett und höflich: „Pisharodi schickt mich. Ich bin Swami Thanmayan."

Auf den ersten Blick erinnerte er sie an ein großes Kind. Sie bat ihn herein und schaute ihn noch einmal an. „Ishwara, ist das nicht mein Unni?" Ihr Herz zitterte. Der Wind riss ihr Pisharodis Brief aus den Händen, wisperte ihr ins Ohr, zupfte dabei an dem dünnen Tuch, das sie um den Oberkörper trug, und verschwand. Zarte Mangoblätter, junge Palmwedel, üppige Reisfelder, die auf die Ernte warteten … sie alle und mehr fanden ihr Echo in den Worten des Windes, und rasch wurden sie wieder ganz still.

Swami Thanmayan kam die Stufen hinauf, mit einem leichten Lächeln. Yashodamma fühlte die Fußstapfen zweier Babyfüße auf ihrem Herzen. Ihre Augen füllten sich mit Tränen. Sie wand sich ab, erbittert über sich selbst.

So nervös zu sein, nach all diesen Jahren!

Swami Thanmayan kam näher und schaute sie aufmerksam an, als ob er in ihre Seele schauen wollte. „Pisharodi hat mir alles erzählt."

Seine Augen waren wie eine lange, präzise Küstenlinie, nicht einmal von einer einzigen Welle der Erinnerung angegriffen, mit nichts als Sand, und einem Streifen von Integrität … der sich bis zu einem fernen Horizont erstreckte.

Ist er, der gekommen ist, derselbe, der fort gegangen war? Warum war er gegangen? Welche unvollendete Aufgabe brachte ihn zurück? So viele unausgesprochene Fragen flatterten ihr durch den Kopf, schlugen mit den Flügeln und verteilten ihre Federn, während sie ihm das Abendessen servierte. Erst als sie ihn in das Zimmer führte, das Pisharodi normalerweise nutzte, konnte sie fragen: „Was hat Pisharodi gesagt?"

Seine Antwort hallte durch die Dunkelheit des Zimmers.

„Jeder von uns befindet sich in einem andauernden Zustand der Buße, ob er sich dessen bewusst ist oder nicht. Eine Mutter, die über einen Sohn nachgrübelt, der fort gegangen ist, hat mit diesem jährlichen Bhaagavatha Saptaaham vierzehn Jahre lang gelebt. Geh zu ihr, Unni. Erläutere ihr die Bedeutung des Bhaagavatham."

Yashodamma fühlte sich, als würde sie in eine riesige Leere gesaugt, so riesig, dass ein Universum so groß wie sieben Universen darin Platz hätte. Erst eine ganze Weile nachdem die Saptaaham-Lesung begonnen hatte, konnte sie ihn genauer beobachten. Und je genauer sie ihn anschaute, umso stärker fühlte sie, dass er tatsächlich ihr Sohn war. Sie suchte nach Ähnlichkeiten – nach jenem Blick, der leichten Neigung seines Kopfes, dem halb unterdrückten Lächeln, der Verzauberung in seinen Augen. Und jener Wunde. Der Narbe.

Sie schloss bedächtig ihre Augen. Die Wahrheit liegt immer verborgen zwischen zwei miteinander wetteifernden Positionen.

Sieben Tage vergingen rasch. Das Saptaaham nahm seinen unsicheren Lauf, bis zu dem Punkt, an dem es schließlich seine Farbe ändern würde und er sagen würde, dass er es tatsächlich sei.

Am fünften Tag fragte Thekkepaattai Bhagirathiamma, die Älteste im Dorf, beim Abschied: „Yashoda, dein Sohn wäre doch jetzt im gleichen Alter? Warum fragst du ihn nicht, ob er unseren Unni zufällig irgendwo getroffen hat?"

Yashodamma fühlte einen Schlag tief in die Magengrube. Doch sie stand da, reglos wie Stein. Ich werde nicht fragen, sagte sie störrisch zu sich selbst. Als ob ich es nicht wüsste.

Am siebten Tag nahm Karunakara Menon Yashodamma zur Seite. Er wollte gerade gehen, nachdem er dem Priester Dakshina gegeben und mit einem kurzen Gebet die Hände zum Abschied gefaltet hatte.

„Diese Lesung war hervorragend, sogar besser als Pisharodis, könnte man sagen. Aber wer ist das? Woher kommt er?"

„Ich habe nicht gefragt", wiederholte sie für sich selbst, „ich werde nicht fragen. Ich will es nicht wissen. Eine Frau kann dies alles ertragen und noch mehr. Was ist sonst der Sinn dieses Daseins?"

Die Leute begannen einer nach dem anderen aufzubrechen. Als der letzte gegangen war, kam Swami Thanmayan zu Yashodamma, um sich zu verabschieden. Yashodammas Gesichtsausdruck war hart.

„Du warst die einzige, die kein Dakshina gegeben hat, und du hast auch nichts gesagt, Amma." Seine Worte waren weich wie fallende Blütenblätter.

„Ich habe nichts zu sagen. Du hast mich nicht gefragt, bevor du gegangen bist. Du hast mich nicht um Erlaubnis gebeten, zurückzukehren." Yashodammas Worte zitterten einen Moment und fielen dann in sich zusammen.

„Unni, du hast dir nicht einmal die Mühe gemacht, ein paar Zeilen zu schreiben, um mir zu sagen, wo du bist!"

Seine Antwort war von gewinnender Ruhe: „Es war mir nie bewusst, dass wir getrennt waren. Deshalb habe ich nicht geschrieben."

Yashodammas Widerstand brach. Sie starrte ihn an, Glaube und Zweifel kämpften in ihrem Blick. Tränen traten ihr in die Augen. Ihr Schmerz, dumpf durch all die Jahre, in denen er unterdrückt worden war, stieg an die Oberfläche und floss mit ihnen herab.

„Wo ist die tiefe Wunde auf deiner Brust, Unni?"

„Sie wurde wohl weggewaschen, von den Tränen vieler Mütter wie dir, Amma."

Jedes seiner Worte war so wohltuend wie ein Lächeln.

Yashodamma ließ nicht locker. Ihr Glaube brauchte Beweise, mindestens einen kleinen, an dem sie sich festhalten konnte.

„Und die Narbe an deinem Kinn von dem Kampf auf dem Marktplatz, an dem Tag bevor du gegangen bist?"

„In der Seele bleiben keine Wunden. Auch in der Liebe nicht. Also welche Wunde, welche Narbe?", fragte er.

Swami Thanmayan hielt Yashodammas Hände. „Amma, Leben ist Glauben, von kleinen Überzeugungen zusammengehalten. Doch wozu dient bloßes Engagement, wenn es nicht zu Wissen führt? Darin liegt die Erlösung."

Die Kuh muhte in ihrem Verschlag. Während er langsam das Haus verließ und den Dorfweg hinab ging, fühlte Yashodamma, wie sich ihre Vergangenheit entwurzelte und damit auch der Schmerz – das einzige, was ihr in all diesen Jahren geblieben war.

Nambrathai Karunakara Menon, der sich durch die Dunkelheit stahl, war beunruhigt, Swami Thanmayan auf der Dorfstraße zu treffen. Um seine Verlegenheit zu verbergen fragte er „Gehen Sie schon? Sie müssen unbedingt wieder kommen, zur Lesung im nächsten Jahr."

„Nein", antwortete Swami Thanmayan. „Es wird in diesem Haus keine Saptaaham-Lesung mehr geben."

„Was! Warum nicht?" Karunakara Menons Stimme klang ungläubig. Ein Kuyil rief, spät in der Nacht. Der Mond ging auf. Ein starker Wind stieg aus der Erde auf, und mit einem Brüllen wirbelte er die trocknen Blätter auf und schleuderte sie zur Seite. Mit einer Stimme so laut wie der Wind sagte Swami Thanmayan: „Yashodamma hat die Bedeutung des Bhaagavatham erkannt."

Dann verschwand er im Mondlicht und wurde zur Legende.

Schreibend

Anitha Thampi

Beim Bade
Ging mit einem Mal
Das Wasser aus

Pfeifend verebbt es
In rostiger
Leitung

Der Körper tropfte
Kauernd ab
Ward nackt

Durchs Fenster
Streckte der Durchzug
Seine frostigen Finger

Für den Moment
War mir als
Wär mir kalt

Und fort flog
Mein Kleid
Aus Feuchtigkeit

Gehüllt in ungestümen Sommer
Vergaß ich meine Scham

Der Haare Strähnen nur
Wie ein Baum
Der abregnet

Schreiben auf den Leib
Die Erinnerung

Ein, zwei Zeilen nur
Mit Wasser

Armes Ding

Anitha Thampi

Hände beraubter Schönheit
Werden zu blühenden Bäumen
An verdorrten Fingern
Treiben zarte Sprossen
Auf den Fingernägeln
tollt das Sonnenlicht

Aus den Streifen der Schwangerschaft
Auf den Bauchfalten
Werden Vögel
Das ausdünnende Haar
Löst seine Knoten in dunkle Dickichte
Die schwellenden Adern
Branden in Wellen
Die ausgelaugten Brüste
Die jeden Durst zu stillen vermochten
Die eingefallenen Augenhöhlen
Deren Feuer erloschen, dessen Asche ihre Winkel füllt
Die Haut, die Blasen wirft, verloren die Schönheit
Ihres seidigen Flaums

Alle vergangene Anmut
Erwacht in Furcht
Und tanzt sich müde

Das Licht wird ausgehen,
Die Elektrizität heute mal wieder
Die Spannung verlieren
Es wird zu spät die Linsen zum Reis
Für diesen Tag zu mahlen
Das tröpfelnde Wasser wird versiegen
Mitten im Fluss

Drei Blinde beschreiben den Elefanten

E. Santhoshkumar

Ein Mann namens Kuruvilla, der eine Zeit lang für eine ausländische Zeitung gearbeitet hatte, erteilte uns öfter Unterricht in Journalismus. Er hatte nur Verachtung für Indien, insbesondere für die Medienarbeit hier. Als ob er uns provozieren wollte, bereitete er immer wieder neue merkwürdige Projekte vor: ein Bericht über ein spektakuläres Thema, etwas Reißerisches ohne Obszönität, ein in Gedanken verfasstes Interview, zwei unterschiedliche Leitartikel über dieselbe Thematik – das waren einige seiner Projekte. Egal, was bei den Projekten herauskam, immer fand Kuruvillasaar etwas daran auszusetzen. Deshalb suchten einige von uns nach einer passenden Gelegenheit, ihm eins auszuwischen.

Ich wohnte damals in einem alten, vergleichsweise preiswerten Wohnhaus. Ich war der einzige Student dort. Die anderen waren entweder Regierungsangestellte, die auf ihre Versetzung warteten, oder kleine Geschäftsleute. Das Wohnhaus bestand aus zwei einander gegenüberliegenden, zweistöckigen Gebäuden. Die Entfernung zwischen den beiden Gebäuden war sehr gering. Nicht nur das: Die oberen Etagen der beiden Gebäude waren mit einer breiten Zementbrücke verbunden. Man ging eine alte Holztreppe hinauf. Beim Hinauf- und Hinuntergehen war Vorsicht geboten, denn die Treppengeländer wackelten dabei schrecklich.

Ich wusste schon, dass im Zimmer mir gegenüber drei Blinde wohnten. Aber ich gab mir keine große Mühe, auf sie zu achten oder mit ihnen in Kontakt zu treten. Sehr selten begegnete ich dem einen oder dem anderen irgendwo in der Stadt. Das war alles. Ich muss dazu sagen, dass ich an ihnen nichts Auffälliges bemerkt habe, außer dass sie blind waren.

Aber an diesem Samstag, an dem ich in meinem Zimmer faulenzte, betrachtete ich sie aufmerksam. Sie waren dabei auszugehen. Nachdem die drei aus dem Zimmer herausgekommen waren, zog einer die Tür fest zu. Mit großer Sorgfalt nahm er den Schlüssel und steckte ihn ins Schloss. Dann gingen die drei hintereinander die kurze Strecke die Veranda entlang, überquerten die Zementbrücke und kamen zu der Holztreppe auf der anderen Seite. Sie drehten sich dann um, nahmen ihre bis jetzt ungenutzten Stöcke und klopften leise damit auf die Holzplanken. Als ob sie etwas sicherstellen wollten! Dann war das Klappern des Treppengeländers noch eine kurze Weile zu hören.

Ich war voller Bewunderung. Diese drei Blinden konnten ohne jegliche Hilfe von außen in der zweiten Etage des Hauses zusammen leben! Wer waren sie? Wie hatten sie sich gefunden? Dass sie gut angezogen waren und in einem anständigen Wohnhaus wohnten, sprachen gegen das Bild von Bettlern, das wir immer mit Blinden verbinden. Es musste Neugier sein, die mich dazu brachte, mich an alle Blinden zu erinnern, die ich kannte. Außer einem oder zweien kannte ich nicht viele, die nicht sehen konnten. Dann kam mir Kalabhavan Mani in Erinnerung, der einmal in einem Kinofilm die Rolle eines Blinden gespielt hatte.

Ich stand auf, ging zum anderen Ende der Veranda und schaute nach, wo die drei hingingen. Sie hatten schon die wenig befahrene Straße überquert und waren auf die andere Seite gelangt. Zwei von ihnen stiegen in einen Bus, der gerade ankam und wieder abfuhr. Der Dritte klopfte mit seinem Stock hier und dort auf den Boden und ging in die Gegenrichtung. Ich stand da, bis er aus meiner Sicht verschwand. Es standen nicht so viele Menschen an der Bushaltestelle. Für die wenigen Wartenden war all dies normal und verdiente keine besondere Beachtung.

Als ich in mein Zimmer zurückkehrte, dachte ich an Kuruvillasaar und seine angeberischen Unterrichtsstunden. Da kam mir eine Idee in den Sinn. Warum konnten wir nicht aus diesen Blinden ein Thema machen? Das Leben von drei Blinden. Ihre Arbeit, ihre Wohnverhältnisse, ihr Essen, ihre Gespräche! Als ich in dieser Richtung weiterdachte, hatte ich das Gefühl, dass Kuruvillasaar dieses Thema lächerlich finden würde. Warum sollte ich mich freiwillig zur Zielscheibe seiner Kritik machen? In diesem Augenblick erinnerte ich mich an das bekannte Sprichwort: „Wie die Blinden den Elefanten sehen." Eigentlich ist dies kein Sprichwort, sondern eine Anklage. Der Blinde kann den Elefanten niemals in seiner Ganzheit erfassen. Ja, das ist das richtige Thema, dachte ich. Welche Vorstellung haben die in der Nachbarschaft wohnenden Blinden vom Elefanten? Das Sprichwort kennen sie bestimmt auch. Wenn ich ihnen meine Idee präsentiere, werden sie vielleicht denken, dass ich auf ihre Kosten einen Scherz machen will. Deshalb muss ich sehr vorsichtig mit der Sache umgehen.

Bis vier Uhr nachmittags faulenzte ich in meinem Zimmer. Unter Verzicht auf das Mittagessen! Dann duschte ich, ging in die Stadt und wanderte ziellos umher. Ich glaube, an dem Tag fand ein Kricket-Spiel statt. Vor den Fernsehgeschäften standen große Menschenansammlungen. Dann entdeckte ich vor einem Geschäft unter den Zuschauern, die sich langsam auflösten, die drei Blinden. Ich dachte darüber nach, wie ich mit ihnen ins Gespräch kommen konnte. Es war mir ein Rätsel, was die drei in der Menschenmenge der Kricket-Fans suchten. Ich zog mich etwas zurück und betrachtete sie. Bis sie in ein Gespräch vertieft zur Bushaltestelle gingen, wartete ich dort. Es wurde sechs Uhr abends.

Um halb sieben kehrte ich in mein Wohngebäude zurück. Statt direkt in mein Zimmer zu gehen, drehte ich mich auf der Veranda um und ging zu dem Zimmer, in dem die drei wohnten. Die Tür war zu. Man konnte deutlich hören, dass drinnen gesprochen wurde. Ich klopfte leise an die Tür.

„Die Tür ist nicht abgeschlossen. Öffnen Sie und kommen Sie herein", sagte eine Stimme von drinnen.

Ich öffnete die Tür. Alle drei saßen da auf einer Bastmatte auf dem Boden. Sie saßen viel dichter nebeneinander als normale Menschen. Das Zimmer war gut beleuchtet. Um die normale Niedrigspannung in der Stadt zu kompensieren, hatten sie stärkere Birnen benutzt. Der unnatürliche Anblick von drei Menschen, die überhaupt nicht sehen können, in einem so hellen Licht erstaunte mich.

Nicht nur das. Die Ordnung und Sauberkeit in ihrem Zimmer wirkte sehr anziehend. Wie akkurat lehnten die drei Stöcke zusammen in einer Ecke des Zimmers! Als Möbel waren nur ein Tisch und ein Stuhl zu sehen. Nicht einmal ein Bett. Es herrschte totale Ruhe im Zimmer, abgesehen vom Summen eines Ventilators. Auf dem Tisch lagen zwei Tüten und eine nicht ganz neue Harmonika.

„Hallo!", grüßte mich einer der Blinden.

„Dort können Sie sitzen", sagte ein anderer, mit dem Finger in Richtung des Stuhls zeigend.

„Ich bin vom Zimmer gegenüber", versuchte ich mich vorzustellen.

„Das wissen wir schon", sagten die drei zusammen. „Wir haben Sie kommen hören."

„Wie ist es möglich? Wir haben uns früher nicht gesehen!"

Obwohl ich so fragte, bezweifelte ich, dass sie die richtige Bedeutung des Begriffs „sehen" verstehen konnten.

„Zu hören, wie Sie die Treppe hinaufsteigen, genügt", sagte einer. „Sie studieren hier, nicht wahr?"

Sie wußten offensichtlich alles über mich.

„Wir waren dabei, uns über das heutige Spiel zu unterhalten", fuhr der eine Blinde fort. „Schauen Sie ihn an, er ist verrückt nach Kricket. Hat gewettet, dass Indien gewinnen wird. Brauchte kein Wettgeld zu zahlen, weil wir blind sind."

„Das war wegen des einzigen ‚run-out'. Sonst wäre alles anders gelaufen", sagte der Kricket-Verrückte. Die anderen beiden lächelten.

Er fuhr fort, während er sich zu mir umdrehte: „So viel Interesse habe ich heute nicht mehr." Seine Augenlider blieben geschlossen. Ab und zu bewegten sie sich.

„Seit Gavaskar sich zurückgezogen hat, habe ich auch vom Kricket Abschied genommen."

„Wieso?", fragte ich einfach.

„Die anderen sind nichts. Keiner kann durchhalten."

Für eine Weile herrschte Stille. Dann hustete ich etwas, um auf meine Anwesenheit aufmerksam zu machen.

„Ich erinnere mich genau, wie Gavaskar den 10.000sten run machte", fuhr der Blinde fort. „Das ist ein ‚late cut' gewesen."

„Oh, all dies sind große Erinnerungen", verspottete ihn einer der anderen beiden.

„Früher gab es richtige Kommentare. Seit es das Fernsehen gibt, braucht das keiner mehr", sagte der Kricket-Fan enttäuscht.

„Wir kaufen einen Fernseher", sagte der Blinde, der bis jetzt nicht gesprochen hatte.

„Wozu? Brauchen wir dieses Wahnsinnsspiel hier auch?", sagte der andere und mit einem kleinem Lächeln zu mir: „ Entschuldigen Sie uns bitte, er ist ein schlimmer Fall. Wenn er einmal mit Kricket anfängt, hört er nie wieder auf."

„Das macht nichts. Ich bin einfach gekommen, um Sie kennenzulernen."

„Das ist schön. Irgendwie hatten wir das vergessen."

Der Kricket-Fan streckte mir seine Hand hin und sagte: „Ich heiße Shekhar. Ich arbeite in der Telefon-Vermittlung."

Er schüttelte meine Hand und verriet mir den Namen seines Arbeitgebers. Mir wurde plötzlich bewusst, dass ich zum ersten Mal in meinem Leben die Hand eines Blinden schüttelte.

„Ich bin Musiklehrer", sagte der andere, der neben ihm saß. „Ich gebe in vier bis fünf Häusern Privatunterricht."

„Wie heißen Sie?"

„Raghuraman. Die Harmonika dort gehört mir."

Er stand auf, ging zum Tisch und nahm seine Harmonika, kam damit zurück, setzte sich auf die Bastmatte und spielte. Man konnte deutlich sehen, wie sich seine Augenäpfel hin und her bewegten.

Ich stellte mich nun auch vor.

„Mein Name ist Chandran", sagte dann der Dritte. „Ich habe keinen besonders großartigen Job. Klar, dafür bin auch nicht gut genug ausgebildet." Seine Stimme klang nach Enttäuschung. „Ich bin jetzt Touristenführer."

„Touristenführer?", konnte ich mir nicht verkneifen zu fragen. Aber das Erstaunen, das in meiner Frage steckte, schien ihn nicht zu stören.

„Das bedeutet nicht, dass ich ein reisender Touristenführer bin", erklärte er. Sein Job war, erläuterte er, den Touristen einen alten Tempel in der Umgebung zu zeigen. Der Tempel ist bekannt für seine großartige Architektur und seine Kunstwerke. Er selbst konnte davon nichts sehen, trotzdem zeigte er sie den Touristen.

Als ich das Gefühl hatte, dass wir uns in der Zwischenzeit sehr viel näher gekommen waren, brachte ich ganz vorsichtig und ernsthaft mein Anliegen vor. Ich hatte immer noch die Befürchtung, dass ich sie damit verärgern würde.

Das war aber nicht der Fall. Alle drei nahmen mein Vorhaben mit der gebotenen Ernsthaftigkeit auf. Das Vorurteil, das in der Aussage steckt „Wie der Blinde den Elefanten sieht", denn dies ist uns allen ja klar, schien die Blinden im Zimmer nicht zu stören. Jenseits aller Vorurteile waren sie, so schien es mir, nur mit der Substanz der Aussage befasst.

Shekhar wurde ernster als eben noch, als er über Kricket gesprochen hatte, und erinnerte sich: „Es ist lange her. Damals war ich ein kleines Kind in einer Großfamilie. Viele Menschen. Während des siebentägigen Tempelfestes kamen noch mehr Menschen dazu. Tag und Nacht gingen sie ein und aus – zum Festgelände und zurück.

Für mich war das Tempelfest immer mit dem Geruch von Datteln verbunden. Normalerweise nahm mich keiner zum Festgelände mit. Wenn dies einmal jemand tat, dann hielten wir unterwegs fast immer in einiger Entfernung an, um den Trommelschlägen zu lauschen. Dann kehrten wir zurück. Einmal nahm mich ein älterer Junge tatsächlich bis zum Festgelände mit. Er war ein Verwandter von mir, der in einer fernen Stadt studierte.

Der ganze Weg zum Festgelände war voll vom Lärm der Heimkehrenden. Einige gingen laut lachend vorbei. Andere – wahrscheinlich Kinder – weinten oder machten irritierende Pfeifenmusik. Von den Eisverkäufern auf ihren Fahrrädern kamen dauernd Klingelgeräusche. Als wir uns dem Festgelände näherten, wurde die Menschenmenge dichter. Ich hielt die Hand meines Begleiters fest.

So hörte ich zum ersten Mal im Leben die Trommelschläge aus nächster Nähe. Ein rhythmischer Zyklus endete gerade. Die Trommelstöcke sausten nieder und entfernten sich sekundenschnell. Alle standen sehr dicht beieinander. Jeder konnte den Schweißgeruch seines Nebenmanns einatmen."

„Plötzlich …", sagte Shekhar, und sein Gesichtsausdruck wurde angespannt. Eine unerklärliche Angst schien sich seiner bemächtigt zu haben. Seine weißen Augenäpfel bewegten sich rasch hin und her. Er schien alle anderen im Zimmer vergessen zu haben.

„Plötzlich, Freunde", begann er weiterzusprechen, „plötzlich geschah es. Meine Umgebung, die mir bis jetzt das Gefühl einer festen Mauer vermittelt hatte, fing an zu beben. So schnell ging das. Die Menschen, die mir Halt gegeben hatten, stoben in alle Himmelsrichtungen auseinander. Im Gedränge fiel ich zu Boden. Einige der Rennenden traten mich mit Füssen, einige sprangen über mich. Mein Verwandter war längst von mir getrennt worden und verschwunden. Ich versuchte lange, mich aus dem Sand zu erheben. Aber immer wieder wurde ich von den wie verrückt rennenden Menschen hinuntergedrückt. Mein ganzer Körper tat weh. Nach einiger Zeit war es um mich herum so still und leer, dass ich das Gefühl hatte, ganz allein auf dem Platz zu sein. Ich setzte mich auf. Mehr konnte ich in meiner Lage nicht tun. Ich weinte, weil ich nicht wußte, in welche Richtung ich mich begeben sollte."

Ich bekam das Gefühl, dass wir alle Teil seines hilflosen Zustandes geworden waren. Wir hatten in diesem Augenblick wahrscheinlich vergessen, dass er es war, der dort allein lag.

„Dann hörte ich ein Geräusch, das die Erde erzittern ließ. Etwas kam näher und näher. Nicht sehr schnell. Aber jeder seiner Schritte machte ein beängstigendes Geräusch. Es kam langsam auf mich zu. Freunde, ihr werdet es nicht glauben, das Geräusch ging dann ganz dicht an mir vorbei – oder über mich hinweg?"

Er versuchte, das Geräusch so laut wie möglich nachzuahmen. Seine geschlossenen Augenlider zitterten heftig dabei. Er schwieg eine Weile. Alle waren wie gefangen in einem Netz des Schreckens.

„Danach bin ich niemals wieder zum Tempelfest gegangen. Als der Freund hier von Elefanten sprach, hörte ich das Erdbebengeräusch wieder. Mein Freund, ein Elefant ist für mich so eine gewaltige Bewegung. Es ist nicht etwas Isolierbares, es ist eine Kette von Ereignissen: Die Trommelschläge, die plötzlich aufhörten. Die in Panik weglaufenden Menschen. Mein Sturz auf den Boden. Das starke Geräusch in der beängstigenden Stille. Und vor allem das Getöse einer Welt, die an mir vorbeiging, als ich allein und verlassen dort lag."

Shekhar sprach danach nicht mehr. War er in seine Erinnerungen versunken?

„Meine Erfahrung entspricht nicht der von Shekhar", sagte der Musiklehrer und beendete damit die herrschende Stille.

„Mir geschieht es immer wieder."

„Was meinen Sie damit?", fragte ich.

„Ich träume sehr oft von Elefanten."

„Was? Träumen?"

„Ja, träumen. Ein paar Mal sogar von einer Elefantenherde."

„Wie können Sie davon träumen?" Meine Neugier war nicht zu bremsen. „Lassen wir den Elefanten beiseite. Wie kann ein Blinder überhaupt träumen?" Ich befürchtete, dass meine Frage ihn in Verlegenheit bringen könnte.

„Einige Sachen kann ich nicht erklären", sagte er, den Blick auf mich gerichtet. Er fuhr fort: „ Was ich gesagt habe, stimmt. Von einer Elefantenherde habe ich wirklich geträumt. Aber nicht wie bei Shekhar, sie hat mich nicht erschreckt."

„Wie können Sie im Traum sehen?", fragte ich.

Er sah mich an, als ob er meine Frage nicht verstanden hätte.

„Richtiges Licht …" Ich dachte an irgendetwas und fragte: „Ohne richtiges Licht, wie kann man …?"

„Warum braucht man Licht im Traum?"

Nach einer kurzen Pause fragte mich Raghuraman: „Sagen Sie mir bitte, was ist eigentlich Licht?"

„Licht? Das ist, wie gesagt …" Statt Wörter zu benutzen, wollte ich auf die Glühbirne im Zimmer zeigen und erklären. Mir wurde aber schnell klar, dass das nutzlos war.

„Es gibt Licht in diesem Zimmer."

„Ja, ja …", sagte einer der beiden anderen.

„Deshalb sehen wir", erklärte ich.

„Aber … aber was ist eigentlich Sicht?"

Der Neugier im Gesicht von Raghuraman verwirrte mich sehr.

„Sie träumen trotzdem?"

„Natürlich. Aber Sie verstehen das anscheinend nicht."

„Ich habe aber von Elefanten nicht nur geträumt."

Ich hatte das Gefühl, auf der Stelle zu treten.

„Sondern Sie haben Elefanten gesehen, nicht wahr? Bitte verstehen Sie mich nicht falsch." Er beugte sich vor und fragte in aller Bescheidenheit: „Wie sieht denn ein Elefant aus, den Sie gesehen haben, lieber Freund?"

Langsam hatte ich den Eindruck, dass dieses Gespräch zu einer Krise führen würde. Ich überlegte mir: Wir beschreibe ich diesen armen Menschen einen Elefanten? Wie schnell verliert meine Sprache ihren Glanz, dachte ich. Ich kam mir vor wie ein hilfloser Schreiner, der nicht wusste, wie sein Werkzeug zu benutzen ist.

Die Blinden hörten mir mit großer Aufmerksamkeit zu.

„Sie wissen wahrscheinlich schon, dass der Elefant schwarz ist." Unsicher schaute ich sie an. „Nur die Stoßzähne sind weiß."

Ich suchte nach Objekten, die ihnen bekannt sein konnten.

„Ein Bus … so groß wie ein Bus."

„Sieht er wie ein Bus aus?", fragte Raghuraman.

„Nicht genau so, aber vielleicht so groß."

„Ein Elefant ist ein Beben", erinnerte sich Shekharan. „Raghu, hast du das Knattern des Busses nicht gehört?"

„Hören Sie mal zu, mein Freund", sagte Raghuraman im Tonfall einer Einladung. „Wenn Sie an den Ort meines Traumes kommen könnten, sähen Sie vielleicht die Elefantenherde, von der ich eben geredet habe." Er lachte laut und fuhr fort: „Das ist alles, was ich sagen kann. Ich war sowieso schon immer ein schlechter Erzähler."

Ich konnte nur einfältig lachen.

„Ganesh ist mein Lieblingsgott", sagte Raghuraman freudig. Dann tastete er nach seiner Harmonika und sang den Refrain aus Deekshitahrs „Ganesh-Anbetung". Während er sang, drückte sein Gesicht ungewöhnlich intensive Gefühle aus.

„Ich mag Elefanten auch gern", sagte der Touristenführer Chandran und richtete seine Brille auf der Nase. „Ich erkenne die 49 Elefanten aus Stein genau an ihren Merkmalen. Einige der vorn stehenden Elefanten haben keine Stoßzähne, einige andere haben nur gebrochene Stoßzähne."

„Wahrscheinlich sind sie von Gott Ganesh", vermutete Raghuraman.

„Nein, die Stoßzähne wurden während der Zeit der Eroberungskriege zerstört", korrigierte Chandran und fuhr fort: „Schon lange bin ich verrückt nach Elefanten. Nicht, dass ich zum Pooram oder solchen Tempelfesten gehe. Aber die Elefanten, die zum Baden an den Fluss gebracht werden, der Elefantenführer, der zu uns kommt und nach Kokospalmenblättern fragt, der Ring mit dem Schwanzhaar von Elefanten, den ich hatte, der Befehl an die Elefanten, sich auf die Hinterbeine zu setzen, das seltsame Trompeten der Elefanten – das alles hat mich schon immer sehr interessiert. Einmal habe ich sogar einen Elefanten berührt."

„Toll", sagte Shekhar, der den Elefanten als Erdbeben erfasst hatte, und die Bewunderung stand ihm ins Gesicht geschrieben.

„Aber ich fühlte mich zu diesem Elefant nicht hingezogen. Ich wollte einen anderen Elefanten haben, einen Elefanten, den ich richtig berühren und in meiner Hand halten kann."

„Wie die Elefanten aus Stein", sagte ich.

„Auch das nicht, sondern etwas anderes, das man sein Eigen nennen kann." Er machte eine kurze Pause und fuhr dann fort: „Früher haben sich die meisten Männer in meinem Dorf tätowieren lassen. Man macht das mit einer Nadel auf der Haut. Die Bilder werden eingebrannt mit Hilfe von irgendeinem chemischen Stoff. Man sagt, dass die Farbe immer grün ist. Die Bilder liegen flach auf der Haut. Sie verwischen niemals. Figuren mit fühlbaren Konturen auf der Haut. Hanuman, Vishnu oder irgendeine Göttin. Meist waren es Götterfiguren."

Er nahm die schwarze Brille von der Nase in die Hand. Seine Augenlider wirkten nackt. Blass!

„Ein tätowiertes Schneckenhaus habe ich schon gesehen", sagte ich.

„Ja, ja … Sie machen alles. Ich wollte aber einen Elefanten haben. Der die Tätowierung machte, stimmte aber erst nicht zu. ‚Genügt nicht irgendeine Gottheit?', fragte er. Wenn ich es machen würde, dann nur einen Elefanten, beharrte ich. Einen Elefanten, der beim Essen und Schlafen nicht verschwindet."

„Ich blieb standhaft", sagte Chandran mit etwas Stolz. „Am Ende hat er eingelenkt."

„Wo ist der Elefant", fragten wir drei gleichzeitig.

Chandran zögerte einen Moment. Dann rollte er sein Mundu vom Fuß nach oben und zeigte mit etwas Schamgefühl den haarlosen Oberschenkel. Dort sah ich eine hässlich tätowierte Figur, die mich erschreckte. Man konnte sie nur mit großer Mühe als Elefanten erkennen. Die Figur ging an vielen Stellen über den Umriss eines Elefanten hinaus. Etwas, das man für einen Rüssel halten konnte, stand da wie ein übertrieben aufgerichtetes männliches Glied. In diesem Augenblick fühlte ich, dass das furchterregende Trompeten eines Elefanten meine Ohren zerriss.

Chandran berührte die tätowierte Stelle zärtlich. Die anderen beiden zögerten erst, da sie meine Anwesenheit vielleicht als peinlich empfanden. Dann berührten auch sie mit den Fingern die tätowierte Stelle und nahmen den Elefanten wahr. Als sie dies taten, merkte ich, dass Chandran kitzelig reagierte. Der Elefant mit den falschen Maßen schien auch mich herauszufordern.

Chandran rollte sein Mundu zurück und lächelte sehr zufrieden. Dann setzte er seine schwarze Brille auf und schaute mich an.

Für eine Weile schwiegen wir alle. Die alte Uhr im Zimmer schlug einmal: halb zehn.

Ich stand auf und dankte ihnen. Die drei Blinden begleiteten mich bis zur Tür. Als ich nach der Verabschiedung hinausging, hörte ich Shekars Stimme: „Eben hat es halb zehn geschlagen. Unsere Uhr geht fünf Minuten vor. Freund, beeilen Sie sich. Genau um halb zehn geht der Strom aus."

Ich ging ohne Eile zu meinem Zimmer. Gerade als ich es betrat, ging der Strom aus. Alles um mich herum versank in Dunkelheit.

Plötzlich bekam ich Angst, dass die Dunkelheit in meinem Zimmer ein Elefant sein könnte, der auf mich wartete.

Das Geschrei in der Dritten Welt

Arshath Batheri

Auch heute hatte sich Mirsad Ahmad verspätet. Er beeilte sich, dabei hasste er alle Geräte, die zur Messung der Zeit erfunden worden waren. Er konnte noch so früh aufbrechen, er konnte mit der galoppierenden Zeit nicht Schritt halten. Wenn er spät dran war, konnte er sich zwischen zwei Wegen entscheiden. Der erste führte an der Post vorbei über die Eisenbahnbrücke bis zur Kreuzung, die dann überquert werden musste. Der andere, schnellere, verlief direkt über die Bahngleise.

„Nein, ich will nicht über die Bahngleise."

Die Schienen streckten sich selbstgefällig, satt vom Blut und Gehirn vieler Menschen. Seit Monaten überquerte Mirsad Ahmad sie mehr oder weniger freiwillig. Wenn er darüber nachdachte, wie sein Verkaufsleiter ihn mit dem scharfen Gesicht eines Geiers ins Kreuzverhör nehmen würde, dann wählte er automatisch diesen Weg. Bis vor kurzem war es ihm sogar der angenehmste. Er glaubte, dass dieser Weg von irgendjemandem geschaffen worden war, um ihm, dem Dauer-Verspäteten, zu helfen. Aber heute? Heute wollte er nicht. Er wurde den Gedanken nicht los, dass diese Schienen vorhatten, sein Blut aufzusaugen.

„Über die Eisenbahnbrücke?", fragte er sich.

„Nein. Das dauert zu lange." Allein die innere Unruhe, die das verursachen würde, brächte sein heutiges Verkaufsgeschäft durcheinander.

„Wie werde ich die Schienen überqueren?" Ein Gefühl von Angst durchströmte seinen Körper, während Mirsad Ahmad nach einer Antwort suchte. Er hätte keinen Halt mehr im Leben, wenn er diesen Job verlieren würde. Einen richtigen Job konnte man das eigentlich nicht einmal nennen. Er arbeitete nur befristet als Aushilfskraft in der Werbeabteilung einer Zigarettenfirma. Jeder, der ihm eine

Schachtel Zigaretten abkaufte, bekam ein Feuerzeug geschenkt. Die Firma verteilte Formulare, in die die Käufer ihren Namen, ihre Anschrift etc. eintragen mussten. Damit wollte die Firma einerseits verhindern, dass sich Geschäfte mit großen Mengen Zigaretten eindeckten, und andererseits feststellen, wie es um die Akzeptanz von Zigaretten in der normalen Bevölkerung bestellt war. Abends gegen 19 Uhr mussten die restlichen Zigaretten sowie die ausgefüllten Formulare im Firmenbüro abgegeben werden.

Vor dem Bahnübergang war eine große Menschenmenge in Aufruhr.

„Hat irgendein Zug Verspätung?"

Ihm gelang ein Blick durch die versammelte Menschenmenge. Da lag einer mit gequetschtem Kopf, aus dem noch das Blut spritzte. Sein Blick fiel auch auf den Kies unter den Schienen, der mit Blut getränkt war.

„Oh, ich muss auch dieses Blut überqueren!"

Er steckte sich die Finger in die Ohren. Mit den Zähnen biss er sich auf die trockenen Lippen. Mit großer Mühe schleppte er seine kraftlosen Beine vorwärts und erreichte mit komisch anmutenden Bewegungen die andere Seite der Bahnlinie. Die Leute dort lachten, als sie Mirsad so gehen sahen. Ohne zurückzuschauen eilte er mit hastigen Schritten zum Büro, machte schnell die Tür auf und ging hinein. Er vermied es, den Verkaufsleiter anzusehen, zählte die Pakete, die zum Verkauf bestimmten waren, und packte sie in seine Tasche. Als er hinausging, stand der Verkaufsleiter vor ihm.

„Man muss vor 19 Uhr wieder hier sein."

„Hm …"

„Nicht verspäten! Keine Minute."

Als Mirsad die Brücke erreichte, hatten seine Kopfschmerzen zugenommen. Er schaute auf die Straße hinunter. Der Menschenstrom floss stetig. Viele Köpfe. Alle sind in Eile. Keiner achtet auf den anderen. Keiner berührt den anderen. Keiner wartet auf den anderen. Brodelnde Schnelligkeit. Wenn man hier steht und zuschaut, hat man den Eindruck, dass die ganze Welt rast.

Er hängte sich die Tasche um und wandte sich zur Bahnhofstraße.

Gleich hinter der Bahnhofshalle war der Busbahnhof. Danach kam die Bar. Dies waren die Orte, an denen er am besten verkaufte.

„Wir leben in einer Zeit, in der keiner auf irgendjemanden wartet." Traurigkeit senkte sich wie eine Last auf sein Herz, als er sich seinen Weg durch das Gedränge im Bahnhof bahnte. Das Mondlicht draußen nippte an der Dunkelheit.

Es war 22 Uhr, als er endlich an der Kreuzung aus dem Bus ausstieg. Der kleine Pfad war klar zu sehen. Die Pflanzen, die am Zaun wuchsen, lagen als Schatten auf dem Pfad. Gedanken über das Überqueren des Bahnübergangs am nächsten Morgen schossen ihm durch den Kopf. Die Sorge, was mit ihm los war, stach ihn wie zahllose Nadeln.

„Wenigstens morgen muss ich früher losgehen. Nur nicht über die Bahngleise müssen."

Allein die Erinnerung an den Bahnübergang genügte. Der Schmerz in der Brust drängte mit dem Atem aus ihm heraus. Plötzlich blieb Mirsad Ahmad stehen. Seine Beine rührten sich nicht. Die Bahnlinie kam ihm entgegen und streckte sich langsam nach ihm aus. Sie bebte ein wenig und machte dabei ein seltsames Geräusch. Als ob sich die Steine zwischen den Gleisen hin- und herbewegten.

„Auch hier gibt es Bahngleise … und Bahngleise …"

Während er noch seine innere und äußere Unruhe, die sich zu einem Gebirge aufgetürmt hatte, zu unterdrücken versuchte, stand plötzlich Javed vor ihm und lachte beängstigend. Vier Personen, die Mirsad fremd waren, begleiteten ihn.

„Wie soll ich es schaffen, hinüber zu gehen?"

„Mirsad, kommst du aus der Stadt?"

„Ja."

„Warum sieht man dich nicht mehr in der Moschee?"

„Nach der Arbeit komme ich sehr spät nach Hause."

„Ich habe gehört, dass du ein Gedicht über die Religion geschrieben hast, stimmt das?"

Obwohl er die Frage sehr einfach gestellt hatte, konnte Mirsad das lodernde Feuer dahinter sehen.

„Es war nur ein Gedicht."

„Mirsad, die Menschen im Dorf reden sehr schlecht über dich. Du musst das ändern. Warum willst du nichts mit uns zu tun haben? Wenigstens über Selbstverteidigung muss jeder etwas wissen."

„Ich komme nicht, Javed", sagte Mirsad plötzlich.

„Was würde passieren, wenn du kommst? Du musst kommen!" Mit dem Gewicht eines Befehls fiel Javeds Hand auf Mirsads Schulter. Von dem kleinen Pfad bogen sie in die zwischen Bäumen liegende Straße ein. Sie war menschenleer. Über die feuchten Blätter blies ein kräftiger Wind.

„Was du denkst, ist nicht richtig. Solche Gedichte, die die Religion als Munitionslager bezeichnen, darfst du in Zukunft nicht mehr schreiben. Ich warne dich."

„Warum machst du dir Gedanken, Javed? Über tausend Jahre hat diese Religion überlebt. Wovor haben die Gläubigen denn solche Angst? Wenn jemand etwas Kritik übt, dann wird er von den anderen geschnitten, mundtot gemacht oder sogar umgebracht. Welche Art von Gerechtigkeit ist das?"

„Die ganze Welt ist gegen uns. Leute wie du tun so, als wüssten sie das nicht." Javeds Stimme wurde schärfer. Einer aus der Gruppe nahm etwas von seiner Hüfte.

„Wer sind wir, Javed? Kein richtiger Gläubiger ist zum Fanatiker geworden. All dies ist das üble Werk von anderen. Ohne Frage, dies ist ein Konkurrenzkampf, der eng verknüpft ist mit Geld und Macht. Hier gibt es nicht die Rettung, über die du redest. Javed, du musst erst erkennen, wer diese Leute sind."

Javeds Begleiter umzingelten Mirsad. In der Dunkelheit waren ihre Gesichter nicht zu erkennen. Mirsad stand da und beobachtete die routinierten Bewegungen ihrer Beine. Javed verstärkte seinen Griff an Mirsads Hemdkragen.

„Mirsad, du gehst zu weit."

„Überhaupt nicht. Lass mich in Ruhe."

Plötzliche packte einer Mirsad am Hals.

„Nicht einen Tag hat er genug zu essen. Trotzdem hat er so ein Mundwerk."

„Wir bringen dich um, du Schwein", sagte ein anderer.

Ihre Stimmen rochen nach Blut.

„Dieses Mal lassen wir dich laufen. Hau ab!" Sie verschwanden in die Dunkelheit.

Mirsad ging mit schnellen Schritten und kam zu dem Weg, der zu seinem Haus führte. Vor dem Haus angekommen blieb er stehen. Rund um das Haus stand ein Zaun aus Draht.

„Wie komme ich in mein Haus hinein?" Voller Wut rüttelte er wild an dem Zaun.

„Nein, mein Sohn, nicht", sagte seine Mutter und hinderte ihn, den Zaun einzureißen.

„Wer, Mutter, hat das getan?"

„Hajiar, wer sonst?"

Er schaute sich um. Das Haus, das mit einer Hypothek belastet auf einem billigen Grundstück gebaut worden war, war von allen Seiten eingezäunt und so an den Rand der Erde gedrängt worden. Der Weg zu seinem eigenen Haus war ihm genommen worden.

„Mein Sohn, leg dich nicht mit ihnen an. Sie haben gesagt, dass der Weg laut Grundbuch hinter ihren Dienstwohnungen verläuft. Deshalb haben sie den Zaun so gezogen."

„Trotzdem. Der Weg von vorne ins Haus ist nun versperrt!"

Er ging zurück zur Straße und erreichte das Haus auf einem Weg entlang der Abwasserleitung, durch die die stinkenden Abwässer von Hajiars Dienstwohnungen flossen.

„Wer soll den Gestank aus der Abwasserleitung aushalten und uns noch in diesem Haus besuchen, Rabbe! Warum betrachtet Hajiar mich und meine Kinder nicht als Menschen? Mein Sohn, sollen wir beim Komitee der Moschee eine Klage einreichen?"

„Mutter, du weiß dass Hajiar Präsident des Komitees ist."

„Und du? Du legst dich mit allen an." Mutter weinte.

Mirsad schloss die Tür. Er krallte die Finger in sein Haar und ließ sich auf das Bett fallen.

Ein Zug, vollgestopft mit aufgequollenen Leichen, raste an Mirsad vorbei. „Mirsad, ich bin es!", schrie Javed aus dem Zug. Viele Wagen fuhren vorbei, trotzdem nahm der Zug kein Ende. Aus einem Waggon sprang eine Gruppe Menschen heraus, die Mirsad festhielten.

„Los, komm mit", schrien sie.

„Lasst mich los!" Die Wagen des Zuges bebten. Überall war Rauch.

„Bitte lasst mich los!" Von seinem Weinen wurde Mirsad Ahmad wach. Dann hörte er die Hähne krähen.

Auch an diesem Tag hatte sich Mirsad verspätet. Brennende Hitze. Weil das Signal rot war, hielt der Zug.

Die Menschenmenge stand am Bahnübergang, ohne hinübergehen zu können. Vorsichtig schaute er auf seine Beine. „Sind meine Beine dünner geworden? Hat das unzählige Überqueren von Bahngleisen meine Beine so dünn gemacht?"

Der Zug bewegte sich. Die Schüler, die Schwangeren und die Älteren überquerten als erste die Gleise. Nur Mirsad konnte nicht gehen.

„Werde ich hier umfallen?"

Die durch unzählige Fahrten von Eisenbahnrädern glattpolierten Gleise hatten eine geheime, in ihnen ruhende Anziehungskraft.

„Was ist mit mir los? Wo endet dieser Wahnsinn in mir?" Er tauchte tief in seine Seele ein und bekam keine Antwort. Enttäuscht kehrte er zurück.

Unter der Brücke, wo eine kleine Menschenmenge versammelt war, begann er, seine Ware zu verkaufen.

„Freunde, hier ist ein wunderschönes Feuerzeug kostenlos, wenn Sie ein Päckchen Zigaretten kaufen. Dies ist eine Werbemaßnahme unserer Firma. Nur für wenige Tage."

Als keiner ihm zuhörte, verließ er den Platz. Er kam in die sehr belebte S.M.-Straße. Als er sie überqueren wollte, konnte er keinen Schritt vorwärts machen. Er sah eine Vielzahl von im Sonnenlicht gleißenden Bahngleisen auf sich zukommen. An einigen Stellen sprühten sie Funken. Sie kamen näher, als wollten sie ihn umklammern.

Verzweifelt rief Mirsad laut: „Mutter!" Aber seine Stimme versagte. Auch konnte er die Hand nicht abschütteln, die auf seine Schulter fiel.

„Warum stehst du da so verwirrt?" Da stand Cleetus und zeigte alle seine Zähne. Sein Lachen war die Falle, die er legt, um mir ein Kettengeschäft seiner Firma aufzuschwatzen.

„Wie werde ich Cleetus überqueren?"

Die Erkenntnis, dass man jede Sekunde seines Lebens mit dem Versuch verbringt, einzelne Menschen zu überqueren, schmerzte Mirsad.

Plötzlich rannte eine laut schreiende Menschenmenge an ihnen vorbei. Einige folgten ihr, mit Schwertern und Messern bewaffnet.

„Stecht sie nieder, nicht weglaufen lassen!"

Mirsad erkannte Ajayan unter denen, die mit langen Messern liefen. Er verlor seine Selbstbeherrschung und lief hinter ihm her. „Ajayan, du hast mir gestern gesagt, bald käme es soweit, dass die Ärzte sagen, wenn wir Blut bräuchten, müsse es von Menschen der eigenen Kaste sein … Ajayan, du, der mir gesagt hat, dass wir erst diejenigen verschwinden lassen müssen, die Beute losschicken, um andere Beute zu fangen, du machst es jetzt genau wie Javed …" Mirsad stolperte und fiel.

„Bleib stehen … Ajayan."

Ein lauter Knall war zu hören. Als er losrannte, stieß ein lichterloh brennendes Auto gegen einen anderen Wagen. Jemand zog Mirsad weg, in ein Restaurant. Die Rollläden wurden runtergelassen. Vier oder fünf Menschen waren drinnen. Irgendetwas wurde kräftig gegen die Rollläden geschlagen. In dem ohrenbetäubenden Geräusch bebte alles.

„Ayyo! …" Der Besitzer war fassungslos. Die Stromleitung wurde gekappt. Draußen krachte es. Gellende Schreie!

„Fünfzehn wurden niedergemacht. Wie sollen sie da ruhig bleiben?"

„Wo?", fragte ein alter Mann erschrocken.

„In der Siedlung. Die Muslime haben sie getötet."

Mirsads Herz raste. Die kleine Gruppe stand eng beieinander in dem von Schmerz erfüllten Zimmer. Einer von ihnen streckte seinen Hals in Richtung Mirsad: „Sie sind auch Muslim, nicht wahr?"

Die Frage hatte den Geruch von Schießpulver. Mirsad stand still. Jemand hatte einen Krug vom Tisch gestoßen, er zerschmetterte auf dem Boden. Ein anderer zündete ein Streichholz an. Zigarettenrauch breitete sich im Zimmer aus.

„Sag, wie heißt du?" Die anderen kamen auf ihn zu und standen dicht zusammen. Einige Augenblicke lang Stille. Angst nagelte ihn in dem dunklen Zimmer fest. Auch die Kraft zu schreien hatte ihm das Schweigen genommen. Ängstlich wanderten Mirsads Augen im Zimmer umher.

„Hast du die Frage nicht gehört? Raus mit deinem Namen." Einer schlug kräftig mit der Hand auf den Tisch. Mirsad hatte das Gefühl, dass sein ganzer Körper kochte und das Fleisch sich von den Knochen löste und mit dem Schweiß runterrutschte. Er sah wieder zu ihnen.

„Los, sag deinen Namen", schrieen alle zusammen. Stühle fielen um. Dann war Stille.

„Warum quält ihr den Kerl? Er hat doch nichts getan", sagte der alte Mann und kam hinzu. Danach stellte ihm keiner mehr irgendeine Frage.

„Wie spät ist es?", fragte der Alte.

„Nach neun."

„Gehen wir."

Die Rollläden wurden etwas hochgezogen. Langsam gingen sie auf die Straße. Der Himmel und die Erde waren gleich schwarz. Alle hielten sich aus Angst zurück.

Zerstörte Geschäfte und Fahrzeuge.

Keine Straßenlaterne leuchtete.

Überall das zischende Geräusch brennender Gummireifen.

Als er die Eisenbahnbrücke hinter sich gelassen hatte, waren kleine Menschenansammlungen zu sehen. Ihre Gespräche waren undeutlich. Mirsad versuchte aufmerksam zuzuhören. Schielten sie auf ihn? Sprachen sie über ihn?

Wie sehr er sich auch Mühe gab, seine Beine machten nicht mit. Als er sich der Kreuzung näherte, wurde die Menschenmenge größer.

„Werden sie mich erwischen? Wird einer von ihnen sich auf mich stürzen? Soll ich meinen Namen verraten?"

Morgen wieder auf diese Straße?

Schmerz aus lähmender Angst. Die bekannten Orte schienen plötzlich fremd geworden zu sein. Mit dem traurigen Gedanken, dass er selbst ein Opfer geworden war, lief Mirsad mit langen Schritten vorwärts.

„Darf ich, der niemals irgendjemandem feindselig gesonnen war, darauf hoffen, dass irgendwann eine Zeit kommt, in der man ohne Angst diese Straße entlanggehen kann?"

Er kam zu einer Stelle, an der die Straße leer war. Fremde Stimmen im Kopf. Was er sah schien alles gleich auszusehen. In seinem Kopf herrschte Durcheinander. Mit grenzenlosem Mut, so kalt wie der Tod und so erhitzt wie das Leben, näherte sich Mirsad der Bahnlinie. Wie oft war er in der Vergangenheit zurückgegangen, ohne die Gleise zu überqueren, weil ihm im entscheidenden Augenblick der Mut gefehlt hatte! Jetzt stand er da, ganz ohne Herzrasen. Von Ferne sah er den Zug kommen. Er sagte laut: „Da kommt der Zug. In jedem Waggon gibt es Priester und ihre Teufelskinder, Menschen, die sich jede Sekunde in jedes beliebige Tier verwandeln können. So gibt es dort Freunde, die nur mit Worten lieben. Ich will diesen Zug und das Gleis mit gleicher Geschwindigkeit überwinden."

Er stand dicht am Gleis. Während er den rasenden Zug und die Gleise überquerte, rief er laut … und lauter: „Leute, seht mal her! Ich überquere die Gleise. Wer niemanden hat, muss selbst stark werden."

Wie ich zum Greis wurde

Edward Nazareth

Seit drei Jahren bin ich Rentner. Ich habe bis zum 65. Lebensjahr gearbeitet, bevor ich Rentner wurde. Eigentlich wollte ich fünf Jahre früher, d.h. mit 60, in Rente gehen. Leider wurde ich aber weder herzkrank, noch bekam ich einen Schlaganfall. Auch nahm mich keine andere ernsthafte Krankheit ins Visier. Abgesehen von den üblichen altersbedingten Wehwehchen und Unpässlichkeiten lebte ich, meiner Auffassung nach, gesund. Um meine Gesundheit auf diesem Niveau zu erhalten, machte ich jeden Tag Yoga. Alkohol und Rauchen hatte ich längst aufgegeben. Ich schluckte täglich einige Vitamin-Tabletten und aß sehr maßvoll. Aus all diesen Gründen sah ich tatsächlich zehn Jahre jünger aus. Ich war mir absolut sicher, kerngesund zu sein.

Damals konnte ich nur nach Deutschland kommen, weil meine Frau mich geheiratet hatte. Eine große Zahl indischer Männer kam auf diese Weise nach Deutschland und musste sehr darunter leiden. Mein Fall aber war eine Ausnahme. Meine Frau war nicht nur hübsch und von angenehmem Wesen, sie war auch ein echter Familienmensch. Daher war unser Eheleben glücklich und sorglos. Ich muss allerdings zugeben, dass ich während meiner ersten beiden Jahre in Deutschland – in dieser Zeit war ich arbeitslos und kümmerte mich nur um den Haushalt – irgendwie in zwei außereheliche Beziehungen hineingerutscht bin. Der Grund dafür könnte mein jugendliches Alter gewesen sein. Obwohl ich alles sehr vorsichtig in die Wege geleitet hatte, war ich nicht sicher, ob meine Frau nicht doch davon Kenntnis hatte. Jedenfalls ließ sie sich nichts anmerken. Was der Grund dafür war, dass sie auf einen möglichen Verdacht hin nicht reagierte, blieb eine offene Frage, die mich sehr beunruhigte.

Bereits in diesen ersten beiden Jahren bekamen wir einen kräftigen Sohn und eine hübsche Tochter. Sie schenkten uns große Freude. Im dritten Jahr nach meiner Ankunft fing ich an zu arbeiten. So lebte unsere Familie in Liebe und gelegentlichem Streit und brachte viele deutsche Frühlinge und Winter hinter sich. Unsere Kinder wuchsen schnell heran, studierten zügig und fanden gute Arbeitstellen. Sie übernahmen den westlichen Lebensstil vollkommen und lebten entsprechend in eigenen Häusern, getrennt von uns. An unseren Geburts- und Namenstagen besuchten sie uns.

Meine Frau ging schon fünf Jahre vor mir in Rente. Nachdem auch ich in Rente gegangen war, wollten wir gemeinsam Vieles unternehmen. Wir entschieden uns, den Rest unseres Lebens richtig auszukosten. In fremde Länder reisen, Kreuzfahrten machen … so begannen wir, wie allgemein üblich, ein fröhliches und unbekümmertes Leben zu führen. Ah, wie viele Reisen haben wir unternommen, wie viele Länder gesehen! Diese Reisen machten uns jedoch sehr müde, vielleicht wegen unseres Alters. Bei den Kreuzfahrten, die wir machten, konnte meine Frau sich nicht aufrecht halten. Sie musste sich häufig übergeben. Wegen solcher Schwierigkeiten beschlossen wir, auf Fernreisen und Kreuzfahrten zu verzichten. Reisen in die nähere Umgebung genügten uns. Ab und zu reisten wir in die Heimat und verbrachten einige Zeit bei den Kindern unserer Geschwister. Doch auch hiermit hörten wir auf, als wir feststellten, dass unser Besuch für sie sehr anstrengend war. Was nun? Beim Nachdenken über mögliche Zukunftsaktivitäten hatte ich eine Idee. Warum nicht ins „Schwarzwaldhaus" zum Tanzen gehen?

Unser Wohnort ist Hilden, unweit von Düsseldorf, der Hauptstadt des Bundeslandes Nordrhein-Westfalen. Mein Arbeitsplatz war in Mettmann. Man kann auf zwei Wegen nach Mettmann gelangen: über die Autobahn und durch das Neandertal. Für die Fahrt über die Autobahn nach Mettmann brauchte ich 15 Minuten und durch das Neandertal 25 Minuten. Ich nahm immer den Weg durch das Neandertal. Landschaftlich ist diese Gegend herrlich. Der Ort ist über Deutschland hinaus bekannt. Die Urmenschen dieser Gegend lebten hier, so behaupten die Deutschen. Die Landschaft mit Bergen, Tälern und dicht gewachsenen Wäldern ist, insbesondere im Frühling, einfach atemberaubend. Wenn ich diesen Weg entlang fahre, erinnere ich mich immer an die folgenden Zeilen unseres großen Dichters Changanpuzha: „Die blumengeschmückten Wälder drängten sich aneinander, fröhlich schwimmend in ihrer grünen Pracht." Ich wählte immer diesen Weg, weil er so hinreißend schön ist. Wenn man den Berg ins Neandertal hinunter fährt, führt der Weg nach rechts in Richtung Mettmann. Wenn man etwas weiterfährt, sieht man schon das „Schwarzwaldhaus". Mittwochs, freitags und samstags stehen dort viele geparkte Autos. An diesen Tagen strahlt und glitzert das Schwarzwaldhaus im Glanz elektrischer Lichter. Man kann dann sehen, wie männliche und weibliche Ruheständler aus der Nachbarschaft in einem Saal mit indirektem, rotem Licht zu reizender Musik tanzen. Die Tanzhalle ist so gebaut, dass sie mich an die Vorderseite eines alten Naalukettu mit rotem Ziegeldach in meiner Heimat erinnert. Im gelben Licht kann man das beschriebene Schild deutlich erkennen: „SCHWARZWALDHAUS".

Wir begannen also, dort als Tanzpaar regelmäßig westliche Tänze zu tanzen. Als wir jung waren, hatten wir schon ersten Unterricht in westlichem Tanz genommen. Dafür hatte es folgenden Anlass gegeben: Ab und zu fanden damals unter den Keralesen Zusammentreffen und Seminare statt. Bei solchen Gelegenheiten wurden immer westliche Tänze getanzt. Aber die meisten waren nicht richtig in westlichen Gesellschaftstanz eingeweiht. So machten sie irgendwelche komischen Bewegungen mit ihren Händen und Füßen. Ich und meine Frau aber dachten, dass wir richtige Tanzschritte lernen sollten. Wenn schon, denn schon. So nahmen wir einige Zeit Tanzunterricht. Dies war für uns von großem Nutzen. Die meisten im Schwarzwaldhaus waren Deutsche in unserem Alter. Wir beide waren die einzigen Farbigen dort. Daher warteten viele begeistert darauf, mit uns zu tanzen. Auch viele ganz alte wollten mit mir tanzen. So warteten wir mit großer Vorfreude schon am Anfang jeder Woche auf Mittwoch, Freitag und Samstag. Das Tanzengehen wurde für uns beinahe zur Sucht.

So ging es ein Jahr lang mit dem Tanzen. Dann merkte ich, dass ein Deutscher an fast jedem Tag, an dem wir zum Tanzen gingen, bei meiner Frau war und mit ihr tanzte. Mit wachsender Eifersucht (und wachsendem Schmerz) stellte ich fest, dass auch meine Frau wahnsinnig daran interessiert war, mit ihm zu tanzen. Naja, versuchte ich mich zu beruhigen, was kann geschehen? Wenn sie unbedingt mit ihm tanzen will, soll sie es tun. Was kann in unserem Alter passieren? Sie soll auch außer der Reihe eine Freude haben. Das ganze Leben lang hat sie große Lasten getragen. Jetzt ist sie endlich von Belastungen frei. Wenn sie also beim Tanzen mit einem anderen Mann Freude hat, soll sie das tun. Es wird ihren Appetit schärfen. Das eigentliche Mahl nimmt sie zu Hause ein, mit mir. Das waren meine Gedanken. Trotzdem plagten mich Zweifel, dass irgendetwas nicht stimmte. Ich war tatsächlich beunruhigt. Ich wollte aber die friedliche und glückliche Atmosphäre in der Familie nicht stören, indem ich meiner Frau irgendwelche dummen Fragen stellte. So hielt ich den Mund.

Dass aus diesen regelmäßigen Tänzen der beiden ein kompliziertes Problem für mich geworden war, stellte ich vielleicht etwas zu spät fest. Der Freund, dessen Name Hans Schiescher war, begann, auch an den Tagen mit meiner Frau zu telefonieren, an denen kein Tanz stattfand. Stundenlang sprachen sie am Telefon miteinander wie ein junges Liebespaar. Meine Frau begann, die Hausarbeit zu vernachlässigen. Das Kochen fiel jetzt in meine Verantwortung. Sie nahm sich viel Zeit an diesen Tagen, um sich schön zu machen. Sie hatte nie großes Interesse an teuren Kleidern gehabt. Nun war sie verrückt nach kostspieligen Modekleidern und kaufte sie in teuren Boutiquen. Wenn ich ihr früher starkes Parfüm gekauft hatte, machte sie davon kaum Gebrauch, weil sie angeblich davon Kopfschmerzen bekam. Und nun? Nun kaufte sie das teuerste Parfüm und trug diesen Duft überall hin. Sie war nicht mehr bereit, in der Küche zu stehen und Rezepte aus unserer Heimat zu kochen. Sie wollte ihre Kleider und ihr Haar nicht mit üblem Geruch versetzen. Langsam übernahm ich viele Haushaltstätigkeiten, die sie immer gemacht hatte. Der Gedanke, dass ich, wenn es so weiter ginge, bald vor großer Gefahr stünde, brachte mich zu dem Entschluss, ernsthaft Wege zu überlegen, wie man mit dem Tanzbesuch endgültig Schluss machen könnte.

Eines Mittwochs machten wir uns wie gewöhnlich für den Tanzabend schön. Als wir unterwegs zum Auto waren, legte ich meine Hand auf mein Herz, rief um Hilfe und ließ mich zu Boden fallen, als ob ich bewusstlos würde. Meine Frau geriet in Panik. Auf ihre Frage, was mit mir los sei, stöhnte ich und täuschte vor, unter großen Schmerzen zu leiden und nicht sprechen zu können. Sie bestellte einen Krankenwagen und brachte mich schnellstens ins Krankenhaus. Da meine Frau den Verdacht äußerte, dass es sich hier um einen Herzinfarkt handelte, untersuchte das Krankenhauspersonal mich gründlich. Am Ende hatten sie nichts feststellen können, was diesen Verdacht bestätigte. Trotzdem schlug der Arzt vor, dass ich noch ein paar Tage für weitere Untersuchungen im Krankenhaus bleiben solle. Meine Frau hatte in der Zwischenzeit unsere Kinder sowie ihren Tanzpartner Hans Schiescher ins Krankenhaus kommen lassen. In der folgenden Zeit besuchte meine Frau mich im Krankenhaus gemeinsam mit Hans Schiescher. Auch während meines Krankenhausaufenthaltes ging sie wie immer mit Hans Schiescher zum Tanzen. Nachdem ich aus dem Krankenhaus entlassen worden und nach Hause zurückgekehrt war, sagte sie mir: „Du sollst jede körperliche Anstrengung vermeiden. Deshalb solltest du dich einige Zeit zu Hause ausruhen und nicht tanzen gehen. Ich werde alleine mit Hans gehen." Ein Hammer! Was ich gerade hatte vermeiden wollen, war jetzt eingetreten. Mein vorgetäuschter Herzinfarkt hatte ihr nun völlige Freiheit gebracht.

Heute bin ich ein trauriger Mensch. Einsamkeit erdrückt mich jeden Abend. Meine Frau hat begonnen, auch die tanzfreien Abende mit Hans Schiescher zu verbringen. Ihr Verhalten erweckte manchmal den Eindruck, dass sie es gar nicht mehr wahrnahm, dass es einen Menschen wie mich zu Hause überhaupt noch gab. Ich entschloss mich, auf Konfrontationskurs zu gehen. Wütend sagte ich ihr: „Was hast du vor? Ich werde dir nicht erlauben, so weiter zu machen. Du bist meine Frau. Ich werde es nicht zulassen, dass du mit irgendjemandem herumläufst wie eine tanzende Hure!" Ich packte sie bei der Hand.

Sie stieß meine Hand weg und sah lächelnd zu, wie ich explodierte. Ohne irgendwelche Hemmungen sagte sie: „Denkst du, dass ich alles vergessen habe, was du mir in den ersten Jahren nach deiner Ankunft in Deutschland angetan hast? Zwei Jahre lang bist du arbeitslos gewesen. Da habe ich für dich gesorgt. Nach schwerer Arbeit auf der Station bin ich nach Hause gekommen, habe für dich nach deinem Geschmack gekocht, dir nach Wunsch Alkohol gekauft, dich wie ein Dienstmädchen bedient, bin mit dir ins Bett gegangen und … und … Und wie hast du dich dafür revanchiert? Denkst du, dass ich nichts davon weiß, wie du mit der deutschen Frau nebenan in Liebesspiele verwickelt warst und mit meiner Freundin Reethamma ins Bett gegangen bist? Damals schwieg ich, weil ich unseren Kindern keinen Schaden zufügen wollte. Wie ich in aller Stille gelitten habe, davon hast du keine Ahnung. Jetzt tut dir weh, was ich mache. Du hast überhaupt keinen Grund, dich zu beschweren. Heute bist du gesundheitlich nicht in der Lage, meine Wünsche und Bedürfnisse zu erfüllen. Was ist also verkehrt daran, wenn ich zu einem Mann gehe, der mich liebt und gesundheitlich in der Lage ist, meine Bedürfnisse zu erfüllen? Reg dich nicht auf, mein Lieber. Du solltest dich auch nicht ärgern. Die Leute draußen werden dich auslachen. Es ist nur in deinem Interesse, wenn du dich zusammenreißt und schweigst."

Sie machte sich schön wie immer, kam zu mir, gab mir ein Küsschen, wünschte mir einen schönen Abend und ging gelassen zum Auto von Hans Schiescher. Der betörende Duft ihres Parfüms blieb im Zimmer hängen. In mir brauste der Wunsch auf, sie bei der Hand zu nehmen, sie zu küssen, einfach so da zu liegen mit meinem Kopf in ihrem Schoß und ihre Hände zärtlich in meinen Haaren zu fühlen. Aber ich saß da wie einer, der zu nichts fähig ist, der nicht weiß, was zu tun ist, völlig hilflos, ja … wie ein nichtsnutziger Greis.

Sieben Jungfrauen

Abraham Mathew

Wir saßen am Flussufer von Babylon. Als wir uns an Zion erinnerten, weinten wir. Unsere Schmerzen …
„Kein Tag vergeht, ohne dass ich mich an dieses Lied erinnere. Egal, wo ich bin, werde ich mich an dieses Lied erinnern. Wissen Sie, warum? Damals, am ersten Tag unserer Ankunft in diesem fremden Land, lagen wir sieben Mädchen schlaflos im Saal des Kirchengebäudes, den wir als Unterkunft zur Verfügung gestellt bekommen hatten. Der Raum war von Kerzenlicht erhellt und es roch nach Weihrauch."
Susamma Hoffmann erinnerte sich. Sie trug ein violettes Hauskleid. Auf ihrem ausgestreckten Finger – es schien, als ob sie damit den schnellen Lauf der Zeit aufhalten wollte – sah ich einen Ring mit dem Gesicht der schmerzensreichen Mutter Gottes. An der Silberkette um ihren Hals hing der mit dem Tod ringende Jesus Christus.

Düsseldorf, April 1990

Susamma Hoffmann erzählte weiter.
„Wir sieben Mädchen lagen in den Betten, ohne zu schlafen. In einem Land, dessen Sprache wir nicht kannten. Dessen Speisen uns unbekannt waren.
Ankunft nach zehn bis zwölf Stunden Flug. Unter der Obhut des Pfarrers. Sieben Mädchen, ohne irgendeine Ahnung von dem Leben hier.
Unruhig wälzten wir uns im Bett herum.
Dann hörten wir aus dem Nebenzimmer:
By the rivers of Babylon
where we sat down
Ye Ye we wept
When we remembered Zion

Die Stimme klang sehr traurig. Wir weinten alle sieben. Der Weihrauch brannte in unseren Augen. Die Kerzen nahmen uns den Atem."

Susamma Hoffmann trank einen Schluck Rotwein. Als sie ihr Glas erhob, zitterte der Wein darin; er passte farblich zu ihrem Hauskleid. Der Wein löste ihre inneren Hemmungen. Ihre Unsicherheit wurde von dem großen Meer der Erinnerungen weggefegt.

In ihrem Haus am Fuß der Berge unweit von Düsseldorf erzählte sie ohne Übertreibung die Geschichte von einem der sieben Mädchen, die die Meere überquert hatten und nach Deutschland gekommen waren.

Ich wusste, dass die reizende Landschaft draußen und die milde Temperatur im Zimmer mich etwas durcheinander bringen würden. Deshalb sagte ich: „Keinen Rotwein für mich, bitte. Etwas Whisky."

Susamma ließ Eiswürfel wie Fischstücke in den Whisky fallen. Von Herrn Hoffmann war nirgendwo im Zimmer ein Bild zu sehen. Wo konnte er sein?

Susamma Hoffmann erzählte weiter. Der Rotwein schien seine Wirkung zu tun.

„Habe ich schon gesagt, wie wir sieben Mädchen damals über die Meere hierher gekommen sind? Es war die Zeit, als man in Deutschland dringend Krankenschwestern brauchte.

Die Sprache musste man hier lernen. Ehrlich gesagt, haben wir auch die richtige Krankenpflege erst hier gelernt. Im Privatkrankenhaus von Kumbanad in Kerala hatten wir nur gelernt, Wunden zu verbinden und Spritzen zu geben. Es war am Anfang nicht einfach. Aber sag mir nur, welche Sache am Anfang nicht schwierig ist? Nach den ersten fünf Jahren hatten wir die Nase voll. Wir dachten daran, das Ganze hinzuschmeißen und nach Hause zurückzugehen. Aber dann überlegten wir, wie viel eine Deutsche Mark für uns bedeutete. Damals bekamen wir 15 indische Rupien für eine Mark. Wenn wir 100 Deutsche Mark an Papa schickten, bekäme er 1500 Rupien, mit denen er auf dem Markt von Changanassery üppig einkaufen konnte. Von 100 Mark konnte man auch 25 Gramm Gold kaufen. Das waren Zeiten!

Wenn Sie uns heute hier besuchen, sehen Sie uns ausgestattet mit großen Autos, eigenen Häusern, einer guten Rente und Sozialversicherungen. Heute ist eine deutsche Mark 24 indische Rupien wert. Welcher Wohlstand!

Mädchen, die lediglich ihren Schulabschluss gemacht haben, besitzen heute Geld wie Heu. Das steigt in den Kopf. Was fehlt ihnen eigentlich noch?

Du bist als Besucher hierher gekommen, nicht wahr? Mit einem Besuchervisum? Einer, der sich das Land ansieht und zurückgeht. Was wissen solche Leute vom Leben hier? Verdammt wenig!"

Susamma stand auf, holte den Rotwein und goss ihn bedenkenlos in ihr Glas, wie Wasser aus einem Krug. Ich befürchtete, dass das schwankende Weinglas runterfallen und zerbrechen könnte. Aber es blieb zwischen ihren Fingern, wie gefangen.

„Du bist wie ein jüngerer Bruder für mich. Trink noch einen Whisky. Auf die Berührung des deutschen Bodens mit deinen Füßen! Um die Herzen von zwei Ausländern zu öffnen, die sich auf demselben fremden Boden getroffen haben."

Ich suchte nach einem Zeichen von Herrn Hoffmann, während ich den zweiten Whisky akzeptierte. Aber es war nirgendwo eine Spur von ihm zu sehen.

„Denke daran", erzählte Susamma Hoffmann weiter, „Gott hat sich für jeden etwas Besonderes ausgedacht. Für Vögel und Säugetiere das, was zu ihnen passt. Für Menschen genauso. Gott hat mich auf dieser Erde zu etwas bestimmt. Der Herr hat die Richtung festgelegt. Ich habe gehorcht. Was sonst habe ich getan?

Entschuldige, ich weiß es nicht, ob es dir gefällt, dass ich dich duze. Gefühlsmäßig kann ich nicht anders. Denke nicht, dass ich einen Reisenden aus der Heimat, den ich zufällig in einer Düsseldorfer Kirche getroffen habe, mit Whisky verderben möchte.

Weißt du, Gott … Tod … Himmel! Ich weiß nicht, was das alles ist. Ich habe nur davon gehört, aber nichts gesehen.

Kind, trink den Whisky langsam, ohne zu schütteln. Es gibt keine Eile. Wie die Erkenntnis des Menschen, so kommt auch der Rausch vom Alkohol erst später.

Kannst du mir folgendes erklären? Was für ein Wesen könnte Gott sein? Gibt es Himmel und Hölle nach dem Tod?

Zu deiner Erinnerung. Wir sieben kamen damals als Jungfrauen. Wir begannen unser Leben hier in Großstädten wie München, Stuttgart, Hannover und Düsseldorf. Das bedeutet, dass wir uns in diesem Land langsam ein Leben in Wohlstand aufgebaut haben.

Wir haben Geld verdient.

Geld nach Hause geschickt.

Die Eltern zufrieden gestellt.

Den Geschwistern zu einem guten Leben verholfen.

Grundstücke gekauft.

Ein Haus gebaut.

Der Kirche Geld gespendet.

Menschen geholfen.

Gott, lieber Gott, was ist dann passiert? Heute weiß man nicht, was aus unserer Zukunft wird.

Hör mal, wenn du in die Heimat zurückkehrst und über deine Reise hierher in den Zeitungen berichtest, schreib nicht, dass die Susamma aus Kumbanad dies und das erzählt hat. Schreib nicht den üblichen Blödsinn, sondern nur die Wahrheit."

Was könnte die Wahrheit sein, wollte ich wissen.

„Noch ein Glas Wein, dann sage ich dir die Wahrheit."

Wie Trinkwasser schüttete sie den Wein in das Glas. Ich hatte Angst, dass es hinunterfallen und zerbrechen würde. Aber es blieb zwischen ihren Fingern, wenn auch etwas schwankend.

„Kind, wann gehst du zurück nach Kerala? Du brauchst nicht zu gehen. Bleib hier. Mein Mann kann für dich ein Visum besorgen. Hoffmann hat viele gute Kontakte hier. Er ist ein guter Mensch, geradlinig. Jetzt ist er unterwegs in München. Kommt in drei bis vier Tagen. Die Menschen hier sind im Allgemeinen guten Herzens. Aber die Ehe hat nicht sehr lange Bestand. Sie legen keinen großen Wert auf Dinge wie Familienbande. Es ist wie ein Seiltanz. Wann das Seil bricht, weiß man nicht genau. Aber kann man die Menschen hier dafür schuldig sprechen? Wenn die Chancen da sind, begehen viele unserer Männer und Frauen auch Seitensprünge!

Ich rede offen. Denke nichts Falsches. Das Geld regiert heute die Welt. So kann man sagen."

Als sie die Hand erhob, um mit einer Geste ihre Aussage zu betonen, verlor sie das Gleichgewicht. Der Wein schwappte aus dem Glas auf das Hauskleid. Es sah aus wie voller Blutflecken. Susamma wischte die Tropfen ab.

Als ich sie genau betrachtete, sah ich ihre schlaffen Brüste und die runzeligen Finger. Sie sagte: „Ich bin 50 geworden."

Ich wandte schnell den Blick. Ich sollte sie nicht so anstarren, dachte ich.

„Wir kamen her" erzählte sie weiter, „als wir 20 Jahre alt waren. Sieben Jungfrauen. Der Priester, der uns, die wir nur einen Schulabschluss hatten, hierher brachte, ist längst gestorben. Er war Pfarrer unserer Gemeinde. Hatte keine Gier nach Geld. Er hat in Gott seine Ruhe gefunden. Bestimmt wird er auf der rechten Seite des Herrn sein, zusammen mit den Heiligen und den Frommen.

Der Pfarrkirche haben wir sieben zusammen ein goldenes Kreuz geschenkt. Auch eine Fahnenstange haben wir vor der Kirche errichten lassen.

Warum sagst du nichts? Sind alle Journalisten so stumm? Ist dir kalt? Möchtest du in ein Nachtlokal gehen? Willst du nackte Mädchen tanzen sehen, dass dir das Wasser im Mund zusammenläuft? Mein Hoffmann hat eine Schwäche für solche Sachen. Das alles gehört zur hiesigen Lebensart. In meiner Heimat Kumbanad ist ins Kino gehen eine große Sünde. Man ist dann abgestempelt. Hier ist es nicht so. Man geht oder geht nicht, man kommt oder kommt nicht.

Jetzt sage ich dir etwas Wahres:

Ich habe viel Geld gemacht.

Auch habe ich als Krankenschwester einen guten Ruf.

Aber was nutzt ein guter Ruf alleine?

Kann er einem das Leben zurückbringen?

Wie in der Bibel steht:

Es wurde Nacht.

Es wurde Morgen.

Das Leben ist aber inzwischen weg. Ohne dass ich es gemerkt hätte.

Ich war über 45. Die Zeit, in der die Regel aufhört. Da wurden die Eltern und die anderen wach. Ich auch.

,Ist es nicht Zeit, dass Du heiratest?' So schrieb mir mein Vater. Wer will mich denn heiraten? Wozu soll ich heiraten? Was nutzt jetzt eine Heirat? Hör mir zu. Ich bin eine Frau. Ich habe auch Bedürfnisse. So begann ich sehr, sehr spät im Leben die Reise in meine Bedürfniswelt. Nach einer langen Reise traf ich Hoffmann und heiratete ihn. Wie eine Milchkuh mit getrockneten Eutern zum Schlachthofpreis verkauft wird, sagte eine Freundin und machte sich über mich lustig. Das war aber kein Scherz. Reine Wahrheit, nicht wahr?

Hoffmann ist fünf Jahre jünger als ich. Er ist bereits zweimal verheiratet gewesen. So kam er in mein Leben. Kein schlechter Typ. Nur ist er wie viele andere Menschen hier. Ich habe volle Freiheit, er auch.

Auch wenn wir sehr alt sind, hängen wir sehr an Papa, Mama und den Geschwistern. Aber sie sind in dieser Frage überhaupt nicht sentimental. Die eigenen Dinge gehen ihnen über alles. Nichts ist wichtiger für sie, als das eigene Glück, die eigene Bequemlichkeit.

Hoffmann sagte mir sehr offen, er habe kein Geld. Er muss den beiden geschiedenen Frauen Unterhalt zahlen. Dann ist sein Portemonnaie leer. Ich unterstütze ihn kräftig mit Geld. Ich erwarte, dass er in seinem Geschäft Erfolg haben wird. Er verkauft Ersatzteile. Wenn er weiterkommt, ist es toll. Man erntet, was man sät.

Hast du Hunger? Iss diese Cashewnüsse, den Apfel. Iss irgendwas. Das Abendessen nehmen wir draußen ein. Möchtest du Acchappam und Mavunda aus der Heimat haben? Meine Freundin Gracy hat sie letzte Woche aus Kerala mitgebracht. Sie ist aus Karukachal. Ich habe eine Menge davon. Soll ich welche für dich holen?

Du hast mich über das Leben in Deutschland ausgefragt, über die Geschichte der indischen Krankenschwestern hier. Ich habe dir aber bis jetzt nur von mir selbst erzählt. Das hat dich vielleicht sehr gelangweilt. Vielleicht habe ich nichts gesagt, worüber du schreiben kannst. Ich weiß auch nicht, was du genau von mir wissen willst.

Unser Leben besteht darin, sechs Tage zu arbeiten und am siebten Tag in die Kirche zu gehen. In dieser Stadt leben allein ca. 100 Malayali-Familien. In der Kirche haben wir das Gefühl, wir seien in Kumbanad. Wenn wir in die Kirche gehen, ziehen alle Frauen Saris an. Die Männer tragen Mundu und Jubba. Von dieser Tradition nehmen wir selbstverständlich die hier geborene neue Generation aus. Sie machen, was ihnen gefällt, auch in Bezug auf die Kleidung. Wir haben nichts mehr zu bestimmen.

Sonntags hat man ein bisschen Ruhe. Ich gehe auf den Markt und kaufe etwas Tapioka und Fisch. Diese Tapioka kommt aus Lateinamerika. Schmeckt viel besser als die Tapioka aus unserer Heimat.

Wir sieben Mädchen, die am Anfang da waren, kommen manchmal zusammen. Alle anderen haben längst Familie. Ich aber habe, wie gesagt, sehr spät geheiratet.

Kind, wenn du mich fragst, was ich in diesem Leben geleistet habe, kann ich folgendes sagen: Ich habe die ganze Familie aus dem Sumpf geholt. Sie lebt heute wohlhabend. Ich habe vier jüngere Geschwister. Vier Mädchen und ein Junge waren wir insgesamt. Die Mädchen sind alle längst verheiratet. Finanziell sind sie alle gut dran. Der Bruder hat auch geheiratet. Er lebt mit seiner Familie in Dubai.

An Geld fehlt es mir heute nicht. Richtig zu leben begann ich aber leider zu spät. Was ich mit 25 hätte haben sollen, habe ich jetzt, mit 50.

Es war mein Herzenswunsch, rechtzeitig jemanden aus der Heimat zu heiraten und eine Familie zu gründen. Dieser Wunsch wurde aber nicht erfüllt. Das macht nichts, Susamma klagt niemanden an. Ich glaube aber nicht, dass ich noch Kinder kriegen kann."

„Susamma Hoffmann, Ihr Whisky hat mich aus der Fassung gebracht", sagte ich, etwas unbeholfen. Ich schwitzte stark, fühlte mich sehr schwach.

„Susamma Hoffmann, wie oft haben Sie Kerala besucht?"

„In den letzten 30 Jahren sieben oder acht mal", sagte sie. „Für Hochzeiten und Taufen. Um die Heimat zu erleben, brauche ich nicht immer nach Kerala reisen. Ich kann hier sitzen und die Heimat richtig riechen. Die Lieder, die wir aus den alten Zeiten kennen, kann ich hören.

Die Fußwege von damals.

Die einfachen Straßen.

Die voll gestopften Busse.

Die Lebensmittelgeschäfte.

Die Kerosinbehälter.

Diejenigen, die auf dem Kopf Fisch bringen und Krawall machen."

Susamma Hoffmann stand auf. Sie schwankte etwas, zusammen mit ihrem Hauskleid und dem Rotwein in der Hand.

„Ich werde mich schnell umziehen", sagte sie laut aus dem Schlafzimmer.

Ich wartete.

Das Haus war alt und aus Holz gebaut. Wenn man durch das Fenster schaute, konnte man sich in der Dunkelheit wie vor Schmerzen hin und her biegende Bäume sehen. Auf der anderen Seite standen lichtbetrunkene Riesengebäude und Türme. Wie eine Goldschnur flossen die Fahrzeuge die Straße entlang.

Plötzlich kam Musik aus dem Schlafzimmer.

„By the rivers of Babylon

Where we sat down ...."

Als sie herauskam, erkannte ich Susamma Hoffmann kaum wieder.

Jeanshose mit Jacke und Sportschuhen.

„Wir saßen am Ufer in Babylon. Als wir uns an Zion erinnerten, weinten wir." Sie sang, mit Rotwein im Kopf, und wischte sich die Tränen ab.

Wir gingen gemeinsam hinaus.

Der elfte Finger

Es waren bereits einige Berichte in Zeitungen erschienen, die Susamma Hoffmann als echte Vertreterin ausländischer Malayali-Frauen darstellten. Daraufhin waren auch schon einige Reaktionen veröffentlicht worden, wie etwa mit dem Titel: „Susamma Hoffmanns Geschichte, auch unsere."

An dem Tag gingen wir zum Abendessen in ein marokkanisches Restaurant. Nach ihrer Tradition hießen sie uns mit einer brennenden Kerze willkommen. Sie ließen uns auf einer auf dem Boden ausgebreiteten Matratze Platz nehmen. Dann kamen die Kellner und wuschen uns die Hände.

Das Essen wurde traditionsgemäß in sieben Gängen serviert. Am besten schmeckte das Hähnchenfleisch, zubereitet in Reismehl mit Gewürzen und Zucker. Die anderen Gerichte schmeckten fremd.

Die Susamma Hoffmann im Restaurant war eine ganz andere als Susamma Hoffmann zu Hause. Im Gespräch mit anderen war sie sehr formal und reagierte auf Fragen in feinem Deutsch. Sie war süß, aber auch streng.

Am nächsten Morgen weckte mich Susamma Hoffmann. Wie waren wir nach dem Abendessen zurückgekommen?

„Sie wussten von nichts. Sie Armer! Einfach eingeschlafen. Ich habe Sie ins Auto geschoben und hierhergebracht", sagte Susamma Hoffmann und brachte mir eine Tasse Tee.

Jetzt würde ich eine einwöchige Ausbildung an der Münchner Uni absolvieren. Danach mich von Susamma Hoffmann verabschieden. Wir werden voneinander nie Abschied nehmen können. Die Reise geht nie zu Ende.

Im Tageslicht zeigte mir Susamma Hoffmann ihre grauen Haare. Ihre geschwollenen, gealterten Augen. Sie zeigte mir auch den Schmerz ihres Herzens.

Um mir die Sehenswürdigkeiten in der Umgebung zu zeigen, nahm sie einen Tag Urlaub. Wir brachen auf, um den berühmten Schwarzwald und die dortigen Klöster zu besuchen. Susamma Hoffmann holte ihren Mercedes aus der Garage. Sie liebte schnelles Fahren – 150-160 km pro Stunde. Bald verließen wir die alten Straßen. Als wir an den Baumgruppen und Schafherden vorbeifuhren, erklang ein altes Theaterlied schwebend aus dem Auto:

„Über dem Kopf ist leerer Himmel. Unten, die Wüste."

Vor einem alten Klostergebäude hielt der Wagen.

„Dies ist ein bekannter Ort," sagte Frau Hoffmann. „Eine bekannte Sorte Wein namens „Elfter Finger" ist mit diesem Kloster verbunden. Es gab einen Priester-Aspiranten in diesem Kloster, dem nach Wein gelüstete. Damals waren im Kloster Sex und Alkohol verboten. Wein war nur ein Bestandteil des Essens, wie bei mir.

Gestern habe ich Rotwein getrunken und Sie Whisky. Ich konnte mich danach an alles erinnern, aber Sie haben alles vergessen."
Wir gingen durch die fremden Korridore des Klosters, fasziniert von den Holzschnitzarbeiten, und bewunderten die hohen Türme. Auf dem Hof waren Schwäne und Eichen zu sehen. Drinnen wehklagten die Fledermäuse ab und zu in ihrer uralten Sprache.
Was Susamma Hoffman erzählte, habe ich wie folgt in Erinnerung: In diesem Kloster waren damals über 2000 Priester-Aspiranten. Sie standen morgens und abends Schlange, um Wein zu trinken. Da es nicht praktisch war, 2000 Weingläser zu verteilen, hatte man auf Säulen eine Rinne aufgebaut und ließ Wein darin fließen. Die Aspiranten konnten daraus beliebig Wein mit der Hand schöpfen und trinken. Die Geschichte besagt, dass einmal ein weinsüchtiger Priester betete: Lieber Gott, schenke mir noch einen elften Finger, um mehr Wein auf einmal schöpfen und genug trinken zu können. Eine gute Sorte Wein aus dieser Gegend wurde später als Elffingerwein bekannt. So ging die Geschichte. In gewisser Weise bin ich auch wie der weinsüchtige Priester-Aspirant. Ich bete: Lieber Gott, gib mir auch ein langes Leben, damit ich reichlich daraus schöpfen kann."

Eine der Jungfrauen

Januar 2004.
Die kleine Stadt Hopsten in der Nähe von Münster.
In dem großen Seminarhaus von Hopsten waren Hunderte von Keralesen zusammengekommen. Sie hängten ihre Taschen und Sorgen an die Eichen im Hof. Es fand eine Veranstaltung statt, um 50 Jahre Einwanderung der Malayalis nach Deutschland zu feiern. Die Migranten der ersten Jahre sowie junge Einwanderer waren dabei. Also eine gemischte Gesellschaft von Menschen unterschiedlichen Alters.
Im Allgemeinen hatten ihre Geschichten denselben Lauf:
Sie kamen hier an.
Sehr viel geschuftet.
Wirtschaftlich viel erreicht.
Aber das Leben?

So gesagt, wessen Leben ist ganz anders, viel perfekter?

Viele erzählten über Verluste und Gewinn im Leben. Es wurde mir langweilig. Ich ging in den Hof. Die deutschen Dörfer, die ich vor 14 Jahren gesehen hatte, hatten sich nicht sehr verändert. Es gab immer noch Dorfbewohner hier, die fremde Menschen auf dem Weg anlächeln und freundlich grüßen. Menschen waren unterwegs, um die Straßen zu verschönern. Pflanzen voller Blüten schmückten die Eisenbahnlinien.

Ich ging zu den älteren Menschen, die im Hof in der Sonne saßen. Sie sagten: „Wir gehören zu den ersten Einwanderern. Diejenigen, die in den sechziger und siebziger Jahren kamen. Wir sind nicht zurückgekehrt. Das war nicht möglich. Warum sollten wir auch zurückgehen? Menschen kommen von irgendwoher, gehen irgendwohin. Hat irgendjemand eine blasse Ahnung? Kein heiliges Buch, kein Heiliger, hat auf diese Frage eine genaue Antwort gegeben."

„Die Nachricht, dass die aus Kerala stammenden Inder aus verschiedenen europäischen Ländern hier in Hopsten zusammenkommen, hat in unseren Zeitungen Schlagzeilen gemacht. Deshalb bin ich gekommen", sagte ich.

„Wir können heute keine Schlagzeilen mehr machen", sagte eine ältere Frau. „Wir sind Menschen mit abgeschlossenem Leben. Diejenigen, die ihre Gesundheit und ihren Reichtum verausgabt haben. Menschen, die sich am Ende ihres Lebens nach Altenheimen sehnen."

Im Saal und draußen im Hof fanden viele Programme statt. Gespräche zwischen Eltern und Kindern. Begegnung der Frauen, die deutsche Männer geheiratet hatten. Zusammenkunft der Männer, die mit deutschen Frauen verheiratet waren (wenige an der Zahl). Kulturprogramme der Teilnehmer, die aus anderen europäischen Ländern angereist waren. Deutsche Frauen in indischen Saris und indische Mädchen in europäischer Kleidung gingen nebeneinander her.

Während ich an der Begegnung der mit Deutschen verheirateten Frauen teilnahm, erinnerte ich mich plötzlich an Susamma Hoffmann. Ich fragte einige Anwesenden, ob sie aus Düsseldorf kämen.

Die meisten wussten nichts von Susamma Hoffmann. Am Ende meiner Suche sagte mir einer der Organisatoren: „Warte, wir werden einen Weg finden. Es gibt doch einige Familien, die aus Düsseldorf gekommen sind."

Man führte mich dann zu einer anderen Gruppe. Ich wurde willkommen geheißen. Als ich dann Susamma Hoffmanns Namen und Anschrift nannte, brach eine alte Frau in Tränen aus:

„Susamma Hoffmann ist zu Gott heimgegangen", sagte sie. „Sie hatte Krebs. Am Ende ihres Lebens war sie sehr alleine. Als sie krank wurde, hat Herr Hoffmann sie verlassen. Auch wenn sie durch die Krankheit nicht gestorben wäre, hätte sie Gift genommen und sich selbst getötet. Ich bin sicher, dass Susamma Hoffmann zu Gott gegangen ist."

Ich erzählte ihr die Geschichte meiner Bekanntschaft mit Frau Hoffmann. Auch über meine Begegnung mit ihr vor 14 Jahren.

Sie erzählte weiter: „Wir waren sieben Mädchen, die zusammen gekommen sind. Eigentlich sind wir nicht gekommen, sondern gebracht worden. Susamma war viel tüchtiger als ich. Gott lädt diejenigen, die er mag, sehr früh in den Himmel ein. Er lebt schließlich dort sehr alleine, nicht wahr? Um Gesellschaft zu haben in seiner Einsamkeit, sucht er die besten Menschen aus und nimmt sie zu sich in sein Reich. So hat er Susamma auch genommen. Die restlichen sechs trafen heute hier zusammen und erinnerten sich an Susamma. Wir besuchten sie auf dem Friedhof. Kind, sie schläft dort ruhig!

Ich habe nicht geheiratet. Dafür war die Situation nicht günstig. Wir hatten viele Verpflichtungen zu Hause. Als wir die Probleme einigermaßen in Griff bekommen hatten, war ich schon zu alt, um zu heiraten. Ich war keine geeignete Braut mehr, die auf einen Bräutigam wartet!"

Wir saßen unter der Eiche, von der die Handtaschen und die Trauer der Versammelten herunterhingen. Dort sitzend erzählte Susammas Freundin ihre Geschichte weiter: „Susamma heiratete im späten Alter. Ich hatte dazu keine Lust. Als wir es zu Wohlstand gebracht hatten, war bereits das Öl in den Lampen von uns Jungfrauen verbraucht. Ich weiß nicht, ob sie die Geschichte kennen, die in der Bibel steht. Es geht um die sieben Jungfrauen, die auf den Bräutigam warteten. Sie warteten mit brennenden Lampen, gefüllt voll mit Öl. Sie warteten sehr lange, bis es spät wurde. Sie schliefen dann ein. Als schließlich der Bräutigam das Brautgemach betrat, bekamen sie nichts davon mit.

Wissen Sie, was ich getan habe? Ich habe eine Schwarzafrikanerin adoptiert. Sie lebt heute bei mir. Ich bin gesundheitlich angeschlagen. Ich kann nicht mehr Auto fahren.

Ich denke manchmal nach, wofür das ganze Leben gut gewesen ist. Ich und meine Freundinnen, die wir aus einem kleinen Dorf in Kerala stammen, sind irgendwie auf diesen Kontinent gekommen. Wohlstand und Geld wurden uns allen zuteil. Aber nur einigen das richtige Leben. Vielleicht ist es kein Muss, dass man im Leben alles bekommt. Kind, trotzdem habe ich ein komisches Gefühl, Zweifel. Gewiss, über das menschliche Leben kann man nicht viel Verbindliches sagen. Wie viele Predigten habe ich bisher gehört, wie viele Seiten des heiligen Buches gelesen! Trotzdem verstehe ich nicht viel vom Leben. Manchmal habe ich das Gefühl, dass das Leben wie der Schnee ist, der auf den deutschen Boden fällt. Mal schmilzt er schnell, mal wird er hart und bleibt lange liegen. Nicht wahr?"

Als ich nochmals nach Susamma Hoffmann fragte, wurde sie traurig. „Wenn Sie sie so gemocht haben, dann kommen Sie mit mir. Ich zeige Ihnen die Fotos von ihrer Beerdigung."

Später stieg ich in das Auto von Susamma Hoffmanns Freundin ein. Die große dicke Afrikanerin machte die Tür auf. Sie fuhr das Auto blitzschnell.

„Meine Tochter."

„Hi!"

„Hi!"

Vor dem Haus half sie der Mutter beim Aussteigen.

Das Haus war aus Holz. In der Ferne war eine Gebirgskette zu sehen. Zu trinken bekam ich Saft. Ich betrachtete die Bilder. Susamma Hoffmanns Freundin erklärte jedes Bild. Als ich mich schließlich verabschieden wollte, fragte sie: „Möchten Sie mit mir einen Schluck Rotwein trinken?"

Ich lehnte nicht ab.

Susamma Hoffmans Freundin verschwand schnell und kam umgezogen zurück. Sie trug ein violettes Hauskleid. Auf ihrem ausgestreckten Finger – es schien, als ob sie damit den schnellen Lauf der Zeit aufhalten wollte – sah ich einen Ring mit dem Gesicht der schmerzensreichen Mutter Gottes. An der Silberkette um ihren Hals hing der mit dem Tod ringende Jesus Christus.

In diesem Augenblick blieben im Zimmer nur ich, der Rotwein, die Weingläser, das Hauskleid und Susamma Hoffmann zurück. Rotwein ist das Blut derer, die wir lieb haben.

Ich machte das Glas schnell leer. Wir tranken noch ein Glas aus.

Plötzlich hörte ich aus dem Hinterzimmer:

„By the rivers of Babylon

Where we sat down …"

Wir saßen am Ufer in Babylon. Wir erinnerten uns an Zion und weinten. Wir haben unsere Sorgen …

Wie Susamma Hoffmanns Freundin wischte sich auch die Afrikanerin ihre Tränen ab.

Nilakurunje

T. P. Rajeevan

Wir sind gemeinsam aufgebrochen
nicht aus demselben Grund.
Und wo wir hinwollen, ist nicht
derselbe Ort

Wir haben nicht dieselbe
Farbe, nicht denselben Duft,
nicht denselben Geschmack,
nicht dieselbe Tonart.
Auch wenn wir beide immerzu sprächen,
egal was du mir sagst,
egal was ich dir sage,
es bleibt unverstanden.

In zwei
in Gegenrichtungen
fahrenden
Fahrzeugen
sind wir unterwegs.

Die an uns
vorbeirasenden Bäume,
Straßenlaternen,
vom Tempo verzerrte
Gesichter, Straßen, Dörfer,
nur auf uns blickende nahende Berge,
Felsgruppen, Türme, die brachliegenden Felder,
die Ernten, der all dies begrenzende Horizont,
die Streifen von Wolken darin –

all das
immer ein anderes Anderes.

Vor der zwölften Kurve,
zum kurzen Halt,
zur Ausstiegsmöglichkeit,
schlüpft Nilakurunje, das blaue Kraut,
durch die Ritzen
von Fenstern, von Türen.
Da ruhst du müde an meiner Schulter.

Auf dem ersten Transport in
die bisher von niemandem
betretene Stadt,
schlummere ich, meinen Kopf gebettet in
deinen Schoß.

Gelobt sei der Herr!

Paul Zacharia

Ansy am Tag

Am liebsten sitze ich einfach nur so da. Ich ziehe meinen Lehnstuhl auf die Veranda und sitze da, den Blick auf den Innenhof gerichtet. Die Landarbeiter gehen ein und aus. Hin und wieder ruft Ansy aus der Küche und fragt mich etwas. Tapioka, Reis und Muskat sind im Hof auf Matten zum Trocknen ausgelegt. Dahinter erblicke ich Pfefferpflanzen, Kokospalmen, Kautschuk- und Kakaobäume, die dort wild wachsen. Von Zeit zu Zeit kommen Bettler vorbei. Manchmal schaut der Vikar herein, wenn er spazieren geht. Und ab und zu kommen Verwandte und Freunde vorbei, um uns zu einer Hochzeit oder einem anderen Fest einzuladen. Für gewöhnlich kippe ich noch einen Whisky vor dem Mittagessen, den Ansy einschenkt und für mich mit auf den Tisch stellt. Vor meinen abendlichen Chapatties kommen noch zwei weitere Drinks hinzu. Die hole ich mir nach meinen Gebeten selbst aus der Flasche im Schrank. Das Rauchen habe ich schon lange aufgegeben. Ansy kann Tabakgeruch nicht ertragen.
Und so sitze ich auf der Veranda und halte Ausschau. Sonnenschein und Regen wechseln sich ab. Die Hühner rennen umher. Die Kinder spielen. Eine Kuh reißt sich von ihrer Leine los und spaziert herein. Oder die beiden Hunde spielen Fangen. Die blühenden Pflanzen schaukeln in der Brise. Ich bin zufrieden, hier zu sitzen, all dem zuzusehen und nirgendwo hin zu müssen.
In den fünfunddreißig Jahren habe ich nicht eine Nacht in einem anderen Haus verbracht, wenn ich es irgendwie vermeiden konnte. Wenn der Abend hereinbricht, muss ich einfach hierher heimkehren. Als Junge schlief ich manchmal drüben in Mutters Tharavadu. Und den einen oder anderen halben Tag verbrachte ich wohl auch in Ansys Elternhaus, um meiner Anwesenheitspflicht bei Beerdigungen

und Hochzeiten nachzukommen. Doch sind diese Veranda und dieser Hof alles, was ich wirklich brauche.

Ich verlasse das Haus nur, wenn ich die Kinder an der Mahindra-Schule absetze. Ich habe ihnen gesagt, sie können im Bus zurück fahren. Kinder sollten nicht schon so jung ans Autofahren gewöhnt werden. Ich fahre den Landmaster nur am Sonntag zum Kirchgang aus, den allerersten Wagen, den mein Vater vor so vielen Jahren gekauft hat. Bis zum heutigen Tag hat er nicht einen Kratzer abbekommen. Nur bei genauem Hinhören macht sich der Motor bemerkbar. Das Auto ist so alt wie ich. Und noch immer gibt der Motor kein beunruhigendes Geräusch von sich.

Am frühen Morgen begleite ich die Kautschuksammler zu einem kurzen Rundgang über das Gut. Wenn dann die anderen Arbeiter eingetroffen sind, laufe ich alles ab, um zu kontrollieren, was sie machen. Das wiederhole ich später am Tag noch einmal, wenn die Hitze nicht mehr so stark ist. Dann und wann gehe ich zur Kautschukhalle, um zuzusehen, wie das Latex gepresst wird. Das ist alles, was man tun muss. Das Ganze läuft wie von selbst. Was wir dazu tun müssen, ist, genaue Anweisungen zu geben. Es besteht keine Notwendigkeit, hin- und herzulaufen und Stress zu verbreiten. Wachsen denn Kräuter, Bäume und Knollen aus Ehrfurcht vor uns? Das tun sie schon von selbst. Ebenso produzieren Kautschukbäume ihren Saft allein. Wir müssen sie nur machen lassen.

Doch der Gedanke an das, was in der letzten Woche eines Abends geschah, versetzt mir einen Schlag. Bin ich noch derselbe wie vorher? So etwas kann nur in einem anderen Zeitalter geschehen! Das heißt aber nicht, dass ich beunruhigt bin oder dergleichen. Oh nein, was sollte daran beunruhigend sein? Solche Dinge geschehen einfach nicht alle Tage, selbst wenn wir es wollten. Wie ich hier so sitze und den leuchtenden Sand im Hof beobachte, muss ich über all die Verwirrung schmunzeln. Gerade heute Morgen fragte mich Ansy: „Joy, warum sitzt du hier und kicherst? Träumst du mit offenen Augen?"

„Es ist nichts, Ansy", sagte ich zu ihr. „Ich habe mich bloß über das Glitzern des Sandes im Hof gefreut." Sofort kam sie zu mir hoch und beugte sich über mich, um an meinem Gesicht zu schnuppern.

„Wenn man dich so reden hört, könnte man meinen, du seiest heute früh schon an der Flasche gewesen, ohne dass ich es bemerkt hätte", sagte sie. Ansys Gesicht duftete nach feinem Cutticura-Puder. Ich streckte die Hand aus und kniff in ihren weichen Hintern. Sie flüchtete in die Küche. Ja, das sind die Freuden des Familienlebens.

Ich habe nicht das Bedürfnis, in der Welt herumzukommen und mehr Wohlstand zu erwerben, als ich schon habe. Nicht im Geringsten. Das Einkommen aus diesem Besitz reicht völlig aus, um damit die einzige Tochter, die ich habe, zu verheiraten. Sie ist erst zehn. Und der jüngere Sohn ist acht. Diese Plantage, das Haus, all die Segnungen, mit denen Gott mich überschüttet hat, für wen sind sie bestimmt, wenn nicht für diesen kleinen Racker. Noch nicht mal mit ein, zwei weiteren Kindern hätte ich Sorgen. Doch Ansy spielt nicht mit. Für mich ist das okay. Wenn sie keine mehr will, ist das ihre Sache. Wenn man drüber nachdenkt, ist sie ja diejenige, die sie neun Monate lang austrägt, sie wickelt, in den Schlaf wiegt, aufpasst, dass sie sich nicht wehtun, und sie gewissenhaft aufzieht, durch unzählige schlaflose Nächte hindurch. Soll sie doch selber bestimmen, ob sie noch mehr Babys will, nicht wahr? Ich jedenfalls bin allzeit bereit. Ich bin doch immer hier, nicht wahr, hier auf meinem Sessel. Sie muss nur ein Wort sagen, und schon kann es losgehen.

Wenn ich tagsüber unser Bett betrachte, fühle ich nicht selten Verlangen in mir aufsteigen. Und doch – in all diesen Jahren war es mir nicht möglich, Ansy bei Tageslicht anzurühren, nicht ein einziges Mal, egal, welche Tricks ich anwandte. Während es nachts nie Probleme gibt. Dann ist alles einfach. Nur, dass sie mich zur Vorsicht ermahnt: Keine Babys! Manchmal frage ich sie: „Ansy, erzählst du dem Priester bei der Beichte eigentlich, dass wir verhüten?" – „Ach, Gott weiß das eh' alles, oder nicht?", ist ihre Antwort darauf. „Wie sollte ich so was mit dem Priester besprechen?"

Frauen sind in einiger Hinsicht aus anderem Holz als wir Männer. Ich kenne Ansys Körper nur nachts, und da ist er immer von Schatten verschleiert. Also begleitet mich weiterhin die Frage, wie sie wohl bei Tage aussieht. Aber in unserem Haus gibt es – wie allgemein üblich – keinen einzigen Raum, dessen Türen tagsüber verschlossen wären. Der Anblick einer geschlossenen Tür wäre unangenehm. Es ist ein offenes Haus.

Neulich, als ich erfolgreich die Kinder mit dem Dienstmädchen ins Kino geschickt hatte, beschwatzte und köderte ich Ansy ins Bett und hatte gerade erst angefangen, mich an ihrem Anblick zu erfreuen, als ich jemanden vom Hof herein hüsteln hörte. Die Frau des Zimmermanns, die auf dem östlichen Nachbargrundstück wohnt, kam mit ihren Kindern, um sich einen Malayalam-Film im Fernsehen anzusehen. Wie könnte ich sie nicht schauen lassen? Ihr Mann ist der einzige Ashari, der sich dazu herablässt, niedere Arbeiten zu verrichten. Wo findet man heutzutage noch einen Handwerker, der das tut? Doch mein Werk, mein „Ansy-am-Tag-Werk", blieb unvollendet.

Die Ankunft der Liebenden

Alles, was ich über Delhi weiß, habe ich in der Zeitung gelesen. Ich weiß, dass es dort sowohl sehr kalt als auch sehr heiß sein kann und dass Leute wie Clinton und Gorbatschow die Stadt besuchen. Dann habe ich noch im Fernsehen die Parade zum Nationalfeiertag gesehen mit ihrer Staub aufwirbelnden Aufdringlichkeit. Ich hab es bis hier oben, mir so etwas anzusehen. Trotz der ganzen Paraden und all dem anderen Schnickschnack kommen nicht weniger Bettler an unsere Tür, im Gegenteil! Und wenn ich die Arroganz dieser Delhiwalas sehe, schalte ich den Fernseher aus, gehe hinaus und setze mich auf die Veranda. Wird das arme Volk hier genug zu essen kriegen, nur weil diese Kerle in irgendeiner fremden Sprache zetern und fluchen? Ansy und den Kindern macht das alles aber gar nichts aus. Die schauen sich alles ausnahmslos an.

Denken Sie einmal nach: Ein Problem reist den langen Weg von Delhi hierher und kriecht in dieses mein Haus hinein, das am anderen Ende des Landes liegt. Es war unser Freund Sunny, der Anwalt, der die Sache übers Telefon ins Rollen brachte. „Joy, es gibt da ein kleines Problem, ich bräuchte Hilfe bei etwas. Kann ich vorbeikommen?", fragte er. „Komm, Sunny, komm", sagte ich. „Ich sitze sowieso bloß hier herum und tue gar nichts." Und ich rief ins Haus: „Ansy, unser Vakil-Saar ist auf dem Weg hierher. Halte Kaffee und ein paar Snacks bereit! Hast du noch von den Achappams, die deine Ammachi uns neulich geschickt hat?" – „Dann hast du jetzt also einen Abnehmer für die Achappams, an denen du damals etwas auszusetzen hattest, nicht wahr?" Ansy lachte triumphierend. Ich sagte ihr, ich nähme meine Worte von damals zurück. Warum unnötig mit Frauen streiten? Wenn du sie glücklich machst, gibt es auch keine Probleme.

Einige Zeit später kam Sunny an. Er gibt sich bescheiden, aber er ist trotzdem ein guter Anwalt. Außer, dass er sich in letzter Zeit ein wenig mit dem Kerala-Congress-Virus angesteckt hat. Keine Ahnung, wie das passiert ist. Ich halte dies aber keineswegs für ein Problem. Denn schließlich haben wir unzählige Abenteuer miteinander erlebt, beim Tauchen und Paddeln und beim Verführen von jungen Wäscherinnen an der waldigen Uferböschung!

Devakis Gelächter hatte in jenen Tagen den schimmernden Glanz der Kleider, die sie wusch. Sobald sie uns erblickt hatte, waren eine Weile keine Waschgeräusche mehr zu hören. Devaki roch stets nach feiner Waschseife. Als wir eines Tages auf den belaubten Zweigen saßen, die wir hinter den Büschen für unsere Schäferstündchen auslegen mussten, sagte sie lächelnd zu Sunny: „Sunny-Cha, es war dein Mundu, den ich gerade wusch, als ihr nach mir gerufen habt." – „Hey, dann sitz hier nicht herum, geh sofort wieder zurück! Diesen Mundu will ich morgen zu einer Hochzeit tragen. Verdirb mir nicht das Fest!", entgegnete Sunny. Wen wundert's, dass aus ihm ein Vakil geworden ist?

Jedenfalls ist er irgendwie in diese Kerala-Congress-Falle hineingeraten. Wie peinlich! Mich würden sie da niemals rein bekommen. Wie viel Mani-Saar auch immer erreicht haben mag, ich werde meine Loyalität nicht der Congress-Partei entziehen, die schon mein Vater gewählt hat. Niemals. Komme, was da wolle, dieser Congress ist eine Familientradition. Schließlich gibt es in jeder guten Familie den einen oder anderen Tunichtgut.

Sunny parkte seinen Maruti – und dieser verrostete Maruti ist ein Auto, dessen Anblick ich nicht ertragen kann, eine Schrottkarre,

nicht einmal Wert, auf unseren Straßen von einem Ambassador ab-
geschleppt zu werden – parkte ihn unter dem Casuarina-Baum auf
dem Hof. Er kam mit einem sehr ernsten Gesicht und setzte sich auf
einen Stuhl. Keine Spur seines üblichen Lächelns. Er rief auch nicht
nach Ansy, um sich nach ihrem Befinden zu erkundigen. „Was ist
los, Sunny?", fragte ich. „Warum so ernst? Hat sich dein Kerala-Con-
gress mal wieder gespalten? Oder hat einer deiner gekauften Zeugen
die Katze aus dem Sack gelassen? Oder hast du dir Aids eingefan-
gen? Was ist los?" Mit gedämpfter Stimme sagte er: „Joy, es ist besser,
wenn Ansy davon nichts hört. Lass uns zum Reden in den Hof gehen." Ich ging mit ihm hinter den Zaun, hinter dem der Kakaobaum
und der Muskat standen.

Dann sagte Sunny zu mir: „Hör mal, Joy, ich müsste wohl ein oder
vielleicht zwei Leute hier verstecken." Ich erstarrte. Du lieber Himmel, Leute in meinem Haus verstecken? Wovon redet er? Das einzige
Mal, dass ich gesehen habe, wie sich jemand versteckt, war in meiner Kindheit, als Ichachan sich vor den Bettlern in der guten Stube versteckte. Und dann haben wir doch alle in der Zeitung gelesen,
dass sich die Mörder von Rajiv Gandhi in Bangalore oder einer anderen Stadt verstecken! Bittet er mich etwa darum, einen Mörder zu
verstecken? Wie soll das möglich sein in diesem Haus, in dem ich so
glücklich mit Ansy und den Kindern lebe? Ich stand eine Zeitlang
sprachlos vor ihm und starrte ihn an. Dann sagte ich: „Hey, Sunny
bist du wahnsinnig? Wie könnte ich in meinem Haus Mörder verstecken, wenn Ansy und die Kinder da sind? Kennst du mich wirklich so schlecht?" Er packte mich an den Schultern und sagte: „Bin
ich ein solcher Trottel, Joy? Das sind keine Mörder, es sind ein Mädchen und ein Junge." – „Wie? Ein Mädchen und ein Junge?" – „Ja. Sie
sind verliebt!"

Ich ging darauf ein. In meinem ganzen Leben hatte ich kein Liebespaar von Angesicht zu Angesicht gesehen. Ich habe sie in Filmen gesehen. Aber Filme sind nicht echt. Und ich habe über sie in Romanen gelesen. Aber die sind auch nicht echt. Aber ich wusste, dass
diese Sorte Menschen, die man Verliebte nennt, tatsächlich existiert.
Da gibt es so viele Berichte in den Zeitungen über verliebte Selbst-

mörder. Und noch viel mehr über solche, die sich auf Polizeirevieren verheiraten lassen. Aber aus Fleisch und Blut hatte ich solche Leute noch nie gesehen.

Wir hatten einmal eine Schmiedstochter und einen Ezhava-Jungen in der Nachbarschaft, die verliebt waren. Aber ich habe sie nie zusammen gesehen. Das einzige Mal, dass ich sie tatsächlich gesehen habe, war, nachdem jemand angelaufen gekommen war, um uns zu erzählen, dass sie aufgeknüpft an einem Gummibaum an der Westseite unserer acht Morgen Land hingen. Pappi, der Kautschuksammler, war um vier Uhr in der Frühe mit seiner Helmlampe aufgebrochen, um Kautschukbäume zu ritzen. Als er sein Messer an jenen Baum anlegte, spürte er, wie etwas seine Schulter entlangstreifte. Erschrocken wandte er sich um und sah sie im Schimmer der Helmlampe, alle beide, hin und her schwingend, mit einander zugewandten Gesichtern. Es war der Fuß des Mädchens, der ihm auf die Schulter getippt hatte. Er rannte, schrie, sprang in den Fluss und schwamm flussabwärts. Bis heute weiß niemand, wo die 300-Rupien-Lampe abgeblieben ist. Pappi lag einen Monat lang mit Fieber im Bett. Noch heute überfällt ihn dann und wann ein Schauder. Den Baum musste ich fällen. Das muss man sich mal vorstellen! Das war ein Baum, der mir jeden Morgen noch vor acht Uhr drei Kokosnussschalen voll Kautschuksaft geschenkt hatte.

Ich frage mich, ob Menschen sich verlieben, um so zu enden? Wie viel besser ist es da, verheiratet zu sein wie ich und seine Frau bei Laune zu halten, anstatt aus Liebe den Tod zu suchen. Ich will ehrlich sein: Nachdem ich Ansy geheiratet hatte, habe ich nie wieder geflirtet, nicht einmal mit einer Bauernmagd. Unbewusst warf ich vielleicht einen verstohlenen Blick auf die eine oder andere Küchenhilfe. Doch wenn ich an Ansys zornigen Blick dachte, falls sie mich dabei erwischen würde, ließ ich meine Augen schnell weiterwandern.

Ein anderes Mal, als wir in Goa waren, um uns die Reliquien von St. Francis Xavier anzusehen, haben Sunny, Kuttichan, Tommy und ich drei oder vier Fenis gekippt und sind zum Strand gegangen, um unseren Frauen zu entwischen. Dort hatten wir nichts Besseres zu tun, als auf die Hintern und Brüste von weißen Frauen zu glotzen.

Doch wofür sollte das gut sein? In welcher Sprache sollten wir uns an sie heranmachen? Außerdem ist Aids heutzutage zu weit verbreitet. So hingen wir eine Weile herum, kehrten zurück, kauften noch zwei Flaschen Feni, dazu gutes, frittiertes Schweinefleisch und freuten uns des Lebens. Als ich am nächsten Morgen erwachte, sagte Ansy: „Du bist schamlos, Joy!" – „Tut mir leid, Ansy, ich hatte ein paar Fenis zu viel getrunken." – „Ja, das kenne ich schon. Aber was hast du da im Schlaf gebrabbelt?" – „Was?", fragte ich. „‚Mäddäm, wott is jua näim? Kamm hia ei law ju!', das waren deine Worte, Joy. Zum Glück haben die Kinder geschlafen", sagte Ansy. Ich war benommen, als hätte mir jemand einen Schlag verpasst. „Ansy, meine Eine", sagte ich, „ich hatte einen Alptraum, ich sei schwer krank und läge in einem Krankenhaus, das von weißen Frauen geführt wurde. Ich muss gesagt haben ‚Ei giw ju', nicht ‚Ei law ju'. Ich sagte ihnen, sie sollten sich keine Sorgen machen, ich würde sofort bezahlen, sobald sie mir die Rechnung schickten. Erzähl bitte niemandem davon, Ansy, mein Herz. Bring mich nicht in Verlegenheit".

Ansy quälte mich endlos und schlug schließlich einen Handel vor: Ihr Schweigen gegen eine mit Brillanten besetzte goldene Halskette von drei Pavan, die sie in Mattathil Vakkachans Juwelierladen in Pala gesichtet hatte. So hat mich mein Ausflug schlappe zehntausend Rupien gekostet, nur weil ich die Originalgestalt einer weißen Frau hatte sehen wollen.

Ein Seelenanliegen

Ich sagte: „Wenn es Verliebte sind, Sunny, will ich es mit ihnen versuchen. Ich würde gerne wissen, was das für Geschöpfe sind. Hast du schon einmal welche gesehen?" – „Für mich ist es auch das erste Mal", sagte Sunny, „dich und Ansy natürlich ausgenommen." – „Vergiss das", sagte ich. „Ansy und ich sind ein gewöhnliches Ehepaar, das zusammenlebt wie gute Freunde. Wer redet da von Liebe? Ich komme noch nicht mal jeden Tag dazu, mich zu ihr zu setzen. Sind Liebende nicht Tag und Nacht in ständiger Umarmung?" Sunny stutzte.

„Was ist dieses Ding ‚Liebe' denn nun wirklich? Sind diese beiden nicht aus Liebe aus Delhi abgehauen? Was andererseits ist es, was du für Ansy und ich für Kochurani fühle?" – „Oh, das weiß ich nicht", sagte ich. „Es ist uns nicht vorherbestimmt, alles zu genießen. Wir hätten darüber nachdenken sollen, als wir jünger waren. Wir hätten darüber nachdenken sollen, als wir den jungen Wäscherinnen in den Büschen am Fluss nachgestellt haben. Damals hätten wir uns verlieben sollen." – „Das ist richtig", stimmte Sunny zu. „Was vorbei ist, ist vorbei", sagte ich. „Jetzt erzähl' mir noch schnell, was du sonst noch von ihnen weißt. Ich muss wissen, ob es dabei irgendwelche Schwierigkeiten gibt, denn dir muss klar sein, dass ich sie nicht hier verstecken kann, ohne Ansy davon zu erzählen." – „Ich werde es Ansy beibringen", sagte er. „Die ganze Sache hat noch einen Haken." – „Okay, dann sag schon. Ich unterstütze dich, wenn das Ganze nichts mit Selbstmord oder ähnlichen ernsten Dingen zu tun hat." – „Es hat nicht mit Selbstmord zu tun", sagte Sunny, „es hat mit der Seele zu tun."

Die wesentlichen Punkte seiner Ausführungen waren folgende: Der Junge und das Mädchen haben sich in Delhi kennen gelernt. Beide hatten gute Jobs. Sie war in Delhi zur Welt gekommen und aufgewachsen, doch ihr Vater gehört einer dieser bekloppten christlichen Sekten an. Sie sind zwar Katholiken, haben aber seltsame Pfade eingeschlagen. Der Junge stammt aus einer erstklassigen Familie aus Karimannur. Allein sein Anteil am Familieneigentum beträgt stolze siebenundzwanzig Acre einer Kautschukplantage. Sie begegneten einander bei einer dieser Zusammenkünfte der Gläubigen in Delhi – bei einem Einkehrtag, an dem Gottes Wort feierlich verkündet wird. Der Bursche war bereits ein Anhänger der charismatischen Bewegung und hatte früher sogar oft deren Zentrum in Pottah aufgesucht. Der Vater des Mädchens, der in Delhi ein großes Tier ist, zwang sie zur Teilnahme an diesem Einkehrtag, da sie sich wohl in Delhi in schlechte Gesellschaft begeben hatte. Man muss bedenken, dass sie eines von diesen Mädchen war, die sich in einer großen Stadt wie Delhi schon überall herumgetrieben haben, in Restaurants ein und aus gehen und Englisch und Hindi und was nicht noch alles sprechen. Dennoch gehorchte sie ihrem Vater und ging zu dem Einkehrtag. Und da passierte es, dass die beiden nun dort nebeneinander saßen und in die Hände klatschten und sangen. Wahrscheinlich haben die in Delhi keine getrennten Schlafsäle für Frauen und Männer, wie wir sie hier haben. Wie dem auch sei, da dies bei den charismatischen Veranstaltungen so üblich ist, legte er ihr die Hand auf den Kopf und sie tat dasselbe bei ihm. So wurden sie einander in die Arme getrieben. Und dann, wer weiß, sind sie wohl zusammen ins Kino gegangen, haben in Restaurants Kaffee getrunken, gemeinsam im Park gesessen, die Sterne gezählt, einander Briefe geschrieben und telefoniert. Kurz gesagt, sie verliebten sich.

„Und? Hat sie sich schwängern lassen?", fragte ich. „Ist das das Problem? Hör mal Sunny, ich werde mich nicht an einer Abtreibung beteiligen, ich hätte dabei kein gutes Gefühl." Sunny grinste verschmitzt und fragte: „Und wofür waren dann die dreihundertfünfzig Rupien, die du vor Jahren Black Cat Kuttiamma zugesteckt hast? Erinnerst du dich?" – „Sei still", sagte ich. „Damals hat sie mich hereingelegt, sie war weder schwanger noch sonst irgendwas." – „Erzähl mir doch keine Märchen", sagte Sunny. „Okay, okay, sag mir jetzt, was du willst", erwiderte ich.

„Eine Schwangerschaft ist nicht das Problem", sagte Sunny. „Ich habe nachgeforscht. Jemand hat der Familie des Jungen einen anonymen Brief geschickt, und so haben sie von der Beziehung erfahren. Diese Karimannur-Leute – eine erstklassige Familie, deren Ahnenreihe theoretisch direkt aus den Kirchenwänden hervor gesprossen sein könnte – würden nicht siebenundzwanzig Acres Kautschuk in RRIM 105-Qualität einfach so in den Wind schießen. Und das nicht nur, weil die Familie des Mädchens einer seltsamen Sekte im gottlosen Delhi angehört, sondern auch, weil die Linie ihrer Vorfahren nicht an ihre Ansprüche heranreicht. Von einem Stammbaum kann keine Rede sein, dazu kommen noch ein paar kastentechnische Probleme auf Seiten der Mutter – die entstammt nämlich einer Gruppe Bekehrter aus einer der untersten Kasten. Davon würdest du allerdings nichts feststellen, wenn du das Mädchen siehst. Sie ist eine clevere kleine Schönheit."

„Ist das wirklich wahr?", fragte ich. „Ja", sagte Sunny, „du könntest den Blick nicht von ihr abwenden. Du müsstest ihr schon ein entsprechendes Etikett auf die Stirn kleben, um Leute davon zu überzeugen, dass sie die Tochter eines Wischiwaschi-Christen ist. Rosige Wangen, ein ovales Gesicht, sehr kurz geschnittenes Haar, fast wie bei dir und mir!" – „Oh nein!", sagte ich. „Aber sie ist so hübsch", sagte Sunny, „schlank und biegsam. Groß und gut gebaut. Du kennst doch die Models, die du in den englischen Magazinen siehst. Sie sieht genau so aus in ihren Jeans und ihrem T-Shirt." – „Hör' auf", sagte ich, „du ziehst mich auf!" – „Nein", sagte Sunny, „ich schwöre bei deinem Vater, es ist die Wahrheit." Ich verzieh ihm das mit meinem Vater. Denn schließlich war ich derjenige, zu dem er mit seinem Problem gekommen ist.

„Nun nenne mir doch das eigentliche Problem", sagte ich. „Ich sage es dir", sagte Sunny. „Sobald die Leute des Jungen von dem Verhältnis erfahren hatten, kamen sie mit dem nächsten Zug nach Delhi, um ihn zurück zu holen. Doch mit der Motorriksha, die sie dort nahmen, verfuhren sie sich. Sie mussten dann den Jungen in seinem Büro anrufen. ‚Ich bin gleich da', sagte er zu ihnen, und eilte stattdessen nach Hause, packte Klamotten und Geld zusammen, holte das Mädchen in ihrem Büro ab und tauchte unter." – „Musste das Mädchen keine Kleider mitnehmen?", fragte ich. „Ich bitte dich", sagte Sunny, „wenn du Geld bei dir hast, sind Kleider doch kein großes Problem. Es gibt ganze Läden voll davon." – „Zumindest", sagte ich, „kann es ja sein, dass Verliebte sowieso nicht so viel zum Anziehen brauchen." – „Da weiß ich auch nichts drüber", sagte Sunny. „Wie dem auch sei, der Junge behauptet, dass er am Tag zuvor während einer Meditation vom Heiligen Geist darüber unterrichtet worden sei, dass seine Familie komme, um ihn zu holen." – „Nicht schlecht!" sagte ich.

Sunny fuhr fort: „Mit der Zeit bekam seine Familie mit, was passiert war, dass also beide spurlos verschwunden sind. Stell' dir mal vor, all das im Land der Hindi sprechenden Menschen. Aber seine Leute haben großen politischen Einfluss. Und es gibt verflucht viele davon. Sie verschleuderten das Geld für ein Hotelzimmer und blieben.

Sie sprachen mit Parlamentariern und der Polizei, erzählten ihnen, der Junge sei entführt worden, sie zeigten die Familie des Mädchens an. Die Anhänger der charismatischen Bewegung fielen auf die Knie und baten winselnd um Gnade. Aber ließ sich das Karimannur-Volk davon erweichen? Keine Chance! Sie entlockten ihren Eltern die Information, dass das Mädchen angerufen habe, um mitzuteilen, dass sie nach Kerala gehen werde. Sofort eilten sie hierher zurück. Und haben mit Anrufen aus Delhi die Polizei von Kerala in Bereitschaft versetzt."

„Wo waren die Liebenden während alledem?", fragte ich. „In einem Sterne-Hotel in Kochi." – „Ein Sterne-Hotel?", fragte ich. „Ja. Hast du vergessen, dass der Junge RRIM 105-Qualitätskautschuk auf allen siebenundzwanzig Acres seines Gutes stehen hat? Du könntest auch in einem Sterne-Hotel wohnen, und zwar solange du willst, wenn du nicht so knauserig wärst", sagte Sunny. „Oh, hör auf damit", sagte ich. „Ein Lager mit Kissen daheim ist alles, was ich brauche. Waren die beiden zusammen im Hotel, Sunny?" – „Nein, sie haben sich vorher getrennt, deswegen sind sie doch schließlich abgehauen, oder?", sagte er sarkastisch. „Das meinte ich doch nicht, Sunny", sagte ich. „Ein Junge, beseelt vom Heiligen Geist, alleine mit einem Mädchen …" – „Das ist das Besondere daran, erweckt zu sein", sagte Sunny. „Er hat nicht ein Haar auf ihrem Kopf berührt. Ich weiß das, weil ich beide gefragt habe." – „Aha, dies sind also die Sachen, die du in deiner Eigenschaft als Rechtsanwalt herausfindest?" – „Ich muss doch über diese Dinge Bescheid wissen, für den Fall, dass etwas in dieser Angelegenheit schief geht", sagte Sunny. „Tisch das jemand anderem auf!", sagte ich. „Ich kenn dich doch!" – „Mal im Ernst", sagte Sunny. „Die Angelegenheit ist kein Spaß. Die Familie des Mädchens wird in Delhi jeden Tag auf das Polizeirevier genötigt. Wann immer sie bei ihnen anruft, wimmern und flehen sie in den Hörer. Und der Junge und das Mädchen erzählen ihnen: ‚Seid unbesorgt, Mummy und Daddy, wir beten jeden Tag für euch!' Das war's. Die Polizei in Kerala hatte das Hotel der beiden in Kochi aufgespürt. Doch als sie dort an die Tür klopften, war das Paar schon nach Pottah durchgebrannt. Polizisten in Zivil gingen in Pottah zum Einkehrzentrum. Aber in dem ganzen

Tumult der dort stattfindenden Gebetsversammlung waren die Liebenden nicht ausfindig zu machen. Doch der Herr offenbarte ihnen die suchenden Polizisten, so dass sie gewarnt waren – zumindest behauptet der Junge das." – „Gelobt sei der Herr!", sagte ich. „Ja, schon klar", sagte Sunny. „Jetzt hör dir den Rest der Story an, ohne dazwischen zu funken. Die Verliebten verließen Pottah in einem Taxi. Und als ich heute Morgen auf das Bellen meines Hundes hin auf die Veranda ging, standen die beiden auf meinem Hof."

„Warum das denn? Wie kommen die denn auf dich? Bist du als Anwalt echt so berühmt?", stichelte ich. „Genau da liegt das Problem", sagte Sunny. „Der Onkel des Mädchens väterlicherseits ist ein hohes Tier in einem Kerala-Ministerium. Er ist auf deren Seite. Und meine Bewerbung zum Staatsanwalt liegt auf seinem Schreibtisch. Ich bin schon oft bei ihm gewesen. Ich glaube, er hat dem Burschen am Telefon gesagt: ‚Du brauchst nur nach Palai zu gehen und Sunny den Vakil aufsuchen, er regelt schon alles für euch.'" – „Da hast du ja einen richtigen Jackpot geknackt!", sagte ich. „Wenn du das durchziehst, wirst du also Staatsanwalt!" – „Da kann ich mir nicht sicher sein", sagte Sunny. „Aber wie könnte ich ihre Bitte um Hilfe ablehnen? Andererseits können sie nicht bei mir wohnen. Wenn die Polizei bei uns auftaucht und sie findet, dann ist meine Chance, Staatsanwalt zu werden, im Eimer. Auch Kochurani traue ich wegen ihrer lockeren Zunge nicht über den Weg. Ich habe ihr gesagt, dass sie Freunde von unserem Georgekutti aus Bombay und auf ihrem Weg in das Einkehrzentrum in Pottah bei uns vorbeigekommen seien. Es kommt mir sehr gelegen, dass sie seit ihrer Ankunft ausschließlich mit Beten und Singen beschäftigt sind. Das Mädchen spricht kein Wort Malayalam, aber falls der Geist den Jungen plötzlich überkommen sollte und er auf einmal anfängt, Kochurani die Wahrheit zu verraten, wird das das totale Chaos."

„Hey, Sunny", sagte ich. „Ich bin ja nur ein dummer Bauer, aber dürfte ich einen Lösungsvorschlag machen?" – „Leg schon los", sagte Sunny. „Bring sie schnell aufs Standesamt, verheirate sie und bringe sie dann zu Inspektor Balachandran-Saar. Das ist doch unser Mann dort, oder nicht? Sprich nur vorher mit ihm, und dann wird das schon alles kein Problem sein." – „Aber genau da liegt unser größtes Problem", sagte Sunny. „Der Bursche ist total gegen eine standesamtliche Trauung. Er will in Pottah verheiratet werden, dabei tanzen und singen, all das im Angesicht des Heiligen Geistes. Er sagt, diese Angelegenheit beträfe unmittelbar seine Seele."– „Ein Seelenanliegen für ihn ist eine Karriere-Angelegenheit für dich" sagte ich. „Was wiegt schwerer?" Sunny schwieg.

Später sagte Sunny: „Der Junge ist aber auch ein Waschlappen, er sagt, dass er, würde er in die Hände seines Vaters und seiner älteren Brüder fallen, nichts gegen sie ausrichten könne. Er betet also, dass sich ihre Herzen wandeln. Ich fragte ihn heimlich: ‚Samkutti, willst du etwa das Mädchen im Stich lassen, wenn du deinem Vater und deinen Brüdern in die Hände fällst?‘ – ‚Aufgeben ist nur ein Wort, Chetta‘, sagte er zu mir. ‚Ein Wort, das wir selber erfunden haben. Wenn ich vor meinem Vater und meinen Brüdern kapituliere, ist das Gottes Wille. Wenn Annies Weg sich von meinem trennt und sie fort muss, wird das auch Gottes Wille sein. Niemand lässt hier jemanden im Stich, Chetta, Gott ist es, der das alles tut.‘" – „Armes, armes Mädchen!", sagte ich zu Sunny.

Er sagte: „Sie ist aber auch komisch. Sie sagte mir, sie glaube nicht an die Ehe. An der Jawaharlal-Nehru-Universität, wo sie studiert, glaubt niemand an die Ehe. Sie sagt, sie mag Samkuttis Gesänge, seine sanfte Art, seine Demut. Und sie hat die Meditationen und all das in Rajneeshs Ashram bereits mitgemacht, und es gefiel ihr. Sie geht auch gerne in Clubs. Sie bezeichnet diese Reise tatsächlich als spirituelles Internetsurfen. Ich fragte Samkutti: ‚Was willst du denn nun machen, wo das Mädchen doch sagt, dass sie nicht an die Ehe glaubt?‘ Seine Antwort war, er bete, dass sich ihr Herz wandeln möge, wenn sie nur erst im Einkehrzentrum in Pottah sei. Und auch sie sagte: ‚Chetta, ich halte mein Herz offen, so dass Gott es wandeln kann.‘ Woraufhin Samkutti aufspringt, ‚Gelobt sei der Herr‘ brüllt, sie bei den Händen nimmt und bei geschlossenen Augen mit ihr zu tanzen beginnt. So, das ist es, was passiert ist."

Ich sagte: „Das ist schon ein Problem, Sunny. Was wirst du tun?" – „Lass die beiden für ein paar Tage hier bleiben. Du und Ansy, ihr könnt ihnen ja zureden. Ich versuche inzwischen, das mit der Polizei zu regeln und suche nach Möglichkeiten, die beiden nach Pottah zu schaffen. Bis dahin müsst ihr das Mädchen von der Notwendigkeit einer Ehe überzeugen."

Ich sagte: „Was werden wir Ansy sagen?" – „Lass mich nur machen. Ich sage ihr die ganze Wahrheit. Die Frauen sind wie wir, ich bin ziemlich sicher, dass sie Verliebte auch nur aus Filmen kennen. Und zwei davon sind auf dem Weg zu eurem Haus. Ich krieg Ansy schon rum. Du musst aber noch von einem weiteren Problem wissen." – „Sag es mir", verlangte ich. „Die Karimannur-Leute haben Kulappuram Vakkan und zwei weitere Schläger auf die beiden angesetzt. Also sei vorsichtig." – „Oh, Jesus und Maria!" sagte ich, „das ist in der Tat ein ernstes Problem, Sunny." Er ging, ohne ein Wort dazu zu sagen, in die Küche, um mit Ansy zu reden.

Einladung für Glühwürmchen

„Ich glaube nicht mehr, dass sie kommen", sagte Ansy, als sie die Uhr zehn schlagen hörte. Nachdem wir unsere Gebete gesprochen und die Kinder ins Bett gesteckt hatten, saßen wir auf unserer Veranda und warteten auf die Ankunft Sunnys und der Verliebten. Glühwürmchen umschwirrten jede Pflanze im Hof. Das Licht des Halbmonds schien auf den Sand, aber es war nichts von ihm zu sehen. „Doch, sie kommen ganz sicher", sagte ich. „Ein wenig warten wir noch, aber dann gehen wir ins Bett", sagte Ansy. „Was sollen wir morgen den Kindern erzählen, wer unsere Gäste sind?", fragte ich. Sie antwortete: „Wir erzählen ihnen, es seien Freunde von Mathachan aus Delhi, die sich Kerala anschauen wollten." – „Dann müssen wir den Verliebten klarmachen, dass sie sich an diese Version halten sollen", sagte ich. „Sonst erzählen wir dies, die Verliebten das, und die Kinder werden misstrauisch. Denn die Kinder heutzutage …"
Ansy sagte: „Sie sind deine Kinder, das ist das Problem, oder nicht? Und ich habe doch sowieso den ganzen Ärger am Hals." – „Dann verführe mich eben nicht mehr!", sagte ich und machte sie mit einer

festen Umarmung bewegungsunfähig. „Wusstest du schon", flüsterte ich ihr ins Ohr, „dass die ganzen Glühwürmchen nur blinken, weil sie verliebt sind? Sie locken einander herbei." – „Pst! Wir sind auf der Veranda, Joy!", sagte sie und rutschte ein Stück von mir weg. Ich sagte: „Aber das ist doch immer noch unsere eigene Veranda! Ansy mein kleiner Liebling, lass uns ein wenig mehr wie Verliebte sein!" Ich hatte sie gerade zu mir gezogen und mir einen ihrer Füße geschnappt, um ihre Sohle zu kitzeln, als am Tor die Scheinwerfer eines Autos auftauchten. „Pst! Hab ich es dir nicht gesagt, Joy?", sagte Ansy und gab mir einen Tritt. Sie rappelte sich auf, ging ins Haus und schloss die Tür hinter sich.

Als ich mit der Taschenlampe hinunter in den Hof kam, hatte Sunnys Maruti bereits gehalten. Er stieg aus und kam mir entgegen. Die hintere Tür öffnete sich und Samkutti stieg aus. Sein Gesicht und sein Lächeln waren sanft. Er trug ein langärmliges weißes Hemd und weiße Hosen. Er sieht schon ziemlich wie ein süßer junger Seminarist aus, dachte ich bei mir. Er reckte sich zum Auto hin und rief auf Englisch: „Komm, Annie!" Und ich sagte mir, oho, alles auf Englisch! Wie kann ich ihr denn da Rat geben? Annie rutschte den Sitz herunter und streckte beide Beine heraus. Beine wie mondbeschienener Alabaster. Sie trug einen schwarzen Rock bis über die Knie und ein kurzes schwarzweißes Hemd. Etwas Weißes schimmerte an ihren Fußgelenken. Bei genauerem Hinsehen erkannte ich silberne Fußkettchen. Noch halb im Wagen sitzend lächelte sie. Dann stieg sie aus und wartete mit verschränkten Armen neben dem Wagen. Sunny sagte: „Joy, dies sind Annie und Samkutti." – „Hallo Onkel!", lächelte sie. Dann strich sie einige Haarsträhnen fort, die ihr in die Stirn gefallen waren. Ich dachte, dass das, was Sunny gesagt hatte, stimmte: ein liebliches ovales Gesicht, ein gefälliger Körper. Ihre Zähne strahlten beim Lächeln, ihre Beine schimmerten wie Butter. Ich musterte die Gesichter der beiden ausgiebig. Gab es dort etwas Besonderes zu entdecken? Etwas spezifisch Verliebtes?

Auf den ersten Blick fiel mir nichts dergleichen auf. Sunny holte ihre Sachen aus dem Auto und stellte sie auf die Veranda. Ich sprach zu Samkutti und Annie: „Kommt herein, ihr könnt ein Bad nehmen,

wenn ihr wollt. Danach können wir essen. Ansy, nimm sie mit rein!"
Zu Sunny sagte ich, als sie im Haus waren: „Das wär's dann wohl!"
Und Sunny sagte: „Ja. Habt ein, zwei Tage Geduld. Bis dahin hab ich
alles organisiert." – „Hey, Sunny, du redest nur von dir. Was ist, falls
ich in Schwierigkeiten komme, wenn die Leute aus Kulappuram auf-
tauchen?" – „Bitte regele das irgendwie", sagte Sunny. „Wo ist denn
dieses doppelläufige Gewehr von deinem Vater?" – „Ich weiß noch
nicht einmal, wie man das lädt", sagte ich. „Du brauchst keine Pa-
tronen. Du brauchst die Kanone nur herauszuholen und zu zielen",
sagte Sunny. „Jeder Schlägertyp würde davonlaufen!" – „Ja, ich schau
mal nach", sagte ich.
Ansy sprach gerade mit ihnen, als ich hineinkam. Samkutti und Annie hatten eng beieinander liegende Plätze auf dem Sofa bekommen.
Samkutti sprach mit Ansy: „Chechi, verzeih die Umstände, die wir
euch machen. Du darfst uns nicht bloß als Verliebte sehen. Wir sind
auch Pilger auf der Suche nach Gott. Nicht wahr, Annie?" Annie lächelte, nickte und präsentierte dabei alle zweiunddreißig jasmin-
blütenweißen Zähne. Ansy fragte: „Und wo wart ihr noch außer in
Pottah?" – „Nur dort", sagte Samkutti. „Dies ist eine Pilgerfahrt des
Herzens, Chechi." Ansy lächelte, wandte sich zu Annie und fragte
sie: „Wann werdet ihr beiden denn heiraten? Ihr dürft nicht vergessen, uns einzuladen." Annie redete kurz auf Englisch mit Samkutti,
und der erwiderte für sie: „Annie sagt, wir werden nach Pottah gehen und Hochzeit halten, wann und auf welche Weise der Herr es
für richtig hält." – „Nach allem, was ihr durchgemacht habt, wäre es
nicht leichtfertig, wenn ihr nicht umgehend heiratet?", fragte Ansy.
Er fragte Annie etwas auf Englisch. Dann sagte er zu Ansy: „Annie sagt, unsere Liebe kann nicht in die Grenzen einer Ehe gepresst
werden." Annie sagte noch einmal etwas und Samkutti wiederholte prompt: „Chechi, wir sind Flüchtlinge der Liebe. All diese unsere Fahrten sind eine tapfere Reise der Seele, ein spirituelles Abenteuer, nicht wahr, Annie?" Ich sagte zu mir: „Ach, ihr Liebenden, versaut
dem armen Sunny damit nicht seinen Posten als Staatsanwalt!"
Annie lächelte wieder breit, zeigte ihre Jasminblüten und nickte Samkutti zustimmend zu. Dann streckte sie beide Beine aus, glitt aus ih-

ren Sandalen und strich mit dem Fuß des einen Beines über das andere. Ich sah aus dem Augenwinkel hin. Als ich bemerkte, wie Ansy mir aus der guten Stube heraus Zeichen machte, dachte ich schon, sie hätte mich beim Hingucken erwischt. Aber sie rief mich nur, um mit mir unter vier Augen zu sprechen.

„Wo sollen sie denn schlafen? Stecken wir sie etwa ins selbe Zimmer?", fragte Ansy. Ich stand da wie vom Blitz getroffen. „Herrgott noch einmal, du hast Recht. Daran hab ich noch gar nicht gedacht", sagte ich. „Sollen wir Sunny anrufen und fragen?" – „Nein", sagte Ansy, „das würden sie bestimmt hören." „Dann bekommen sie getrennte Zimmer", sagte ich. „Lass ihn auf der geschlossenen Veranda schlafen und sie kann Ammachis altes Schlafzimmer haben." – „Aber …", sagte Ansy. „Aber was?", fragte ich. „Sunny hat uns doch erzählt, dass bislang noch nicht mal einer das Haar des anderen berührt hat. Warum machen wir dann so einen Wirbel?", sagte Ansy. „Wir stecken sie ins selbe Zimmer und lassen sie machen, was sie wollen. Wir werden uns ja schließlich auch in Zukunft nicht um ihre Schlafgelegenheiten kümmern." – „Stimmt", sagte ich. „Wenn sie einander berühren wollen, warum nicht in unserem Hause, nicht wahr?", Ich zwickte Ansy in ihre warmen Schenkel und sagte: „Hey, vielleicht kommen die auch in Stimmung, wenn sie die Glühwürmchen beobachten!" Ansy wurde ernst. „Sagte das Mädchen nicht, sie sei nicht gewillt zu heiraten? Vielleicht ändert sie ihre Meinung ja hier bei uns. Wir sollten sie beieinander schlafen lassen. Ja, so soll es sein."

Ansy und ich stellten die beiden Betten Seite an Seite auf der geschlossenen Veranda auf, breiteten frisch gewaschene und gebügelte Laken darüber, legten eine saubere Decke drauf, wechselten die Kissenbezüge und stellten zwei Gläser Milch sowie eine Flasche Wasser auf den Tisch. Ins Bad brachten wir frische Handtücher und Seife. Als wir zurückkehrten, standen die beiden im Hof und betrachteten den Mond. „Nicht schlecht", dachte ich bei mir. „Das sieht schon mehr nach Verliebten aus." Auf der Veranda angekommen, räusperte ich mich und sagte: „Wollen wir nun alle zu Bett gehen." Ich brachte sie zur geschlossenen Veranda, wo Ansy die Fenster zumachte. Samkutti protestierte: „Oje, Chechi, schließe sie nicht! Annie meint, wir sollten die Türen und Fenster weit öffnen, um die Glühwürmchen hereinzulassen." Samkutti und Annie lachten. Du hast edle Wünsche, mein Mädchen, sagte ich zu mir. Mit deinen Alabasterbeinen hast du natürlich keine Augen für andere menschliche Wesen hier, aber du willst diese nutzlosen Leuchtkäfer im Zimmer." Zu Samkutti sagte ich: „Da ihr hier, wie man so sagt, ‚untergetaucht' seid, wäre es wohl doch besser, die Türen und Fenster zu verschließen." – „Gott wird schon auf uns aufpassen, Joy Chetta", sagte Samkutti mit einem Blick gen Himmel. Ja, ja. Derselbe Gott, der auf deine armen Eltern und die Leute aus Kulappuram aufpasst, sagte ich zu mir.

Bevor ich zu Bett ging, holte ich Ichachans Gewehr hinter dem Pathayam hervor und lehnte es in der Nähe meines Lagers gegen die Wand. Ansy rollte mit den Augen, als sie es sah, und schaute mich an. „Das dient dazu, die Verliebten zu schützen", sagte ich, „und wenn du mich ganz fest umarmst, werde ich noch tapferer sein!" Ich rückte nah an Ansy heran. „Ich bin so müde, ich kann wirklich nicht mehr!", sagte sie. „Denk dran, was sie wohl grade tun!", sagte ich. „Glaubst du, jeder ist so wie du? Die schlafen und schnarchen bestimmt schon." Während sie dies sagte, entwand sie sich meiner Umarmung und zog sich zur Wand zurück. „Schlaf jetzt, Joy", sagte sie.

Mit offenen Augen im Dunkeln liegend, jagten mir tausend Gedanken durch den Kopf. Wie mag dieses Mädchen sein, fragte ich mich. Bestimmt zergeht sie wie Butter unter jeder Berührung. Oh, Herr! Zwei Verliebte von weiß Gott woher schlafen gerade unter meinem Dach. Etwas von ihrer Verliebtheit wird zurückbleiben, auch wenn sie uns verlassen. Flüchtlinge der Liebe. Gibt es solche Menschen überhaupt? Nach einer Weile hielt ich es nicht mehr länger aus. Ich rappelte mich leise auf, lief auf die Veranda hinaus, durchquerte sie und spähte, hinter einer Säule versteckt, in ihren geschlossenen Teil. Ansy hatte Recht. Sie lagen dort auf ihrem Lager, Rücken an Rücken, tief schlafend bei offenen Fenstern und Türen. Ich kam zurück, stand eine Weile bewegungslos in Ansys Anblick versunken, stieg dann ins Bett und deckte mich ganz fest zu. Ich fühlte mich von einem plötzlichen Schrecken überwältigt.

Alle Achtung!

Das Dröhnen eines Motorrades ließ mich hochschrecken. Ich setzte mich zitternd auf und sagte zu Ansy, die auch aufgewacht war: „Geh, leg dich zu den Kindern und lass mich nachsehen gehen, wer das ist." „Geh nicht auf die Veranda, Joy", sagte Ansy. Ich nahm die Waffe, spähte durch die Fensterläden und fragte: „Wer ist da?" – „Joy Chetta, ich bin es, Jose, Sunnys kleiner Bruder", sagte die Person auf dem Motorrad. „Was treibt dich um diese Uhrzeit hierher, Jose?", fragte ich und ließ die Waffe sinken, als ich hinaus auf die Veranda trat. Jose sagte: „Mein Chettan hat mich geschickt. Es besteht Grund zu der Annahme, dass Vakkan und seine Gang hierher unterwegs sind. Er sagte, du sollst vorsichtig sein, Joy Chetta, und dass du die Verliebten aus Delhi besser gut versteckst. Chettan hat mich hergeschickt und ist selbst zum Haus des Polizeiinspektors unterwegs. Er sagte, ich solle euch hier zur Seite stehen." Ich sagte: „Komm ins Haus, Jose, bleib nicht im Vorgarten stehen." Die Uhr schlug zwei. Meine Beine zitterten, als ich hinein ging, um nach Ansy zu sehen. Ich fühlte mich ganz schwach. Nur einmal, es ist lange her, habe ich so gebibbert, als der Elefant, der hergebracht worden war, um Baumstämme nach Madukkakunnu zu schaffen, durchdrehte und auf mich zugerast kam. „Eda, Joy", sagte ich zu mir, „es gibt keinen Grund zu zittern. Du hast deines Ichachans Schießprügel in der Hand!"

Ich rief Ansy, ohne die Kinder zu wecken, und erklärte ihr die Situation. „Warum machst du bei so etwas überhaupt mit, wenn du solche Angst hast?", fragte sie. „Kommt Kulappuram Vakkan etwa hierher, um uns alle zu töten und zu fressen? Sind wir in einer so gottverlassenen Gegend, in der jeder machen kann, was er will? Wir leben doch auch hier, oder etwa nicht?" – „Was du sagst, stimmt schon", sagte ich. „Aber verlieren wir nicht auch unser Gesicht, wenn sie sich die beiden, die da schlafen, einfach schnappen und mit ihnen abhauen? Der Junge bezieht Prügel, aber was wird erst mit dem Mädchen? Wie soll ich das Sunny erklären, wo er sich so lange schon diesen Posten als Staatsanwalt wünscht?" – „Also müssen wir etwas unternehmen!", sagte Ansy. „Fürs Erste verstecken wir sie im Kokosnusslager

auf dem Dachboden. Die Nüsse wurden schon vorgestern heruntergeschafft, der Boden ist gewischt und geputzt. Die Zimmerleute haben allerdings die Leiter zur Reparatur mitgenommen." – „Das macht nichts", sagte ich. „Wir können einen Tisch hinschaffen und einen Stuhl draufstellen, damit sie hochklettern können."
Jose saß auf der Veranda und rauchte eine Zigarette. Ansy sagte zu mir: „Los, weck die beiden auf, Jose und ich werden den Tisch hintragen." Ich ging hinüber zur geschlossenen Veranda und spähte durchs Fenster. Sie schliefen fest, zugedeckt bis zum Hals. Ich rief Samkuttis Namen zweimal, und er sprang auf. Ich sagte zu ihm: „Samkutti, die Leute aus Karimannur haben Kulappuram Vakkan hergeschickt, um euch mitzunehmen. Wir müssen darauf vorbereitet sein, dass dein Vater und deine Brüder auch bei ihnen sind. Sunny hat mich darum gebeten, euch gut zu verstecken. Der beste Platz dafür ist auf dem Dachboden des Kokosnusslagers. Ihr müsst nur aufpassen, dass ihr nicht mit dem Kopf an die Decke stoßt, das ist alles. Es ist nur für kurze Zeit. Sobald sie wieder weg sind, könnt ihr herunterkommen. Wir geben euch Matten und Kissen, so dass ihr euch dort hinlegen und etwas schlafen könnt." – „Mein Vater und meine Brüder kommen?", fragte Samkutti. „Es ist wahrscheinlich", sagte ich. „Er würde ja nicht irgendeinen Schläger alleine auf seinen Sohn loslassen." Samkutti schaute himmelwärts und begann zu beten: „Vater unser, der du bist im Himmel. Bitte bring Licht in die Angelegenheit dieses Kelches, der mir bereitet ist." Am liebsten hätte ich ihm eins aufs Kinn verpasst und ihm gesagt, dieses Lamm von Mädchen sei sein wahrer Kelch. Ich sprach leise zu ihm: „Nachdem es jetzt so weit gekommen ist, Samkutti, kann ich dir sagen, dass jeder Schluck aus diesem Kelch nach Hölle schmecken wird." – „Weck schnell Annie auf", sagte ich jetzt laut. „Wir müssen zum Kokoslager."
Er schüttelte Annie, und sie schnellte hoch, saß auf ihrer Matte, starrte uns an. Einen Moment lang hatte es mir den Atem verschlagen. Mama! Sie trug nichts als ein kleines Hemdchen, das kaum etwas verbarg. Was für ein Anblick, selbst im Halbdunkel dieses Zimmers! Ich war versucht, jeden Körperteil mit der Taschenlampe in meiner Hand abzuleuchten. Ich fragte mich, ob jemand mein Herz

pochen hören könne, badumm, badumm. Und während Samkutti ihr erzählte, was passiert war, durchquerte sie, es ist kaum zu glauben, den Raum und machte selber Licht. Rasch musterte ich sie. Sie stand recht lässig da und hörte, was Samkutti zu berichten hatte. Und da stand ich nun, schaute ihn an, schaute sie an, schaute mich um. Meine Hände zitterten. Ich betete: Lass Ansy jetzt nicht reinkommen. Als ich es nicht länger ertragen konnte, ging ich hinüber und machte das Licht aus und sagte: „Lassen wir das Licht nicht brennen, das führt bestimmt zu Schwierigkeiten." Meine Stimme klang wie die einer anderen Person.

Als Samkutti ihr die Lage erklärt hatte, klatschte sie in die Hände, hüpfte auf und ab, versetzte alles, was da unter ihrem durchsichtigen Kleid war, in Bewegung und führte einen kleinen Tanz auf, zu dem sie ein Lied auf Englisch sang. Samkutti klärte mich auf: „Annie lobpreist den Herrn, Chetta, und verweist auf die wahrhafte Tapferkeit der Taten, die wir nun vollbringen." – „Gelobt sei der Herr!", entgegnete ich. „Annie sagt, dass diese Erfahrung so spannend wie ein Film sei, den sie einmal gesehen hat. Sie dankt auch dir, weil du ihr die Möglichkeit dazu gegeben hast." – „Gelobt sei der Herr! Keine Ursache, keine Ursache!", sagte ich. Ich konnte erst wieder atmen, als sie ein Laken aufhob und es sich wie einen Mundu um die Hüfte wickelte.

Als wir das Kokoslager erreicht hatten, waren Ansy und Jose gerade wieder im Begriff zu gehen, um die Kissen und Matten zu holen. Samkutti schickte ich zuerst hoch und half ihm beim Klettern, erst auf den Tisch, dann auf den Stuhl. „Hilf ihr, zieh Annie hinauf", sagte ich. Annie, immer noch in das Laken gehüllt, kletterte auf den Tisch und versuchte danach, auf dem Stuhl ihr Gleichgewicht zu halten. Doch weiter hinaufziehen konnte sie sich nicht. Samkutti griff nach ihrer Hand, konnte sie aber auch nicht hochziehen. Er fragte: „Chetta, kannst du ihr hochhelfen?"

Blitzschnell war ich auf dem Tisch und hob sie hoch. Wahrscheinlich rutschte sie herunter, weil Samkuttis Griff nicht fest genug war. Ich schob sie herauf, ihre Gesäßhälften in meinen Händen, und es entfuhr ihr ein lustiges Glucksen, als sie weiter herunter rutschte. Das

Tuch, in das sie eingewickelt war, löste sich und fiel über meinen Kopf. Ich konnte nichts mehr sehen. Lieber Gott, betete ich leise, lass Ansy jetzt nicht kommen – und fing Annie in meinen Armen auf. Ich kletterte auf den Stuhl und reichte sie auf den Dachboden hinauf. Ich zog mir das Laken vom Gesicht und gab es ihr. „Sorry", sagte sie und schaute mich an. „Kein Problem", sagte ich, „überhaupt kein Problem." Und ich setzte mich auf den Tisch und rang nach Atem, als wäre ich gerade größten Gefahren entronnen. Ich konnte nicht sprechen, denn meine Nüstern waren voll ihres Duftes, ihre Zartheit war in meiner Brust und das Gefühl ihres Körpers an den Innenflächen meiner Hände.

In den Moment kamen Ansy und Jose herein. „Keinen Mucks von da oben bis Ansy, Jose oder ich euch Entwarnung geben!", rief ich auf den Dachboden hinauf. „Ja, Chetta!" Es war sie, die antwortete. Und dann, wie zuvor, war ihr Lachen zu vernehmen. Lach nur, Mädchen, lach!, sagte ich zu mir. Solange du noch kannst.

„Bring mir eine Matte, Chechi. Ich werde mich auf die Veranda legen", sagte Jose. Als Ansy hineinging, um die Matte zu holen, kamen nacheinander zwei Jeeps zum Tor hereingefahren. Sie fuhren ohne Licht. „Da sind sie, Jose", sagte ich. Nachdem wir die Außenlampen angemacht hatten, gingen Jose und ich hinunter in den Hof. Jose flüsterte: „Ja, sie sind es." Mir fiel ein, dass ich den Schießprügel im Lager hatte stehen lassen. Aus dem ersten Jeep stieg ein großer, dünner Mann mit einem um den Kopf gewickelten Badetuch und hervortretenden Adern. Er trug eine transparente, weiße Jubba, eine Goldkette und einen dünnen Schnurrbart, der die Form einer Lenkstange hatte. Sein Mundu war fest über dem Bauch zusammengesteckt. Er schwankte leicht. Das ist Kulappuram Vakkan persönlich, aus Fleisch und Blut, dachte ich. Ich habe ihn erst einmal gesehen, beim jährlichen Jubiläumsfest unserer Gemeindekirche. Drei oder vier Männer in Lungis und Unterhemden stiegen hinter ihm aus dem Jeep. Ein hellhäutiger, fetter, glatzköpfiger alter Mann und zwei, drei Halbstarke stiegen aus dem anderen Jeep. Der alte Mann drapierte den dünnen Veshti, der auf seinen Schultern lag, um seinen Hals. In den Gesichtern der jungen Männer konnte man lesen: Wir sind Samkuttis große Brüder.

Wir schauten sie an und sie schauten uns an. Hinter mir hörte ich Ansy auf die Veranda herauskommen. Warum musste sie herauskommen?, dachte ich. Konnte sie nicht drinnen bei den Kindern bleiben? Vakkan steckte sich eine Bidi an, zog einmal daran, drehte sich um und sah zu dem alten Mann hinter sich. Der alte Mann trat nun nach vorne und fragte: „Das hier ist doch das Mullathazhathu-Haus?" – „Ja", sagte ich. „Ist Ihr Name Joy?" – „Ja", sagte ich wieder. „Was wollen Sie hier, mitten in der Nacht?", fragte ich. Natürlich zeigte ich ihm nicht, wie verängstigt ich war. „Ich habe Informationen, die besagen, dass mein jüngerer Sohn Samkutti entführt worden ist und hier versteckt gehalten wird. Wir kommen, um ihn zu holen", sagte der alte Mann. „Das überrascht mich wirklich", sagte ich. „Warum sollte ich Ihren Sohn entführen? Ich kenne Sie noch nicht einmal. Wo kommt ihr Leute überhaupt her?" – „Ich bin Kaduvakunnal Kunhukutti aus Karimannur, und das sind meine Söhne", sagte Samkuttis Vater. „Und dieses Völkchen da?" Ich deutete mit der Hand auf Vakkan und Konsorten. „Freunde von mir", sagte der alte Mann. Vakkan zeigte mit seiner Bidi auf Jose und sagte: „Den kennen wir nicht!" – „Mein kleiner Bruder", sagte ich.

Aus den Augenwinkeln heraus beobachtete ich, wie Ansy die Treppen herunterkam und sich an meine Seite stellte. Meine Angst konzentrierte sich nun auf das Kokoslager. Was, wenn der Idiot die Stimme seines Vaters hört, herunterkommt und winselnd und flehend um Vergebung bittet? Für mich wäre dann alles gelaufen, oder nicht? Ich hatte mehr Angst vor Samkutti oben auf dem Dachboden als vor Kulappuram Vakkan. Meine Sicherheit hängt von der Klugheit des Mädchens ab, dachte ich bei mir.

„Sie haben ja Nerven, in zappendusterer Nacht zu einem Haus zu kommen, in dem Frauen und Kinder schlafen, und uns der Entführung Ihres Sohnes zu bezichtigen!", sagte Ansy. Ich schaute Ansy an. Sie schaute geradewegs ins Gesicht des alten Mannes. „Ich habe nicht gesagt, dass Sie ihn entführt haben", sagte der alte Mann. „Mein Sohn und ein Mädchen wurden in Delhi als vermisst gemeldet. Wir haben lediglich die Information, dass sie sich hier verstecken, mehr hab ich nicht gesagt." Vakkan steckte sich eine neue Bidi an, pustete den

Qualm weg, schwenkte das Streichholz langsam hin und her, bis es ausging, und sagte: „Es wäre für alle Beteiligten das Beste, wenn Sie den Jungen schnellstens rausrücken." Er schnippte das abgebrannte Streichholz mit einem Finger in Richtung des Hauses. Ansy marschierte geradewegs auf den alten Mann zu.

Während er sie anstarrte, deutete sie mit dem Zeigefinger der rechten Hand auf ihn, so dass sie fast sein Gesicht berührte, und sagte: „Kommen Sie nur in unser Haus und stellen es auf den Kopf, wenn Sie den Mumm dazu haben. Wenn Sie Ihren Sohn dort nicht finden solltest, wird Ihnen Ihr Lebtag im Gedächtnis bleiben, auf welche Weise Sie dieses Haus betreten haben, oder mein Vater soll nicht Chullikkamattathil Chandykunhu heißen." Das Gesicht des alten Mannes wurde bleich. John Chullikkamattam, der Energieversorger des Bezirks, war der Neffe von Ansys Vater, der Sohn von dessen jüngerem Bruder. Seine Aussteuer betrug fünfzig Acres Kautschukplantage im Wert von 15 Millionen. Das Gesicht des alten Mannes war inzwischen weiß. „Es war ein wohlbegründeter Verdacht, weswegen wir …", sagte er. Ansy ging zurück, stand auf den Stufen und wedelte mit den Händen, um ihn zum Eintreten aufzufordern. „Tretet ein, Chetta, klären Sie Ihre Verdachtsmomente, und dann gehen Sie! Wecken Sie nur wenigstens nicht die Kinder auf!"

Vakkan zwirbelte kurz seinen Schnurrbart, drehte sich um und blickte auf den alten Mann und seine Söhne. Die Söhne murmelten ihm etwas zu. Der alte Mann stieg in den Jeep und fuhr davon. Vakkan warf mir und Jose noch einen letzten bohrenden Blick zu und stieg dann in den anderen Jeep. Auch der fuhr davon. Ich trat die Beedikippe aus, die er glühend auf dem Hof zurückgelassen hatte. Ansy setzte sich auf die niedere Veranda, legte ihre Füße auf die Treppe zum Hof und lächelte. Jose und ich standen nur da und sahen sie an. Dann sagte sie: „War meine Zunge nicht besser als deine Schreckschusspistole?" Jose lachte laut auf. Ich sagte gar nichts.

„Lass uns nachsehen, wie es dem Pärchen geht", sagte ich. Ich ging zum Kokoslager und rief sanft: „Samkutti!" Ich vernahm ein Schluchzen. Ich zog den Tisch heran, stellte mich darauf und leuchtete mit der Taschenlampe hinein. „Ich bin es, Joy!", sagte ich. „Dein Vater und die anderen sind fort, macht euch also keine Sorgen!" Samkutti saß auf der Matte und wimmerte vor sich hin. Das Mädchen war an seiner Seite. In einer Mischung aus Malayalam und Englisch sagte sie: „Als Samkuttis Vater kam, habe ich ihm mit beiden Händen den Mund zugehalten." – „Danke dir!" sagte ich. „Erzähl es keinem, Chetta!" Ich knipste die Lampe aus und kletterte hinunter.

Danach legten wir uns nicht wieder schlafen. Ansy machte uns schwarzen Kaffee. Es muss so gegen vier in der Frühe gewesen sein, der Hahn hatte noch nicht einmal gekräht, als Sunnys Maruti langsam hereinfuhr und im Hof stehen blieb. Er ließ den Motor laufen. „Wo sind sie?", fragte er. „Im Kokoslager!", sagte ich. „Soll ich sie rufen?" – „Schnell!", sagte er. „Wir müssen vor Sonnenaufgang in Vagamon sein." – „Warum Vagamon? Müsst ihr nicht nach Pottah?", fragte ich. „Nach Pottah zu gehen, könnte problematisch werden. In Vagamon findet gerade ein Einkehrtag ihrer Kirche statt. Ich habe mit dem Priester gesprochen und alles vereinbart. Die Hochzeit kann also unter Anwesenheit des Heiligen Geistes in Vagamon stattfinden", sagte er.

Voller Freude lief ich zum Kokoslager. Als ich auf den Tisch stieg, spürte ich, wie ein Schauer durch meinen Körper jagte. Ich sagte: „Sunny ist da, um euch abzuholen, ihr könnt herunterkommen." Das Mädchen kam zuerst. Sie stieg in meine ausgestreckten Arme wie ein fliegender Engel. Ich ließ sie auf dem Tisch stehen und kletterte auf den Boden, hob sie noch einmal hoch und setzte sie auf dem Boden ab. Sie trug das Laken um ihre Hüften wie einen Mundu. Als ich gerade meine Hände nach Samkutti ausstreckte, kletterte dieser schon ohne Hilfe herunter. Danach und ohne größere Verzögerungen stiegen Annie im schwarzen Rock und schwarzweißen Oberteil und Samkutti in seinem weißen langärmeligen Hemd und weißen Hosen in Sunnys Wagen und fuhren weg. Ansy legte das Kinn in die Hand, während sie ihnen nachsah, und sagte: „Die armen Dinger! Wie viel die ertragen müssen, nur um sich ein wenig zu lieben!"

Gelobt sei der Herr

Wie ich schon sagte, sitze ich wieder auf der Veranda und tue gar nichts. Manchmal ruft Ansy aus der Küche und fragt mich etwas. Tapioka, Reis und Muskatnuss sind zum Trocknen auf Matten im Hof ausgelegt. Dahinter sehe ich Pfefferpflanzen, Kokospalmen, Kautschuk- und Kakaobäume. Alles wächst glücklich von allein, wild, ungefragt, zwanglos.

Sunny hat uns in der Zwischenzeit besucht, um uns zu erzählen, was mit den beiden Verliebten geschehen war. Sogar nach zwei vollen Einkehrtagen in Vagamon hatte das Mädchen immer noch keinen Hinweis durch göttlichen Willen erhalten, Samkutti zu heiraten. Sie bot Samkutti an, mit ihm unverheiratet eine spirituell aufregende Familie zu gründen. Samkutti aber brachte sie im Taxi nach Kochi und steckte sie in ein Flugzeug nach Delhi. Sunny sagte, Samkutti habe den ganzen Weg lang geweint, von Vagamon nach Kochi, von Kochi nach Karimannur. Zu Hause angelangt, rannte er in den Gebetsraum und fiel, laut jammernd, auf die Knie. Als sein Vater und seine großen Brüder ihn sahen, schluchzten auch sie laut.

Sunny hatte sie nach Vagamon begleitet und zwei volle Exerzitientage mit ihnen verbracht. Nun ist er es, um den ich mir Sorgen mache. Und was seine Staatsanwaltschaft betrifft, seine Papiere werden gerade in Thiruvanathapuram fertiggestellt. Gelobt sei der Herr!

Gestern sagte Ansy: „Warum schlagen wir nicht die Janice von unserer Maryamma Elamma als Braut für Samkutti vor?", Ich besann mich auf die siebenundzwanzig Acres mit feinstem RRIM 105-Kautschuk und stimmte umgehend zu. „Jawohl, das machen wir!" Gelobt sei der Herr!

Danksagung

Die Idee zu dieser Anthologie entstand Ende 2005 in einem Gespräch mit dem in Deutschland schon bekannten Schriftsteller Paul Zacharia. In weiteren Diskussionen mit K.J. Johny vom Verlag Current Books in Thrissur, Kerala, sowie mit K. Satchidanandan, dem ehemaligen Generalsekretär der Literaturakademie Indiens, konkretisierte sich das Projekt. Und schließlich erklärte sich die deutsche Journalistin und Übersetzerin Christina Kamp, die über einschlägige Kerala-Erfahrung und Kenntnisse der Kultur und Sprache verfügt, bereit, an dem Buch mitzuarbeiten und es mit herauszugeben. Damit wurden die Grundsteine für die Realisierung des Projekts gelegt. Mein allererster Dank gilt daher den genannten Personen.

Aber die Idee alleine genügt nicht, ein Projekt wie dieses auch umzusetzen. Es mussten Menschen mit entsprechender Kompetenz gefunden werden, die bereit sind, mitzuarbeiten. Zum Glück erklärten sich mein Sohn Asok Punnamparambil und die Freunde Thomas Chakkiath und Prof. Annakutty V.K. Findeis bereit, mich bei der Übersetzungsarbeit tatkräftig zu unterstützen. So konnten in kürzester Zeit die ausgewählten Werke für die Anthologie übersetzt und bereitgestellt werden. Den Übersetzern danke ich herzlich für ihre sorgfältige Arbeit.

Ohne finanzielle Unterstützung wäre es nicht möglich gewesen, diesen Band in diesem Umfang zu veröffentlichen. Für ihre großzügige Hilfe danke ich der Hermann Gundert Gesellschaft (Stuttgart), Herrn D.K. Machingal (Surya Reisedienst) und Herrn Jolly Thadathil (Schwelm). Auch dem National Book Trust India bin ich für die Zusammenarbeit zu Dank verpflichtet.

Ein Anthologie-Projekt wie dieses ist ein verlegerisches Abenteuer. Es geht hier um eine in Deutschland kaum bekannte Sprache und deren Literatur. Der Horlemann Verlag war bereit, das mit diesem Abenteuer verbundene Risiko einzugehen. Dahinter steckt viel Idealismus und verlegerisches Engagement, Literatur aus Afrika, Asien und La-

teinamerika hierzulande bekannt zu machen. Dafür danke ich Beate
Horlemann und Michael Adrian herzlich. Auch Anna Valerius, Mit-
arbeiterin des Verlages, danke ich für ihre geduldige und freundliche
Zusammenarbeit. Ein Wort des Dankes geht auch an meinen Freund
Walter Meister, der einige der Manuskripte gewissenhaft korrigiert
und lektoriert hat.

Auch meiner Frau Sosamma möchte ich herzlich danken für das Verständnis und die Geduld, mit der sie mich in den langen, arbeits-
reichen Monaten vor der Fertigstellung des Bandes begleitet hat.

Jose Punnamparambil

Die Autoren

Abraham Mathew
geb. in Punalur, Kerala, schreibt vornehmlich Erzählungen. Außerdem arbeitet er als Journalist. 1989 wurde er mit dem S.K. Pottekattu Award ausgezeichnet.

Ashita
geb. 1956 in Pazhayannur, Kerala, schreibt bemerkenswerte Kurzgeschichten, die tiefgehende Einblicke in das Leben der Menschen des heutigen Indien geben. Bis jetzt sind drei Sammelbände ihrer Geschichten erschienen, für die sie viele Preise und Auszeichnungen erhielt, darunter den Edassery Award und den Ankanam Award.

Ayyappa Panickar
geb. 1930 in Kerala, ist einer der bekanntesten Dichter Indiens, der auf Malayalam schreibt. Mit ihm begann das Zeitalter der Moderne in der Malayalam-Dichtung. Zusammen mit dem Dichter K. Satchidanandan befreite er die Malayalam-Literatur von der vorherrschenden Romantik und bereitete den Weg für neuzeitliche Themen, Bilder und Idiome. Außerdem ist er ein bekannter Literaturkritiker. Ayyappa Panickar bekam viele Preise und Auszeichnungen, unter anderem den Saraswathi Samman Award. Er starb 2006.

Arshath Batheri
geb. 1975 in Sulthan Batheri, Kerala, gilt als einer der kreativsten Erzähler der „neuen" Generation der Malayalam-Dichtung. Neben Prosa schreibt er auch Gedichte.

Babu Bharadwaj
geb. 1948, schreibt vornehmlich Kurzgeschichten und Novellen. Bis heute sind 20 Bücher von ihm erschienen. Außerdem ist Babu Bharadwaj als Filmproduzent tätig.

C.V. Balakrishnan
geb. 1952 in Pazhayannur, Kerala, schreibt Romane und Erzählungen, die sich mit modernen gesellschaftlichen Themen beschäftigen. Außerdem verfasste er zahlreiche Drehbücher.

Kadammanitta

geb. 1935 in Kadammanitta, Kerala, ist einer der führenden Dichter der Malayalam-Sprache. Er verbindet moderne Strömungen mit der Tradition. Mit großem Erfolg konnte er die Realität der modernen indischen Gesellschaft durch die Kraft seiner Sprache dichterisch darstellen. Dafür wurde er mit zahlreichen Preisen und Auszeichnungen geehrt, beispielsweise mit dem Kerala Sahitya Akademi Award und dem Aasan Award.

O.N.V. Kurup

geb.1931 in Chavara, Kerala, ist ein Malayalam-Dichter mit großer schöpferischer Kraft, der, ohne die traditionelle Dichtung zu verlassen, moderne Themen aufgegriffen hat. Über 35 Gedichtbände des ehemaligen Hochschullehrers sind bis heute erschienen. Viele seiner Lieder zählen in Kerala zum Volksgut, er ist einer der populärsten Texter von Malayalam-Filmsongs. Zu den zahlreichen Preisen und Auszeichnungen, die er erhalten hat, gehören der Sahitya Akademi Award, der Ullur Award, der Odakkuzhal Award sowie der Padma Shri Award, der vierthöchste Zivilorden der indischen Regierung.

M.T. Vasudevan Nair

geb. 1934 in Kudallur, Kerala, ist einer der größten Schriftsteller der Malayalam-Belletristik. Daneben machte er sich auch als Drehbuchautor und Filmregisseur einen Namen. Er behandelt mit hoher Sensibilität aktuelle Themen wie Konflikte zwischen Tradition und Moderne, Identitätsverlust und Vereinsamung. Über 17 Kurzgeschichten-Sammlungen, zehn Romane und zwei Sammlungen von Drehbüchern hat er bis jetzt veröffentlicht. Außerdem war er viele Jahre lang verantwortlicher Redakteur der renommierten Malayalam-Zeitschrift „Mathrubhumi". Er erhielt für sein schriftstellerisches Werk zahlreiche Preise und Auszeichnungen, so den Sahitya Akademi Award, den Vayalar Award und den Jnanapita-Award der als der „Nobelpreis Indiens" gilt. Auch für seine Arbeit als Drehbuchautor und Filmregisseur bekam er viele Preise.

Kamala Das (Madhavikutty)

geb. 1934 in Punnayurkulam, Kerala, veröffentlichte Gedichtsammlungen auf Englisch sowie Kurzgeschichten und Romane auf Malayalam unter dem Pseudonym Madhavikutty. Bekannt ist sie für ihre sehr offene autobiographische Geschichte „My Story", die auch ins Deutsche übersetzt wurde. Bis jetzt sind zwölf Kurzgeschichtenbände und sieben Romane von ihr erschienen. Sie erhielt viele Preise und Auszeichnungen, unter anderem den Sahitya Akademi Award, und den Asian PEN Poetry Prize.

N.S. Madhavan

geb. 1948 in Ernakulam, Kerala, trat 1975 in den Staatsdienst ein. Er schreibt vornehmlich Erzählungen, bis jetzt sind drei Sammelbände erschienen. Darin behandelt er moderne Themen mit großer Tiefe und Sensibilität.

Edward Nazareth

geb. 1947 in Mukkattu, Kerala, lebt seit 1974 in Deutschland und schreibt Kurzgeschichten in Malayalam, vornehmlich über das Leben der Malayalis in Deutschland. Bis jetzt sind zwei Sammlungen seiner Kurzgeschichten veröffentlicht worden.

M. Mukundan

geb. 1942 in Mayyazhi, der früheren französischen Enklave Mahé an der Küste Keralas, ist einer der bedeutendsten Schriftsteller der Regionalliteraturen Indiens. Der begabte Erzähler und Wegbereiter der Postmoderne in der Malayalam-Literatur erzählt von Menschen, die ihren Halt in Traditionen und herkömmlichen Werten verloren haben. Bis jetzt hat er mehr als 14 Romane und acht Bände mit Kurzgeschichten veröffentlicht und dafür viele Preise und Auszeichnungen erhalten, unter anderem Preise der Sahitya Akademi, New Delhi, und der Sahitya Akademi Kerala. Außerdem wurde er mit dem M.P. Paul Award geehrt.

T.P. Rajeevan

geb. 1959 in Paleri, Kerala, gilt als einer der talentiertesten Dichter der „neuen" Dichtergeneration. Er hat bis jetzt einen Gedichtband veröffentlicht.

N. Prabhakaran

geb. 1952 in Parassinikkadavu, Kerala, schreibt Kurzgeschichten, Romane und Theaterstücke, in denen er sich mit dem Problemen der modernen Gesellschaft beschäftigt, wie beispielsweise der Unkontrollierbarkeit des technischen Fortschritts oder der Globalisierung. Unter den zahlreichen Preisen, die er bis jetzt erhalten hat, sind der Kerala Sahitya Akademi Award und der Cherukad Award.

E. Santhoshkumar

geb. 1969 in Pattikkad, Kerala, ist ein talentierter junger Schriftsteller der Malayalam-Sprache, von dem bis jetzt ein Sammelband mit Erzählungen erschienen ist. Er erhielt den ersten Joseph Mundassery Award (2001).

K. Satchidanandan

geb. 1946 in Kodungallur, Kerala, veröffentlicht vornehmlich Gedichte in

Malayalam, aber auch Prosabände, Literaturkritik und Reiseberichte. Er gilt als einer der Architekten der Moderne in der Malayalam-Dichtung, der die Sprache von ihren starren Regelungen befreit und sie mit ganz neuen Bildern und Idiomen bereichert hat. Von 1996 bis Mai 2006 war er Generalsekretär der Sahitya Akademi, der Literaturakademie Indiens. Er erhielt zahlreiche Preise und Auszeichnungen, so den Kerala Sahitya Akademi Award in den Jahren 1984, 1989 und 1999.

Sethu

geb. 1942 in Chennamangalam, Kerala, schreibt Romane und Kurzgeschichten. Seine Themen sind vor allem die Vorbestimmtheit des menschlichen Lebens und die Versuche des Menschen, diese meist erfolglos zu überwinden. Bis jetzt sind zehn Romane und zwölf Sammelbände mit Kurzgeschichten von ihm erschienen. Er wurde mit vielen Preisen geehrt, unter anderem mit dem Kerala Sahitya Akademi Award, dem Malayattoor Award und dem Padmarajan Award.

Anitha Thampi

geb. 1968 in Kerala, ist eine talentierte junge Dichterin, die zur „neuen" Generation der Malayalam-Dichtung gehört. Ihr erster Gedichtband „Muttamadikkumpol" („Den Hof fegen") erschien 2004 bei Current Books, Thrissur.

O.V. Vijayan

geb. 1930 in Mankara, Kerala, ist einer der bekanntesten Schriftsteller Keralas. Er veröffentlichte Kurzgeschichten, Romane und Aufsätze. Bis heute sind über 26 Werke erschienen, darunter sechs Romane und neun Sammelbände seiner Erzählungen. Außerdem gilt er als einer der berühmtesten Karikaturisten Indiens. Widersprüche und Spannungen im Verhältnis zwischen Menschen, Gott und Natur bilden die Hauptquelle der Themen seines künstlerischen Schaffens. Sein Roman „Die Legenden von Khasak" (1969) markierte den Beginn eines neuen Zeitalters in der Malayalam-Literatur Die deutsche Übersetzung dieses Romans erschien 2004 im Insel Verlag. O.V. Vijayan wurde mit zahlreichen Auszeichnungen bedacht, darunter dem Sahitya Akademi Award, dem Ezhuthachan Award sowie dem Padma Bhushan, dem dritthöchsten Zivilorden der indischen Regierung. O.V. Vijayan starb 2005.

Paul Zacharia

geb. 1945 in Urulikunnu, Kerala, veröffentlichte zahlreiche Kurzgeschichten und kürzere Romane in Malayalam. Er entwickelte eine eigene Erzähltechnik sowie einen eigenen Stil und behandelt gesellschaftsrelevante und existentielle Themen mit Ironie, Sarkasmus und Humor. Genauso verfährt er in seinen zahlreichen kritischen Aufsätze über aktuelle Themen aus Politik und Gesellschaft. Eine Auswahl seiner Erzählungen ist 2004 in deutscher Übersetzung unter dem Titel „Bhaskara Pattelar und andere Geschichten" im Horlemann Verlag erschienen. Paul Zacharia wurde unter anderem mit dem Sahitya Akademi Award (2004) ausgezeichnet.

Quellen

Gelobt sei der Herr, Paul Zacharia, aus dem Englischen von Asok Punnamparambil, aus: Paul Zacharia: Two Novellas, Katha, New Delhi, 2001, Originaltitel: Praise the Lord. Malayalam-Titel: Praise the Lord.
Der Schweinemann, N. Prabhakaran, aus dem Englischen von Christina Kamp, aus: Katha Prize Stories Volume 5, New Delhi, 1995, Originaltitel: The Pigman. Malayalam-Titel: Pigman.
Sieben Jungfrauen, Abraham Mathew, aus dem Malayalam von Jose Punnamparambil, aus: Mathrubhumi Weekly, Kozhikode, 02.-08.01.2005, Originaltitel: Eezhu Kanyakamaar.
Ansichtsache, M.T. Vasudevan Nair, aus dem Malayalam von Thomas Chakkiath, aus: Kathapusthakam, Sahitya Akademi, Thrissur, Originaltitel: Kaazhcha.
Drei Blinde beschreiben den Elefanten, E. Santhoshkumar, aus dem Malayalam von Jose Punnamparambil, aus: Puthu Katha, Current Books, Thrissur, 2002, Originaltitel: Muunnu Andhanmaar Aaanaye Vivarikkunnu.
Die Botschaft, Sethu, aus dem Malayalam von Thomas Chakkiath, aus: Samakalika Malayala Cherukatha, National Book Trust, Indien, New Delhi, 1998, Originaltitel: Duuthu.
Die Kinder, C.V. Balakrishnan, aus dem Malayalam von Thomas Chakkiath, aus: Nuuru Varsham, Nuuru Kathakal, D.C. Books, Kottayam 1991, Originaltitel: Makkal.
Zukunftsperspektiven, M. Mukundan, aus dem Malayalam von Jose Punnamparambil, aus: 1989le Thiranjedutha Kathakal, D.C. Books, Kottayam, 1990, Originaltitel: Bhavi.
Nach der Hinrichtung, O.V. Vijayan, aus dem Englischen von Bernd Kolossa, aus: O.V. Vijayan: After the Hanging and Other Stories. Penguin Books India, New Delhi, 1989, bereits erschienen in: Brücke zwischen Indien und

Europa, Süddeutsche Verlagsgesellschaft, Ulm 1993, Originaltitel: After The Hanging, Malayalam-Titel: Kadaltheerathu.

Es war einmal, Paul Zacharia, aus dem Englischen von Asok Punnamparambil, aus: The Reflections of a Hen in Her Last Hour and other stories. Penguin Books India, New Delhi, 1999, Originaltitel: Once Upon A Time, Malayalam-Titel: Oridathu.

In Haft, Kamala Das, aus dem Englischen von Christina Kamp, aus: Kamala Das: The Sandal Trees and Other Stories, Disha Books, Hyderabad, 1995. Originaltitel: Lock-Up, Malayalam-Titel: Lockup.

Der Stellvertreter, Ashita, aus dem Englischen von Christina Kamp, aus: Katha Prize Stories 13, 2004, Originaltitel: The Substitute, Malayalam-Titel: Pakaram Oral.

Der Tontopfkuchen, Babu Bharadwaj, aus dem Malayalam von Jose Punnamparambil, aus: Mathrubhumi Weekly, Kozhikode, 22.-28.08.2004, Originaltitel: Kalathappam.

Higuita, N.S. Madhavan, aus dem Malayalam von Jose Punnamparambil, aus: Higuita, D.C. Books, Kottayam, 1996, Originaltitel: Higuita.

Das Geschrei in der Dritten Welt, Arshath Batheri, aus dem Malayalam von Jose Punnamparambil, aus: Mathrubhumi Weekly, Kozhikode, 05.03.2006, Originaltitel: Muunnam Lokathe Nilavili.

Himmel, Pferdetanz, Ayyappa Panickar, aus dem Malayalam von Annakutty V.K. Findeis, bereits erschienen in: Meine Welt, Unkel, Dez. 2004, Originaltitel: Svargam, Kuthiranruttam.

Sonnengesang, O.N.V. Kurup, aus dem Malayalam von Annakutty V.K. Findeis, aus: Bhoomikku oru Charamageetam, D.C. Books, Kottayam, 1984, Originaltitel: Suryagitam.

Kurathi, Kadammanitta, aus dem Malayalam von Annakutty V.K. Findeis, Originaltitel: Kurathi.

Wie du zum Tao Tempel kommst, Wer sagt denn?, K. Satchidanandan, aus dem Englischen von Asok Punnamparambil, aus: At Home in the World. A Window on Contemporary Indian Literature, Full Circle, Delhi 2002, Originaltitel: How to Go to the Tao Temple, Who said?, Malayalam-Titel: Thavokshethrathil Pokendathengane, Aranu Paranjathu.

Schreibend, Armes Ding, Anitha Thampi, aus dem Malayalam von Anitha Thampi und Asok Punnamparambil, aus: Muttamadikkumpol, Current Books, Thrissur 2004, Originaltitel: Ezhuthu, Paavam.

Neelakurunje, T.P. Rajeevan, aus dem Malayalam von Jose und Asok Punnamparambil, aus: Mathrubhumi Weekly. Kozhikode, 22.08.2004, Originaltitel: Neelakurunje.

Glossar

Aaraattu	Rituelles Bad für Tempelgottheiten der Hindus, deren Statuen für gewöhnlich ein Mal pro Jahr zu einem nahe gelegenen Fluss getragen und dort ins Wasser getaucht werden
Acchappam	Frittiertes Gebäck aus Reismehl
Acre	Flächenmaß, 1 Acre entspricht 4047 qm
Adivasi	Stammesbevölkerung Indiens
Ambassador	Indische Auto-Marke, früher Status-Symbol. Das sprichwörtliche indische Auto, das fährt und fährt, und in das sehr viele Menschen reinpassen
Amma	Mutter, auch als Namensendung
Ammachi	Mutter
Appan	Vater, auch als Namensendung
Arrack	Hochprozentiger Alkohol, in Kerala verboten, wird jedoch illegal produziert und ist häufig gepanscht
Asarivalappu	Ein Familienname oder der Name eines Grundstücks
Ashari	Schreiner
Ashram	Ort, wo Menschen, die sich aus der Gesellschaft zurückgezogen haben, als Gruppe leben
Atha	Tante (muslimisch), auch an Namen angehängt
Ayyo, Ayyaayyo	Ausruf
Babri Masjid	Eine alte Moschee in Ayodhya (Uttar Pradesh), die 1992 von fanatischen Hindus zerstört wurde.
Bidi	Kleiner indischer Zigarillo, billig und populär
Bhaagavatha Saptaaham	Eine Woche dauernde Lesung aus dem heiligen Buch der Hindus, der Bhagavad Gita (Lobpreisung des Hindu-Gottes Vishnu) und Vorträge darüber vor einer Gruppe Gläubiger
Cannanore	Veralteter Name von Kannur, ein nördlicher Distrikt Keralas
Casuarina	Die Kasuarie ist ein pinienähnliches Gewächs mit Blättern, die aussehen wie Schachtelhalme

Cha	Älterer Bruder, in Verbindung mit dem Vornamen
Changanpuzha	Einer der populärsten romantischen Dichter Keralas (1911-1948)
Chapatti	Indisches Fladenbrot
Charas	Haschisch
Chechi	Ältere Schwester, auch Respektsform
Chettan	Älterer Bruder, auch Respektsform
Chula	Fruchtfleisch der Jackfrucht
Congress	Eine der größten politischen Parteien der Mitte, in Kerala mit zahlreichen Splittergruppen
Cutticura	Eine Pudermarke, die in Kerala sehr populär ist
Dakshina	Opfergabe an den Priester oder einen Brahmanen, nachdem er ein Ritual vollzogen hat, normalerweise in Form von Geld, das auf einem Betel-Blatt zusammen mit einer Arecanuss dargeboten wird
Delhiwala	Bewohner Delhis
Eda	„Hör mal…"
Edathi	Ältere Schwester, auch Respektsform, auch an Namen angehängt
Ettan	Siehe „Chettan"
Ezhava	Eine der unteren Hindu-Kasten in Kerala und damit eine der größten Bevölkerungsgruppen
Feni	Alkoholisches Getränk, das in Goa aus Cashew- oder Kokosnuss hergestellt wird
Ganesh	auch: Ganesha, beliebte hinduistische Gottheit in Elefantengestalt
Ganja	Hanf, Haschisch
Gavaskar	Ein beliebter indischer Kricket-Spieler
Gazal	Eine sehr poetische und melodische Liedart, die besonders in Nordindien populär ist
Harijan	„Kind Gottes", Angehöriger der niedrigsten Kaste, früher auch „Unberührbarer", heute meist Dalit. Die Bezeichnung Harijan wurde von Mahatma Gandhi geprägt
Himagiriviharam	Tempel im Himalaya
Holi	Fest der Farben, wird als Frühjahrsfest in Nord-, Ost- und Westindien gefeiert

Ichachan	Enger männlicher Verwandter
Ikka	Onkel, auch an Namen angehängt (muslimisch)
Ishwara	Gott
Jan Sangh	Hindu-konservative Partei
Jayalalitha	Politikerin und ehemalige Ministerpräsidentin des Bundesstaates Tamil Nadu
Jubba	Langes Hemd ohne Kragen
Kalabhavan Mani	Ein populärer Filmstar in Kerala
Karunanidhi	Politiker, jetziger Ministerpräsident von Tamil Nadu
Kurathi	Bezeichung eines Bergvolkes an der Grenze zwischen Kerala und Tamil Nadu, gesellschaftlich niedrig eingestuft, hier mit der Bedeutung von Ausgestoßenen und Missachteten.
Kutti	Kind, häufig als Verniedlichungsform an Namen angehängt
Kuyil	Indischer Kuckuck
Landmaster	Ausländische Automarke, Status-Symbol
Lathi	Schlagstock der indischen Polizei
Lungi	Tuch, das um die Hüften getragen wird und fast bis zum Boden reicht
Malayali Samajam	Malayali-Verein
Maruti	Populäre indische Auto-Marke, für die breite Masse
Mavunda	Süße Reismehlkugeln mit Kokos
Meenachoodu	Hitze im Monat Meenam (nach dem Malayalam-Kalender März-April)
Melmundu	Tuch, das von der Schulter nach unten hängt
Mundu	Traditionelles Tuch der Malayalis, das um die Hüften getragen wird und fast bis zum Boden reicht
Muram	Aus Bambusrindenstreifen geflochtenes flaches Küchenutensil, das man zum Verlesen von Reis verwendet
Murukkaan	Betel
Naalukettu	Traditionelles, von vier Seiten geschlossenes Haus mit einem Innenhof
Nilakurunje	Pflanze, die in den Bergen der Western Ghats (an der Westgrenze Keralas) wächst und alle 12 Jahre herrliche blaue Blüten hervorbringt.

Niramaala	Rituelle Opfergabe, bei der Blumengirlanden um den Tempel herum gelegt werden
Onam	Wichtigstes Fest in Kerala, das von allen Religionsgruppen gefeiert wird. Es findet zur Erntezeit Ende August statt und erinnert an die gerechte Verteilung des Wohlstands unter der Herrschaft des legendären Königs Mahaabali
Othukkukallu	Stein, auf dem traditionell Gewürze zermahlen werden
Pandal	Großes Zeltdach, das zu gesellschaftlichen Anlässen aufgebaut wird
Pathan	Paschtu sprechender Afghane
Pathayam	Große Holztruhe, in der Reis und andere Lebensmittel aufbewahrt werden
Pavan	Keralesische Maßeinheit für Edelmetalle, vor allem Gold. Ein Pavan entspricht acht Gramm
Ponnani	Küstenstadt im Malappuram Distrikt von Kerala, wichtiges Zentrum der islamischen Lehre, das „kleine Mekka" Südindiens, berühmt für seine Moscheen
Pooram	Großes hinduistisches Tempelfest mit vielen Elefanten und Feuerwerk, das größte in der keralesischen Stadt Thrissur
Poovarasu	Der Indische Tulpenbaum (Thespesia populnea) aus der Familie der Malvengewächse
Pottah	Ein Ort im Zentrum Keralas, wo Einkehrtage und Predigten für Gläubige ohne Unterbrechung stattfinden. Die Veranstaltungen ziehen große Massen von Menschen, insbesondere die Katholiken an
Pottu	Farbiger Punkt, den kleine Kinder, Mädchen und Frauen auf der Stirn tragen, heute hauptsächlich als Schmuck
Puthiappla	Bräutigam (muslimisch)
Rabbe	Gott (muslimisch)
Rajneesh	C. M. Rajneesh (1931-1990), auch als „Osho" bekannter indischer Guru, Begründer der Bhagvan-Bewegung, der in Puna einen Ashram gründete
Saar	Von engl. Sir, respektvolle Anrede, im Malayalam für männliche Lehrer, häufig mit dem Namen verknüpft
Salwar Kameez	Lose sitzende Hose (Salwar) und bis zu den Waden reichendes kragenloses Oberteil (Kameez), wird von Frauen in ganz Indien getragen

Saptaaham	Siehe „Bhaagavatha Saptaaham"
Scavenger	Angehörige der untersten Kaste („Unberührbare"), die „unreine" Arbeiten verrichten, z.B. als Latrinenreiniger, Lumpensammler und Leichenträger
Sharath	weit verbreiteter Familienname in Südindien
Shiva	Hinduistischer Gott, verantwortlich für Zerstörung, zusammen mit Brahma (Schöpfung) und Vishnu (Erhaltung) gehört er zur hinduistischen Trinität
Sindhur	Rotes Pulver, das verheiratete Frauen am Scheitel auftragen oder das in Form eines (Schmuck-) Punktes (wie Potta) auf der Stirn getragen wird.
St. Francis Xavier	Francisco de Jassu y Javier; spanischer Jesuit (1506–1552)
Tharavadu	Elternhaus, abstrakt auch die gesellschaftliche Stellung der Familie
Thaamrapathram	Kupferplatte, auf der Dokumente geschrieben wurden
Tulasi	Heiliges Basilienkraut, auch eine wichtige ayurvedische Heilpflanze
Umma	Mutter, muslimische Frau, auch als Namensendung
Unni	beliebter männlicher Kosename
Uppumawu	Typisches südindisches Gericht aus Gries und Gewürzen
Vada	Linsenfrikadelle, meist scharf gewürzt
Vaikashichoodu	Hitze im Mai/Juni
Vakil	Rechtsanwalt
Veshti	Tuch, das Männer über die Schulter tragen

Mahasweta Devi

Aufstand im Munda-Land
Übersetzt aus dem Bengali
Roman nach der wahren Geschichte des letzten großen „Unberührbaren"-Aufstands und seines Führers Birsa Mundi
288 Seiten, EBr., ISBN 3-89502-207-1

Indien erzählt

Im Schatten des Taj Mahal
Übersetzt aus verschiedenen indischen Regionalsprachen
Erzählungen, Kurzgeschichten und Lyrik aus dem farbenfrohen und lebendigen Indien
200 Seiten, Br., ISBN 3-89502-224-1

Paul Zacharia

Bhaskara Pattelar und andere Geschichten
Aus dem Malayalam
Erzählungen und Kurzgeschichten eines der bekanntesten zeitgenössischen indischen Autoren
174 Seiten, EBr., ISBN 3-89502-179-2

Von Liebe und Macht

Das Mahabharata
Neu erzählt von Otto Abt
Vergnüglich zu lesende Nacherzählung des großen Weltepos
184 Seiten, Br., ISBN 3-89502-124-5

Botschaft der Hoffnung und Freude

Das Ramayana
Neu erzählt von Otto Abt
Das große Nationalepos der Hindus
128 Seiten, Br., ISBN 3-89502-169-5

Myriam Alexowitz

Traumfabrik Bollywood
Indisches Mainstream-Kino
Die Filme aus Bollywood begeistern mittlerweile auch das deutsche Publikum restlos
216 Seiten, Br., zahlr. s/w-Fotos
ISBN 3-89502-170-9

Rüdiger Siebert

Unterwegs mit Buddha
Eine Spurensuche in Indien und Nepal
Eine geniale Mischung aus Erlebnisbericht und Wissensvermittlung
240 Seiten, Br., zahlr. s/w-Fotos und Karten
ISBN 3-89502-176-8

Rüdiger Siebert

Indien südwärts
Von Kalkutta zum Kap Komorin
Reisereportagen
Kein Land der Welt begeistert und bedrängt seine Besucher so wie Indien
248 Seiten, Br., zahlr. s/w-Fotos und Karten
ISBN 3-89502-198-9

Fordern Sie unser aktuelles Gesamtverzeichnis an:

*Horlemann Verlag • Postfach 1307 • 53583 Bad Honnef
Telefax 0 22 24 / 54 29 • E-Mail: info@horlemann-verlag.de
www.horlemann-verlag.de*